Modern French short fiction

Johnnie Gratton
Brigitte Le Juez   EDITORS

MANCHESTER UNIVERSITY PRESS
Manchester and New York

distributed exclusively in the USA by Palgrave

Every effort has been made to obtain copyright permission for the stories
included in this collection. Any person claiming copyright should contact
the publishers.
Marguerite Yourcenar, 'Comment Wang-Fô fut sauvé', © Editions
GALLIMARD
Jean-Paul Sartre, 'Le Mur', © Editions GALLIMARD
Marcel Aymé, 'Le Passe-muraille', © Editions GALLIMARD
Marguerite Duras, 'Le Boa', © Editions GALLIMARD
Albert Camus, 'La Femme adultère', © Editions GALLIMARD
Daniel Boulanger, 'Le Calvaire', © Editions GALLIMARD
Catherine Lépront, 'Le Rat', © Editions GALLIMARD
J. M. G. Le Clézio, 'Alors je pourrai trouver la paix et le
sommeil', © Editions GALLIMARD

Published by Manchester University Press
Oxford Road, Manchester M13 9NR, UK
and Room 400, 175 Fifth Avenue,
New York, NY 10010, USA
www.manchesteruniversitypress.co.uk

Distributed exclusively in the USA by
Palgrave, 175 Fifth Avenue, New York,
NY 10010, USA

Distributed exclusively in Canada by
UBC Press, University of British Columbia, 2029 West Mall,
Vancouver, BC, Canada V6T 1Z2

British Library Cataloguing-in-Publication Data
A catalogue record for this book is available from
the British Library

Library of Congress Cataloging-in-Publication Data applied for
ISBN 978 0 7190 4211 9 *paperback*

Reprinted 1996, 1999, 2001, 2002, 2003, 2005, 2008

Printed in Great Britain
by Bell and Bain Ltd, Glasgow

Contents

Editions of primary works

1 Mérimée, Prosper, 'Mateo Falcone', *Théâtre, Romans et Nouvelles*, ed. by J. Maillion and P. Salomon, Pléiade, Gallimard, Paris, 1978.

2 Balzac, Honoré de, 'Le Réquisitionnaire', *Etudes philosophiques*, in *La Comédie humaine*, vol. X, ed. by P.-G. Castex, Pléiade, Gallimard, Paris, 1979.

3 Gautier, Théophile, 'Omphale', *Contes et récits fantastiques*, ed. by A. Buisine, Livre de Poche, Librairie Générale Française, Paris, 1990.

4 Daudet, Alphonse, 'L'Elixir du Révérend Père Gaucher', *Lettres de mon moulin*, in *Œuvres*, vol. I, ed. by R. Ripoll, Pléiade, Gallimard, Paris, 1986.

5 Sand, George, 'La Fée Poussière', *Contes d'une grand'mère*, vol. II, Editions d'aujourd'hui, Plan de la Tour (Var), 1977.

6 Maupassant, Guy de, 'Pierrot', *Les Contes de la bécasse*, in *Contes et nouvelles*, vol. I, ed. by L. Forestier, Pléiade, Gallimard, Paris, 1974.

7 Colette, 'L'Autre Femme', *La Femme cachée*, in *Œuvres*, vol. III, ed. by C. Pichois and others, Pléiade, Gallimard, Paris, 1991.

8 Yourcenar, Marguerite, 'Comment Wang-Fô fut sauvé', *Nouvelles orientales*, in *Œuvres romanesques*, Pléiade, Gallimard, Paris, 1982.

9 Sartre, Jean-Paul, 'Le Mur', in *Œuvres romanesques*, ed. by M. Contat and M. Rybalka, Pléiade, Gallimard, Paris, 1981.

10 Aymé, Marcel, 'Le Passe-muraille', *Le Passe-muraille*, Folio, Gallimard, Paris, 1990.

11 Duras, Marguerite, 'Le Boa', *Des Journées entières passées dans les arbres*, Coll. Biblos, Gallimard, Paris, 1990.

12 Camus, Albert, 'La Femme adultère', *L'Exil et le royaume*, in *Théâtre, Récits et Nouvelles*, ed. by R. Quilliot, Pléiade, Gallimard, Paris, 1962.

13 Le Clézio, J. M. G., 'Alors je pourrai trouver la paix et le sommeil', *La Fièvre*, Coll. Imaginaire, Gallimard, Paris, 1991.

14 Lépront, Catherine, 'Le Rat', *Partie de chasse au bord de la mer*, Gallimard, Paris, 1987.

15 Boulanger, Daniel, 'Le Calvaire', *Table d'hôte*, Folio, Gallimard, Paris, 1986.

Introduction

In a literary tradition still so clearly dominated by the novel, disparagement of the short story is a habit all too easily acquired by readers and writers alike. Short stories, so one recurrent argument goes, require a correspondingly short attention span and thereby encourage laziness in the reading public. This idea combines with the creeping assumption that 'short' means light, slight, shallow, distinctly *unserious*, to determine a view of the short story as a genre at best permanently suspect and at worst steeped in cultural decadence. In our own time, for example, interest in short fiction (and especially in very short — 'sudden' — fiction) risks being interpreted as a symptom of the so-called 'three-minute culture' typified by slick thirty-second ads, quick-fire pop videos, sound bites, and news broken down into speedily digestible bits: in France, the culture of *le flash* and *le clip*. Thus incriminated, short fiction falls victim not for the first time to a certain elitism, recalling how earlier generations of critics dismissed the genre for having come to prominence in the nineteenth century through the 'bottom' end of the publishing market — not as literature but as a form of occasional entertainment dispensed by magazines.

Writers too tend to betray the same kind of elitism when discussing their own efforts as *nouvellistes*. Short-story writing is often regarded retrospectively as having amounted to little more than a limbering-up exercise, a preparatory stage in the career of the novelist. Such narratives of the writer's progress leave little room for consideration of the intrinsic value, the 'specificity', of the practice of short-story writing. The same disregard shows through when — as in the case of numerous well-known French novelists — the writer describes short-story writing as an amusement, a therapeutic diversion from the more serious and complex demands placed on the creative imagination by the making of a novel. A fair point, perhaps, and inevitably an incontrovertible one when cast in the form of a writer's personal experience. But the attitude at work here is cultural as well as personal. In twentieth-century France, for example, the short story has never enjoyed the status it acquired in English-speaking countries, and French writers are in consequence far more likely to be dismissive about the form.

Against such negative attitudes, it is necessary to establish the credentials of the short story and to assert its distinctiveness. As a narrative form, the short story is obviously related to the novel, but this should not be taken as implying that it is in any way inferior to the novel. The short story is neither the embryo nor the synopsis of a longer narrative form. Rather, as we shall argue later, it comes about through a specific practice of writing based on a small number of underlying principles which for convenience may be grouped together as *delimiting* (setting the boundaries of an operative field), *focusing* (organising the operative field), and *economising* (making a virtue of brevity).

The constancy of these principles in no way contradicts the fact that short fiction has come to house a remarkable diversity, especially in its thematic range. A quick glimpse at the historical development of the short story in France will reveal just how gradual has been this process of diversification. More importantly, perhaps, it will also begin to establish the credentials and capacities of the form.

The short story in France: a brief history

The pre-modern era

We are concerned here quite specifically with a tradition of short fiction written in prose (as opposed on the one hand to folktales merely transcribed from an already longstanding oral tradition, and on the other hand to narratives — such as the medieval *fabliau* — written in verse). In France, this tradition was inaugurated in the middle of the fifteenth century by *Les Cent nouvelles nouvelles* (1456–67, author unknown), a collection of stories directly inspired by the example of the Italian *novella*, above all by Boccaccio's *Decameron* (1350–55), which first appeared in French translation in 1414. Thus the French *nouvelle* gets underway in the form of the so-called *récit plaisant*: an adventure, an anecdote, a narrative entertainment swiftly paced and comically told.

Bawdiness abounds in countless stories written up to the mid-sixteenth century. Then, with *L'Heptaméron* (1558–59), Marguerite de Navarre introduced a new refinement into the *nouvelle*. As in the *récit plaisant* and the medieval *fabliau* before it, the writing continues to invoke an oral context, taking the form of a telling. But the stories themselves become more varied and elaborate as they expand to make room for concerns of a psychological order. Bawdiness gives way to plots displaying interests of a more romantic and sentimental nature. The moral dimension reflected by these concerns is, correspondingly, no longer a mere prop, or pretext, or adjunct tacked on at the end of the story, but an integral part of an unfolding narrative.

By the seventeenth century the *nouvelle* had evolved into a serious literary form. The short, ribald *récit plaisant* had been supplanted by new, longer, more romantically inclined models such as the *nouvelle galante* and the *nouvelle historique*, inspired by the example of the Spanish *novela*, most notably by Cervantes's *Novelas Ejemplares* (1613). The shift from Italian to Spanish influence proved decisive in encouraging the *nouvelle* to grow between 1600 and 1750 into a mature form, freed from the narrative habits and increasingly outdated resources which marked the story-telling tradition handed down by Boccaccio.

The early eighteenth century remains most notable for the success of the *conte de fées*, associated above all with the name of Charles Perrault, and the *conte oriental*, inspired by Antoine Galland's translations of tales from the *Thousand and One Nights*. Over the second half of the eighteenth century, these forms were progressively adapted, parodied, and absorbed by a less innocent wave of tales such as the *conte philosophique*, the *conte moral*, and the *conte libertin*; a change reflecting the growing realist trend in short narrative prose towards a more concrete representation of contemporary social life. At the same time, interest in the irrational remained strong throughout the French Enlightenment, inspiring in particular Jacques Cazotte's *Le Diable amoureux* (1772), later to be hailed as a major precursor of the nineteenth-century *récit fantastique*.

By the late eighteenth century, then, the short story was beginning to manifest that twin orientation which would go on to characterise so many nineteenth-century *contes* and *nouvelles*; a leaning towards realism on the one hand, and the fantastic on the other. Moreover, by the same time, the act of writing a short story had developed into a conscious technical challenge, and in Sade's preface to the stories of *Les Crimes de l'amour, nouvelles héroïques et tragiques* (1800) we begin to hear a recognisably modern voice as the author underlines the need to 'soutenir l'intérêt jusqu'à la dernière page', or as he proclaims that 'le dénouement doit être tel que les événements le préparent'.[1] The idea of having to create a sustained dramatic build-up towards an ending which combines a climax and a denouement would go on to become a shaping force in the theory and practice of the modern short story.

Towards modernism: the nineteenth century

The nineteenth century saw the French short story finally gaining widespread recognition as a literary form in its own right. The

achievement of an implicit generic identity based on the key principles of delimiting, focusing, and economising did not however stand
in the way of diversification. On the contrary, the short story began
to demonstrate that it could accommodate an impressive range of
themes, techniques, and styles. The genre could be by turns comic
and serious, romantic and realist, naturalistic and fantastic, an an-
ecdotal form and a psychological form. So too could individual stories.

There is general agreement among critics that the modern form of
the French short story emerged quite suddenly and rapidly between
1829 and 1832. As more and more writers of genuine talent tried their
hand at short-story writing, the number of stories appearing in print
grew dramatically. These were the formative years, a period during
which the short story established itself as a distinct, valid, reputable
and highly popular form. In many respects a pioneer figure, Prosper
Mérimée published five of his best known stories in 1829 alone.

The first wave of short-story writers also included Honoré de Balzac,
who wrote most of his short fiction between 1829 and 1832, and
Théophile Gautier, who began writing *récits fantastiques* in the early
1830s and continued steadily in much the same vein right through to
the mid-1850s. Stories by all three are included in this anthology.

Quite how this turning point in the history of the short story came
about when it did and the way it did is a question which can be
explored here only very briefly. The Romantic sensibility which per-
meated the 1820s was undoubtedly a major factor. Voicing both the
energies and the uncertainties released between 1789 and 1815 by
the combined upheavals of the French Revolution, the Terror, and the
rise and fall of Napoleon's Empire, Romanticism created a climate in
which it was possible for a young writer like Mérimée to feel his way
towards a new form, or at least a new crystallisation of an existing
form, which he could finally call his own. More generally, as it was
deeply receptive to foreign cultures, French Romanticism prompted
an upsurge of literary translations, many of which enjoyed considerable success and influence. Not least among these were the tales of
E. T. A. Hoffmann, first translated in 1828. Hoffmann (1776–1822) is best
known in France for the role his work played in launching the vogue
for the fantastic. Yet it is no coincidence that the fantastic, both in
Hoffmann and in the many French writers whom he inspired, finds its
most constant and accomplished form of expression in short prose
fiction. In other words, Hoffmann deserves credit not only for revital-
ising the French narrative imagination but for impressing on French
writers the attractions and capacities of his chosen form, in his own
time and culture already a relatively mature one with a proven record
of achievement stretching back through the German Romantic period

to the 1790s. Almost at a stroke, Hoffmann in French invested the short story with the lure of artistic prestige.

But the key factor in this virtual birth of a new literary genre was as much economic and sociological as purely artistic. Major technological advances in printing and publishing, improvements in communications, and a steady rise in the level of adult literacy were all combining to turn literature into a consumer industry. One manifestation of this phenomenon was the literary periodical, an important organ of intellectual and critical debate, but also, from the late 1820s to the mid-1830s in particular, an important source of income for the professional writer. The two most important periodicals in this respect were the *Revue de Paris* and the *Revue des deux mondes*, both founded in 1829, and together largely responsible for providing the short story with a medium in which to flourish. Not, of course, that the medium was a purely neutral element, for it was shaped by a format and an editorial policy which coerced the writer into producing so many words, no more and no less. Perhaps we should say, then, that the short story flourished because the most gifted of the writers who took it up quickly learned to make a creative virtue of the need for brevity. Out of imposed shortness came the principle of what Elizabeth Bowen would later call 'positive' shortness, as opposed to mere 'non-extension'.[2]

By the mid-1830s, the appearance of genuinely cheap mass-circulation daily newspapers had provided a further outlet for short fiction. Unfortunately, while this new development made the form even more popular, it seems also to have damaged its reputation. Not until the mid-1860s would the short story fully recover from this loss of prestige, with the work of George Sand, Alphonse Daudet and Guy de Maupassant figuring prominently in a powerful second wave, spanning the last four decades of the century.

The stories we have chosen from the first wave reflect strongly that sense of disenchantment with one's own times which, having taken root as an element of the Romantic consciousness, went on to condition the general mood of so many of the century's great writers. Without the Romantic taste for exoticism, it is unlikely that Mérimée would have developed the interest in 'primitive' mentalities which led him to the legend of the Corsican peasant Mateo Falcone. Somewhat differently, Balzac's *Le Réquisitionnaire* (1831) demonstrates the author's enduring sympathy for the increasingly outdated monarchist cause, kept alive more than anything else by the strength of his contempt for the greed, shallowness and moral hypocrisy of the rising bourgeoisie. Finally, in *Omphale* (1834), we see how Gautier's disenchantment with the dour social and moral climate of his age finds

expression in an escapist fantasy which takes his adolescent hero
back in time to an age of sophisticated hedonism.

Among the writers we have grouped together as belonging to the
second wave of modern French short-story writing, few have casti-
gated the society they lived in as sharply or disdainfully as Maupassant,
whose stories, whether categorised as realist or as fantastic, explore
with pessimistic verve the fine line between sanity and madness,
humanity and animality. They are never more venomous than when
they lay bare the mediocrity of the Parisian bourgeois or, as in *Pierrot*
(1882), the callousness of the Norman peasant. Rather differently,
George Sand channelled her dissatisfaction with the society of her
time into working for the betterment of humankind. The function of
the artist, as Sand saw it, was to inspire and uplift, and it is her
enduring idealism, not some belated escapist impulse, which led her
in her late sixties to start writing her *Contes d'une grand'mère*, one of
which is included in our anthology.

The Norman backdrop of *Pierrot* brings us on to one of the most
distinctive general features of the second wave of short stories, namely
their preoccupation with regional settings, rural life, and relatively
simple characters. The novel had by now established itself as the
form best suited to exploring the new tensions and complexities of
urban life. If society itself had become, as Balzac once put it, a *grand
roman*, then only a *grand roman* was up to the task of quantifying its
dimensions, appreciating its dynamics, and exposing the full extent of
its evils. This inevitably led to a growing recognition that the strength
of the short story, on the other hand, lay in the portrayal of delimited
worlds, models of which were of course most readily available in the
insular communities and mentalities of rural France. A monastery set
in deepest rural Provence would seem to provide the ultimate in just
such insularity, but Alphonse Daudet's *L'Elixir du Révérend Père
Gaucher* (1869) amusingly shows us how even that world can become
exposed and addicted to the ways of modern industrial capitalism.

With the exception of George Sand and Théophile Gautier, the
nineteenth-century stories grouped in our anthology reflect the broadly
realist agenda which from 1830 onwards became such a determining
factor in the development of narrative prose fiction. As indicated
earlier, we see this factor emerging already in Mérimée's *Mateo Falcone*,
which stands both historically and stylistically at the point of transi-
tion from Romanticism to Realism. Once more, however, we are mainly
concerned not with a specific literary doctrine but with a developing
general attitude, realism with a small 'r', which rejects escapism,
extravagance, and mystification in favour of confronting the secular,
disenchanted world of actuality. This is the attitude which tends to lie
behind what we nowadays think of as the traditional concerns and

techniques of fiction, so that a story will be considered realist or realistic to the extent that it deals with 'lifelike' characters, placed in plausible if unusual situations, which in turn arise in recognisable socio-historical settings. It is on this very general reckoning that the stories we offer here by Mérimée, Balzac, Daudet, and Maupassant may be viewed as expressions of realism.

By the same token, of course, not one of these stories proves to be strictly or wholly realist. It has often been argued that the poetics of the short story inevitably put the virtues of stylisation above the requirements of full-blooded realism. Thus the descriptive art of the short-story writer is typically based on selective as opposed to cumulative or exhaustive use of detail. Stylisation is also evident in the area of characterisation. In terms of modern psychological realism, for instance, protagonists such as Mérimée's Mateo Falcone, Daudet's Père Gaucher and Maupassant's Mme Lefèvre would probably be judged 'unrounded', and therefore insufficiently 'lifelike'. But this is to miss the point, so firmly made by Elizabeth Bowen, that 'the short story, by reason of its aesthetics, is not, and is not intended to be, the medium either for exploration or long-term development of character'.[3] When a protagonist is shown acting in a single situation, the emerging character of that protagonist will be correspondingly singular, even obsessive: Falcone is a patriarch, Gaucher an alcoholic, Mme Lefèvre a miser. Successful highlighting results not in flatness or caricature but, on the contrary, in a sharpness, a 'paroxysmic' sense of character, which has become one of the most distinctive features of the modern short story.

This tempering of pure realism brings us on to the more general point that the appeal or impact of many of the stories presented here seems to lie in their composite nature. Balzac's natural exuberance as a writer leads him well beyond the bounds of sober realism, into social satire, melodrama, and metaphysics. George Sand takes up the tradition of the *conte de fées* in order to blend her popularisation of the latest scientific ideas into her essentially Romantic vision of the world. And Gautier, probably taking a cue from some of Hoffmann's less chilling tales, injects humour and irony into the normally disturbing world of the *conte fantastique*. In each case, the short story appears to draw strength from an unusual, even unstable, mixture of elements.

Modernism and beyond: the twentieth century

Neglected by critics, shunned by publishers, overlooked by readers, the French short story in the twentieth century has failed to sustain the success and respect it had previously enjoyed — a situation very much at odds with the one prevailing in English-speaking literatures, where the form has remained consistently popular among both writers and readers. Given such a deep cultural prejudice against the short story, it comes as quite a surprise to discover just how many modern French writers have taken up the form. Admittedly, only a small number of these can be described as specialists in the genre. René Godenne distinguishes eleven such writers, of whom only four are at all well-known: Paul Morand, Marcel Arland, Marcel Aymé, and Daniel Boulanger (these last two being represented in our anthology).[4] However, once we turn from the 'vocational' to the 'occasional' *nouvelliste*, we find that a significant number of twentieth-century French writers, including many of the most well-known, have tried their hand at the form, often with considerable success. Thus, apart from the authors selected for inclusion in our anthology, we could have chosen examples of short fiction by the likes of Marcel Proust, Jean Giono, Julien Green, François Mauriac, Simone de Beauvoir, Louis Aragon, Nathalie Sarraute, Alain Robbe-Grillet, Michel Tournier or Philippe Djian — among others.

As a predominantly 'occasional' form, the twentieth-century French short story seems to crop up everywhere, but nowhere in particular, with the result that it cannot easily be compacted into a neat chapter of literary history. Those who would seek to solve this problem by corralling the short story into a footnote or sub-section of a chapter on the modern French novel should think twice, moreover, for short fiction has also attracted the attention of poets (such as Guillaume Apollinaire and Jules Supervielle) and more generally of writers working restlessly across generic boundaries or unconventionally within them: a broad category including figures as diverse as Valery Larbaud, Julien Gracq, Raymond Queneau, André Pieyre de Mandiargues, and Samuel Beckett.

Despite being such a scattered phenomenon, the French short story has shown some clear signs of formal development since the days of Maupassant. The most general change has been the move away from the rhetoric of story-*telling*, a vein exploited with great enthusiasm throughout the nineteenth century, towards the short story as an essentially written form. New promptings of the creative imagination, new pressures on the expressive capacity of language, as well as changing perceptions of the role of the writer, have all progressively made the pretence of oral performance, and the narrative postures that go with it, seem inappropriate and unnecessary.

The move from story-telling to story-writing interacts strongly with another important development which has seen the so-called *nouvelle-*

instant emerge from the orthodoxy of the *nouvelle-histoire*. These terms, originally proposed by René Godenne, overlap to a certain extent with distinctions made in Anglo-American short-story criticism between 'simple story' and 'complex episode', 'epical' and 'lyrical' story, or 'short stories' and 'short fictions'.[5] We shall think of such terms here as denoting points of reference on a sliding scale rather than strictly defined story-types. The *nouvelle-histoire* may be rendered in English, at the risk of tautology, as the 'plotted story'. It is a term which embraces the specifically narrative tradition passed down by the great short-story writers of the nineteenth century, as epitomised in the French context by the work of Maupassant. And as Maupassant's stories should suffice to remind us, there is a crucial difference between the successful short story and pure anecdote. In anecdote, the element of plot is the be-all and end-all of the story, whereas in the *nouvelle-histoire* or short story proper it constitutes what critics call the 'dominant', the factor most readily identifiable as its main ingredient. Insofar as a story has a point, that point will be carried or made primarily by the dominant, in the case of the *nouvelle-histoire* by the turn of events, the successive doings and happenings which constitute the plot as such. Plot, in other words, should not be regarded just as some alluring or intriguing arrangement of events which somehow stands apart from questions of meaning. For example, plot is closely bound up with the matter of characterisation. More than a carrot dangled before the reader, more than the sugar on the pill, it can be thought of as a way of engineering situations, not necessarily dramatic ones, which in turn bring out, or 'actualise', the characters involved in them. All this, and more, is summed up by Joyce Carol Oates when she claims that 'the short story is a prose piece that is not a mere concatenation of events, as in a news account or an anecdote, but an intensification of meaning by way of events.'[6] Like Godenne's *nouvelle-histoire*, Oates's 'short story' identifies a tradition, yet one which is vital because always open to innovation. Indeed, the stories we have included by Marguerite Yourcenar, Marcel Aymé, and Daniel Boulanger prove beyond a doubt that, in the right hands, the narrative 'intensification of meaning' invoked by Joyce Carol Oates remains an ever powerful, ever renewable and ultimately indispensable resource — for writers and readers alike.

The fact also remains, however, that ours is an age characterised by a prolonged intellectual suspicion of narrative, and this has been reflected in all areas of literary and artistic endeavour. The modern — or modernist — distrust of stories, the view that narrative imposes a false, cosmetic, at best consoling coherence on both individual experience and personal identity, informs the history of the French novel from Proust right up to the *nouveau roman* of the 1950s and 60s, and beyond. In the realm of the short story, uncertainty about both the ethical and aesthetic value of narrative has been an important contributory factor in the emergence of the *nouvelle-instant*, so-called basically because it refers to a fiction set within a very limited time-span, far too brief a time-span to comfortably accommodate that succession of external actions, complications, confrontations and reversals which we normally think of as making up the elements of plot: 'il n'y a plus adhérence à une durée comme dans la nouvelle-histoire,' writes Godenne, 'mais à un moment du temps, et un moment extrêmement restreint: un jour, une soirée, une nuit'.[7]

Godenne is right to suggest that the *nouvelle-instant* takes shape as a more evocative, descriptive and reflective mode than the *nouvelle-histoire*, but this does not mean that it is left entirely devoid of narrative properties. For one thing, is not the *instant* invoked in Godenne's *nouvelle-instant* as much a narrative concept as a purely chronological one? When short-story writers home in on a 'moment of truth' or 'moment of crisis', are they not engaging in a narrative validation of the moment? Another approach to the persistence of narrativity in the *nouvelle-instant* would be to suggest that, due to a process of displacement, there occurs within it an *attenuation* of narrativity. This shift can be understood in at least three interrelated ways. Firstly, the element of plot loses its position as the 'dominant' and becomes one factor among others in the making of the story. Secondly, the location of plot, and with it our very notion of plot, is implicitly transferred from the external world of the fiction to the inner world of its characters. More and more, 'plot' becomes a matter of what is happening to or in a particular consciousness. Thirdly, in the case of stories reluctant to dispense hard narrative information, the responsibility for plot is increasingly shifted onto the reader. In other words, where the element of plot is not given, the reader tends instinctively to formulate narrative hypotheses as part of the general business of filling gaps, drawing connections and responding to cues. Thus narrativity persists in and through the reader's act of imaginative completion: a fact no-one is more aware of than the writer, of course. Our own selection of twentieth-century French short stories includes three examples of the *nouvelle-instant*, all committed in varying degrees and in different ways to this kind of attenuated narrativity: Colette's *L'Autre Femme* (1922), Jean-Paul Sartre's *Le Mur* (1937), and Albert Camus's *La Femme adultère* (1954).

Set against the example of *La Femme adultère*, our remaining three stories might be described as texts which pass through and beyond the *nouvelle-instant* — indeed, through and beyond the dominion of 'story'. Written during the early days of the so-called *nouveau roman*, and reflecting its subversive spirit, Marguerite Duras's *Le Boa* (1947) is a generically volatile text which starts out as a *nouvelle-histoire*, develops into a kind of *nouvelle-instant*, but ends up as a meditation on experience. Catherine Lépront's *Le Rat* (1981) takes up the deeply estranged perspective of a young girl who registers the presence of a dead rat in a gutter as an 'extraordinary event'. Since nothing noteworthy happens outside the girl's own yearning for disruption and catastrophe, the text itself is perhaps less a story than the portrait of a troubled mind.

In many respects, *Le Rat* is a demonstration of what Jean-Pierre Blin means by the *nouvelle monodique*, the form he describes as the natural successor to the *nouvelle-instant*:

> Par une évolution très logique, on passe, dans les années soixante-dix et quatre-vingt, de la nouvelle-instant à la nouvelle monodique, d'une nouvelle qui requiert encore les ressources de l'imaginaire et ébauche une intrigue, même ténue, à une nouvelle qui ne justifie son appellation que par la simulation d'une expérience, tout intérieure, celle-là, et la présence d'un personnage unique dans un instant unique.[8]

The term *monodique* implies the presence of a single voice, a lone narrative voice, and hence a character removed from action and interaction. More likely still, the single voice in question will be restless, unpredictable, and inward, the voice of a consciousness given over to itself. It is above all this 'monodic' quality which links *Le Rat* to a text over fifteen years its senior, J. M. G. Le Clézio's *Alors je pourrai trouver la paix et le sommeil* (1965), an overtly experimental piece which seeks to recreate the drama of a mind alerted by insomnia to its own unceasing activity.

Can the twentieth-century short story be said to have a distinct thematic orientation? While we do not wish to suggest that the short story is intrinsically suited — or indeed limited — to certain themes, the historical development of the form can clearly be examined in terms of prevailing tendencies. Following on from the nineteenth-century disenchantment with the social and moral values of bourgeois society, philosophy and the arts in our own century have shown an unprecedented degree of interest in the complex matter of individual experience. Does the short story have its own special way of expressing that interest? There are many who think it does, including most influentially Frank O'Connor, for whom 'there is in the short story at its most characteristic something we do not often find in the novel —

an intense awareness of human loneliness'.[9] O'Connor's passing
comment on the novel may well be dubious, but his point about the
short story is borne out, often very forcefully, by nearly all the French
stories we have chosen from the twentieth century. (We should add
here that the stories in question were not deliberately chosen to this
end.) The bottom line would seem to be a general negativity about
human relationships. This is nowhere more evident than in the stories by Colette, Camus and Boulanger, where marriage itself becomes
the framework for a study of human isolation. In Sartre's *Le Mur,* the
prospect of human solidarity is shown to diminish rather than grow
in the face of death. And walls feature strongly once more in Marcel
Aymé's *Le Passe-muraille* (1943), a fable of modern urban alienation,
where they represent social rather than metaphysical constraints.

Like Pablo in *Le Mur* and Dutilleul at the end of *Le Passe-muraille,*
the young heroines of the stories by Duras and Lépront are also prisoners of solitude. In thought if not in act, both forge an oppositional
stance out of their isolation, calling to mind the image of the misfit or
outcast, 'this sense of outlawed figures wandering about the fringes of
society' which, according to Frank O'Connor, has haunted the history
of short-story writing.[10]

If human relationships tend to be characterised negatively, things
are not so straightforward when it comes to human solitude. There is,
for instance, a strong suggestion in some of our stories, especially
with regard to female protagonists, that isolation may be redeemed as
an empowering experience insofar as it can offer insights and outlets
which would otherwise remain undiscovered. In the case of the autobiographical mode espoused by Duras and Lépront, moreover, the
main outlet in question is implicitly provided by the act of writing
itself, suggesting that isolation is never more empowering than when
it points to the figure of the artist. Within our own selection of stories,
that figure emerges most fully, now as a man, in Marguerite Yourcenar's
Comment Wang-Fô fut sauvé (1936), a story based on an ancient oriental legend, but which, in its exploration of the artist's relation to
society, takes up one of the key themes of literary modernism.

It should be clear by now that we have been covering not a single
issue but a rich and varied subject, such that the prevailing state of
the twentieth-century short story cannot easily be reduced to a neat
formula. One characterisation which does, however, seem to fit most
if not all of the texts anthologised here is provided by Ian Reid when
he suggests that the modern short story singles out 'occasions when
an individual is most alert or most alone'.[11] Occasions, and not just
dramatic events; alertness, and not just aloneness: these are the terms
which give Reid's formula the right balance of accuracy and generality.

Problems of terminology: *récit court, conte, nouvelle*

While we have no wish to get ourselves or our readers bogged down in problems of terminology, it is clear that the student of French will at the very least need to appreciate the distinction made in that language between *conte* and *nouvelle*. The first problem for the English-speaking student lies in the move from a linguistic and literary culture dominated by the single term *short story* to a culture which shares out more or less the same field between the terms *conte* and *nouvelle*. Matters are further complicated by a crossing of wires between the two languages. While *conte* corresponds pretty well to the English *tale*, there is no suitably specific term to translate *nouvelle*, so that it tends to be rendered by the umbrella term *short story*.[12] Depending on context, then, *short story* will mean either *nouvelle* or *conte*-plus-*nouvelle*. Finally, by an extra twist which actually begins to straighten things out again, recent years have seen the emergence in French, no doubt under the influence of the English *short story*, of the expression *récit court* (or sometimes *récit bref*). This provides a general fall-back term denoting the field traditionally divided up between *conte* and *nouvelle*, and so serves to highlight as well as offset the fact that the dividing line itself has never stayed in the same place for very long. In other words, *récit court* helps make up for the historical unreliabilty of the terms *conte* and *nouvelle*, the fact that they have meant different things at different times.

From a current perspective, there are two main areas of difference between *conte* and *nouvelle*. The first is that of narrative style. A story will qualify for consideration as a *conte* if, in line with the original meaning of the word, it is written as though it were being told (*conté, raconté*). This broad understanding of *conte* as a product of telling seems to have remained widespread, if not absolutely consistent, among both nineteenth- and twentieth-century French writers. During the twentieth century, however, there emerged a growing awareness that rapidly changing social, historical and economic conditions were sweeping away the very premises of the *conte*, in particular the sense of audience and community which inspires the act of story-telling and the belief embodied in that act — even as a literary or simulated performance — that human experience can be passed on relatively directly and unproblematically through the resources of the spoken word. This gave rise to a strong polarisation which, for many years, would force the *conte* into often unfavourable comparison with the virtues of the *nouvelle*, understood in its latest guise as a specifically

written story, a modern self-consciously literary prose-form well removed from the old oral tradition. Value-judgements apart, the current image of the *nouvelle* tends still to be that of a form more tightly
structured than the *conte*, more committed to focusing on a single
character, episode, or situation; and more concerned with achieving
psychological insight.

This drift towards the question of narrative content brings us on
to the second area of difference. Whereas one of the key points in the
development of the *nouvelle* has been its close association with vari-
eties of realism, the *conte* has increasingly been identified through its
cultivation of a quality we might loosely dub 'unrealism'. The critic
Michèle Simonsen makes the same point rather more technically: 'Le
conte est avant tout un récit non thétique, qui ne pose pas la réalité
de ce qu'il représente mais au contraire cherche plus ou moins
délibérément à détruire l'« illusion réaliste »'.[13] The *conte* is 'non-thetic'
in that it does not posit — it neither presumes nor seeks to impose
— the reality of what it represents; it is a form which aspires to be
other than 'true to life', plausible, *vraisemblable*. Simonsen considers
this point to hold true for both the folktales or *contes populaires* of oral
tradition and most of the written or literary types of tale which have
gained currency since the end of the seventeenth century. However,
while it would appear that most stories categorised as tales do indeed
venture into some kind of 'unrealism', it is doubtful whether 'unrealism'
alone can ever constitute an automatic criterion for identifying a
modern short story as a *conte* rather than a *nouvelle*.

The loss of prestige suffered by the *conte* during the twentieth
century was such that for a while, apart from its use by rural and
regionalist writers, it looked as though it might evolve into a term
reserved for children's stories only. Thus when Marcel Aymé wrote a
collection of stories aimed primarily at children, he entitled it *Les Contes
du chat perché* (1939), whereas *Le Passe-muraille* and other works
written for adults, though displaying similar elements of unrealism,
were classified as collections of *nouvelles*. Even more symptomatic
is the title of Marguerite Yourcenar's *Nouvelles orientales* (1938). As
Yourcenar herself has explained, *Comment Wang-Fô fut sauvé* is one of
several stories in the collection based on authentic fables and legends; in terms of both content and narrative style it strongly invites
description as a *conte*. Yet not until the 1960s, in a new 'Post-Scriptum'
to her book, did Yourcenar admit that *Contes et Nouvelles* might have
been a more appropriate overall title for the collection. One can only
presume that, back in the 1930s, *conte* was not considered a suitable
genre-label by any writer wishing to reach a serious adult audience.
The scope of the 'tale' had contracted to that of the 'fairy-tale', to the

tradition of Perrault and the Brothers Grimm, which was after all one of its abiding popular forms.

This forced redefinition has led in more recent years to a new lease of life for the *conte*. Revival of interest in the fairy-tale has been prompted by a variety of factors including, most recently, the emergence of post-modernism. Some noteworthy features of post-modernism are a desire to recycle — or 'refunction' — the styles of the past; a liking for crossovers between high and popular culture; and a renewed interest in anecdote. All of these favour the cause of the short story as *conte*, creating conditions which can only further enhance what Valerie Shaw pointedly calls 'the permanent capacity of short fiction to return to its ancient origins in folktale and legend; its ability to make completely new uses of apparently unsophisticated literary conventions; its recurrent concern with an audience, thought of as an intimate group or community, and its frequent tendency towards the instinctual rather than the intellectual'.[14] Among the more significant examples of the newly revitalised *conte* are the rewritings (also regenderings) of traditional fairytales produced by Angela Carter in England and Pierrette Fleutiaux in France; and, once more in France, some of the later stories of Le Clézio, which, like those of Michel Tournier, move not only between experiment and tradition but, more unusually, between adult literature and children's literature.[15]

Problems of definition: the short story as genre

The question of applying a generic analysis to short-story writing is fraught with difficulties. For a start, what precisely is the territory to be mapped? We are dealing with a tradition which has undergone numerous historical permutations, so that the Renaissance *nouvelle*, for example, bears little resemblance to its contemporary namesake. Moreover, as already suggested, the territory tends to be mapped in dissimilar ways by different cultures and languages, each with its own unstable keywords. All very confusing, to say the least.

Conceptions of genre are as contingent on history as the texts or types of text they seek to account for. Whereas classical genre theory was prescriptive and hierarchical, modern genre theory tends to be descriptive and functional, viewing genres as a fact of literary life based not on rules (specifying subject-matter, structure, style, and so on) but on 'conventions' which serve as distinguishing features. Our own overall perspective so far has more or less complied with the convention-based approach to genre, except perhaps on one point specifically about genre, to which we shall now return. Against the idea of 'conventions', which are artificial guidelines produced by historical accident and sustained thereafter by consent, one might wish to argue the case for a theory based on 'properties'. In the case of the short story, this would be a way of getting at something experienced as more intrinsic than conventional because it seems to be imposed almost naturally, almost necessarily — from 'within', as it were — by the very brevity of the form. But our own preference has gone to the term 'principle', and to the idea of short-story writing as a distinctive practice based on a certain number of 'underlying' principles. In other words, we wish to stress how something felt to be a particular constraint is taken up by the writer, worked on, and turned into something that can be called an enabling condition, a virtue, a positive quality of their writing. On a more pragmatic note, the three principles designated as delimiting, focusing, and economising provide an opportunity to resume, and to some extent rethink, a number of points which have become standard themes in studies of the short story as genre.

We shall continue here to think of the short story as a narrative form, a form which at the very least anticipates or invokes the narrative intelligence of its reader. But narrative alone cannot be considered a distinguishing feature of the short story, since it is a pervasive feature shared with other forms, notably of course the novel. We are concerned rather with a kind of composite basis of generic identification, described by Valerie Shaw as 'the achievement of a narrative purpose in a comparatively brief space'.[16] This is where our three principles come into play.

The first of these, *delimiting*, is the act of setting some kind of boundary. The short-story writer or *nouvelliste* is quickly drawn into making decisions about what to leave out and what to keep in. But delimiting is not just editing, it is a way of acting on one's judgement or intuition about what a short narrative form can be made to achieve in its own right. It seems natural, for instance, that a short-story writer should be attracted to the idea of working in a narrow time-frame, that is, to the very idea of what we have been calling the modern *nouvelle-instant*. As Valerie Shaw explains:

> Because a short narrative cannot reproduce, can only imply, extended periods of time, very often what is shown is one phase of an action, perhaps an ordinary event cut out and framed to epitomize a life of continuing ordinariness; or possibly a crisis which momentarily halts the flow of time, leaving everything permanently altered once it has passed.[17]

A similar point can be made about setting. The tendency to operate in a reduced spatial field, and more particularly in an enclosed space, is a significant, internally motivated feature of the modern short story. Many such stories, particularly *nouvelles-instants*, are composed as scenes, often single scenes confined to just one room.[18] Here, if a story is told, it is not by extending a situation but by probing it. And as we have already seen, the use of the first-person point of view can produce a similar effect of enclosure leading to gradual disclosure by locking us into the *inner* space of a mind or consciousness. It follows from this that the principle of delimiting is also manifested in the small number of characters, often only one or two, highlighted by the short story. Effective delimiting offers us a glimpse into another subjective world, often a dissonant one, but always a resonant one.

The principle of *focusing* takes us from the delimiting frame to the delimited field, within which it serves a key organisational role. In many respects, of course, delimiting and focusing are facets of one and the same general process of highlighting or, better still, *singling-out*, as is shown when we talk of a short story as 'focusing' on a single episode and/or a single character. But beyond this general level there lie more specific organisational strategies which continue to enforce our second principle. Focusing produces both a focal point and an arrangement of elements in relation to that point. The two main structural tendencies in this respect are, on the presentational level, the marshalling of elements *around* a focal point, and, on the narrative level, the gearing of elements *towards* a focal point. These tend to work together. In Camus's *La Femme adultère*, for instance, Janine is the focus both of the narrator (he homes in on her) and of her own consciousness (she homes in on herself). As we are made privy to her thoughts and reflections, her state of crisis and her feeling of expectancy, so this centralising focus gives rise to a forward focus on the outcome of the story. These two features together account for the fact that the short story tends to be at once more concentric and more strongly end-focused than the novel. By contrast, the novel tends to engage in elaboration, working out or away from a point; and in large-scale cumulative movements, shifting from one point or peak to another.

Our third principle, *economising*, is once again an underlying strategy whereby the writer undertakes to assume rather than escape the condition of brevity. Economy of management permeates every aspect of short-story composition. The writer is under pressure to avoid any kind of *longueur*, whether it take the form of description, explanation, interruption, or digression. Material considered as necessary background information tends to be dispersed through the story, given in small doses at appropriate moments, rather than lumped together at the beginning where it might hold the story up. If Balzac's *Le Réquisitionnaire* strikes the reader as technically a bit old-fashioned, for instance, it is probably because of its lengthy exposition. Succinctness becomes the order of the day, yielding a variety of stylistic manners: abrupt or delicate, direct or oblique, austerely pruned or richly condensed. In particular, the short-story writer becomes more and more fascinated by the art of the striking detail, the art of showing more by telling less.

In overall assessments of the short story, there are two main ways in which the combined principles of delimiting, focusing, and economising have been accounted for. The first goes all the way back to 1842, when Edgar Allan Poe formulated the first modern working definition of the form as a genre in its own right.[19] Drawing on Poe's main point, critics have continued to assert that the short story is all about 'unity of effect' or 'unity of impression'. But such a view is not without its problems. Poe's original argument presented unity of impression as a preconceived effect to be wrought in words by a writer who combined the qualities of hero and craftsman; it assumed, indeed vaunted, the kind of authorial 'intentionalism' on a grand scale which today is a matter of considerable dispute. In this model, the intended effect is actually a kind of first cause. But where Poe places unity at the head of things, we prefer to consider it as the upshot or outcome of the writer's engagement with the three core principles of delimiting, focusing, and economising. Unity as such does not have to come first.[20]

Our three principles also merge in the commonly held idea that the successful short-story writer is one who has achieved maximum efficiency by dealing only with the 'essential'. What qualifies as essential will depend of course on the individual text, above all on its narrative and thematic orientations (our two main points of reference whenever we ask what a story is 'all about'), for only by these can we decide whether a given detail, image, comment, incident, or whatever, falls within certain bounds of relevance or resonance. It is accepted as axiomatic that a poem is a text in which every word counts. Whether the same can ever be said, or even expected, of an average-length short story remains questionable. In their efforts to get the short story out from under the shadow of the novel, critics since Poe have of course explored its affinities not just with poetry but with numerous other forms, such as drama (especially tragedy), painting, and even cinema. Historically, however, the comparison with poetry seems to have remained the most persistent, and from the writer's point of view the most pressing. 'Fact: short stories are closer in spirit to poems than they are to novels,' asserts the American writer Raymond Carver, never one to beat about the bush.[21] That 'spirit' clearly has more to do with making every word count than with writing in a poetic or lyrical style. Indeed, given both the history of the short story and the principles at work within it, there exists strong evidence to suggest that such total efficiency is an inescapable condition of the form, and one towards which, in many cases, it actively aspires.

Choice of texts

Our main objective in compiling this anthology has been to convey a sense of the evolution of the modern French short story from Mérimée to the present. At the same time, in order to provide students with a more general introduction to modern French literature, we have tried to suggest how developments in short fiction fit into a broader context of literary, intellectual, and historical change. For the same reason, we have deliberately chosen a number of stories by 'big names', established authors likely to reappear in other courses taken by students of French, though not to the exclusion of some less well-known writers whose short stories deserve to be more widely read. Diversity, we hope, will lead to a sense of discovery.

Diversity marks our choice of texts in a number of ways, not least because, unlike certain anthologies still on the market, ours includes stories by women as well as by men. This adds a further dimension to the variety of writing we have sought to represent here. Such variety inevitably means that some stories will be found more difficult than others, not just linguistically but integrally, in terms of both style and theme. In other words, 'more difficult' can also mean more challenging, more provocative, and perhaps in the end more rewarding. Too much diversity, however, can lead to dispersion, and we have therefore decided to limit our choice to specifically French authors. So many interesting writers are emerging in francophone areas outside France, enough in fact to warrant a separate anthology, that the inclusion of just one or two — and from which of the many areas? — would have smacked of tokenism.

No amount of justification according to sensible criteria can disguise the fact that an anthology ultimately reflects the personal tastes — and limitations — of its compiler(s). That said, more impersonal limits also come into play, and, but for practical considerations of overall word-length, we would certainly have included one of Flaubert's *Trois Contes* (1877), and at least one other story by a contemporary writer, probably Christiane Baroche or Annie Saumont.

This anthology is designed primarily, but not exclusively, for students who have already acquired a reasonably sound level of proficiency as readers of the French language but who as yet have had little or no exposure to French literature. Each story comes with a preface which offers some practical guidelines to its understanding and appreciation. In attempting to keep notes down to a minimum, we have generally not given help with words which can be found in the *Collins-Robert French Dictionary*.

Notes

1 Sade, *Idée sur les romans*, in *Œuvres complètes*, vol. III, Pauvert, Paris, 1961, pp. 36–7.

2 From Elizabeth Bowen's introduction to *The Faber Book of Modern Short Stories* (1937), quoted in Dominic Head, *The Modernist Short Story: A Study in Theory and Practice*, Cambridge University Press, Cambridge, 1992, p. 4.

3 Elizabeth Bowen, *Afterthought: Pieces about Writing* (1962), quoted in Valerie Shaw, *The Short Story: A Critical Introduction*, Longman, London, 1983, p. 118.

4 See René Godenne, 'La Nouvelle française au XXe siècle', in *Etudes sur la nouvelle française*, Slatkine, Genève-Paris, 1985, pp. 193–200 (pp. 198–9).

5 For a review of these distinctions, see Head, pp. 16–17.

6 See Joyce Carol Oates's introduction to *The Oxford Book of American Short Stories*, Oxford University Press, Oxford, 1992, pp. 3–16 (p. 7).

7 René Godenne, *La Nouvelle française*, Presses Universitaires de France, Paris, 1974, p. 125.

8 Jean-Pierre Blin, 'Nouvelle et Narration au XXème siècle', in *La Nouvelle: Définitions, Transformations*, ed. by B. Alluin and F. Suard, Coll. UL3, Presses Universitaires de Lille, Lille, pp. 115–23 (p. 120).

9 See Frank O'Connor, *The Lonely Voice: A Study of the Short Story*, Macmillan, London, 1963, p. 19.

10 O'Connor, p. 19.

11 Ian Reid, *The Short Story*, The Critical Idiom, Routledge, London, 1991 (formerly Methuen, 1977), p. 28.

12 *Novella* refers to a narrative form intermediate between short story and novel, while *novelette* is just plain tacky. Some critics have proposed the hyphenated term *short-story*, but this serves mainly to identify the form as a modern genre which has outgrown its antecedents.

13 See Michèle Simonsen's article, 'Conte', in *Dictionnaire des littératures de langue française*, ed. by J.-P. de Beaumarchais, D. Couty & A. Rey, Bordas, Paris, 1984, vol. I, pp. 527–35 (p. 528).

14 Shaw, p. vii.

15 See in particular Angela Carter, *The Bloody Chamber and Other Stories*, Penguin, Harmondsworth, 1981 (first published 1979); Pierrette Fleutiaux, *Métamorphoses de la reine*, Gallimard, Paris, 1984; J. M. G. Le Clézio, *Mondo et autres histoires*, Gallimard, Paris, 1978; Michel Tournier, *Le Coq de bruyère*, Gallimard, Paris, 1978, and *Le Médianoche amoureux*, Gallimard, Paris, 1989. Both Le Clézio and Tournier have also produced numerous books for children, including versions of their own adult fiction.

16 Shaw, p. 21.

17 Shaw, pp. 46–7.

18 For an interesting analysis of space in the French short story, see Michael Issacharoff, *L'Espace et la nouvelle*, Corti, Paris, 1976.

19 See the essay, 'Twice-Told Tales', in *The Selected Writings of Edgar Allan Poe: Poems, Tales, Essays and Reviews*, ed. by David Galloway, Penguin, Harmondsworth, 1967 (repr. 1975), pp. 437–47.

20 Ian Reid makes a similar point when he argues that 'unity is not so simply correlated with brevity as Poe suggests'. See Reid, p. 55.

21 Raymond Carver, 'All My Relations' (1986), in *No Heroics Please: Uncollected Writings*, Harvill, London, 1991, paperback ed. 1992, pp. 134–45 (p. 140).

Prosper Mérimée
1803–70

Mateo Falcone
1829

Regarded by many as the first truly modern French short story, *Mateo Falcone* was Mérimée's first published *nouvelle*, appearing in the newly launched literary periodical, the *Revue de Paris*, in May 1829. He is best known today for his later work, such as the more elaborate, novella-length stories, *Carmen* and *Colomba*, and his compelling tale of the fantastic, *La Vénus d'Ille*.

When he wrote *Mateo Falcone*, Mérimée still had no first-hand experience of its remote, fashionably exotic Corsican setting. The bones of the story are based on a traditional Corsican tale which, like his descriptions of the island, Mérimée culled from various written sources. In his concern to show familiarity with Corsican ways — the story was originally subtitled *Mœurs de la Corse* — Mérimée the documentarist provides his readers with footnotes, while Mérimée the fictionist creates a first-person narrator who claims not only to know Corsica well but to have actually seen Falcone in the flesh.

Mérimée's interest in the legend of Mateo Falcone stems from his enduring fascination with primitive forces and violent passions, which he nearly always situated, rather reassuringly, in times or places other than his own. The Falcone family live on the edge of the Corsican scrub, a remote setting where modern civilisation, represented by the uniformed forces of constitutional law and order, backs onto a far more archaic world of hunters and warriors living by their own un-written codes of honour and justice. The central crisis of the story is triggered when Falcone's son Fortunato is lured into breaking faith with one of his own kind, thereby violating the code passed down to him by his father. Mateo's patriarchal response to this transgression is acted out in the chilling climax to the story, which is all the more powerful for the impassive way in which it is narrated.

Mateo Falcone set a new standard of formal achievement in short-story writing. Framed within a strictly delimited time and space, deploying a small cast of characters, based on a tightly organised, tension-building, climactic plot, the story is a remarkably concentrated

piece of narrative. Mérimée's sober style becomes an attribute of his
narrator: a figure who, though initially made to speak in the first person,
remains emotionally detached from his tale, an uneffusive, econo-
mical 'I' engaging in neither moral comment nor psychological inter-
pretation. Finally, Mérimée shows considerable skill in another
department of narrative economy, the use of detail, both as a single
occurrence (in the description of the watch which lures Fortunato, for
example) and as a recurrent device (most notably, perhaps, in the
constant passing references to Mateo's rifle, the symbol of his patriarchal power).

Mateo Falcone

En sortant de Porto-Vecchio et se dirigeant au N.-O., vers
l'intérieur de l'île, on voit le terrain s'élever assez rapidement,
et, après trois heures de marche par des sentiers tortueux,
obstrués par de gros quartiers de roc, et quelquefois coupés
par des ravins, on se trouve sur le bord d'un *maquis* très étendu.
Le maquis est la patrie des bergers corses et de quiconque
s'est brouillé avec la justice. Il faut savoir que le laboureur
corse, pour s'épargner la peine de fumer son champ, met le feu
à une certaine étendue de bois : tant pis si la flamme se répand
plus loin que besoin n'est ; arrive que pourra, on est sûr d'avoir
une bonne récolte en semant sur cette terre fertilisée par les
cendres des arbres qu'elle portait. Les épis enlevés, car on
laisse la paille, qui donnerait de la peine à recueillir, les racines
qui sont restées en terre sans se consumer poussent au
printemps suivant des cépées[1] très épaisses qui, en peu
d'années, parviennent à une hauteur de sept ou huit pieds.
C'est cette manière de taillis fourré que l'on nomme maquis.
Différentes espèces d'arbres et d'arbrisseaux le composent,
mêlés et confondus comme il plaît à Dieu. Ce n'est que la hache
à la main que l'homme s'y ouvrirait un passage et l'on voit des
maquis si épais et si touffus que les mouflons[2] eux-mêmes ne
peuvent y pénétrer.

Si vous avez tué un homme, allez dans le maquis de Porto-
Vecchio, et vous y vivrez en sûreté, avec un bon fusil, de la

poudre et des balles ; n'oubliez pas un manteau brun garni d'un capuchon,[3] qui sert de couverture et de matelas. Les bergers vous donnent du lait, du fromage et des châtaignes, et vous n'aurez rien à craindre de la justice ou des parents du mort, si ce n'est quand il vous faudra descendre à la ville pour y renouveler vos munitions.

Mateo Falcone, quand j'étais en Corse, en 18—, avait sa maison à une demi-lieue de ce maquis. C'était un homme assez riche pour le pays ; vivant noblement, c'est-à-dire sans rien faire, du produit de ses troupeaux que des bergers, espèce de nomades, menaient paître çà et là sur les montagnes. Lorsque je le vis, deux années après l'événement que je vais raconter, il me parut âgé de cinquante ans tout au plus. Figurez-vous un homme petit mais robuste, avec des cheveux crépus, noirs comme le jais, un nez aquilin, les lèvres minces, les yeux grands et vifs, et un teint couleur de revers de bottes. Son habileté au tir du fusil passait pour extraordinaire, même dans son pays, où il y a tant de bons tireurs. Par exemple, Mateo n'aurait jamais tiré sur un mouflon avec des chevrotines, mais à cent vingt pas il l'abattait d'une balle dans la tête ou dans l'épaule, à son choix. La nuit, il se servait de ses armes aussi facilement que le jour, et l'on m'a cité de lui ce trait d'adresse qui paraîtra peut-être incroyable à qui n'a pas voyagé en Corse. A quatre-vingts pas on plaçait une chandelle allumée derrière un transparent de papier, large comme une assiette. Il mettait en joue, puis on éteignait la chandelle, et, au bout d'une minute, dans l'obscurité la plus complète, il tirait et perçait le transparent trois fois sur quatre.

Avec un mérite aussi transcendant, Mateo Falcone s'était attiré une grande réputation. On le disait aussi bon ami que dangereux ennemi : d'ailleurs serviable et faisant l'aumône, il vivait en paix avec tout le monde dans le district de Porto-Vecchio. Mais on contait de lui qu'à Corte, où il avait pris sa femme, il s'était débarrassé fort vigoureusement d'un rival qui passait pour aussi redoutable en guerre qu'en amour : du moins on attribuait à Mateo certain coup de fusil qui surprit ce rival comme il était à se raser devant un petit miroir pendu à sa fenêtre. L'affaire assoupie, Mateo se maria. Sa femme Giuseppa

lui avait donné d'abord trois filles (dont il enrageait), et enfin
un fils, qu'il nomma Fortunato : c'était l'espoir de sa famille,
l'héritier du nom. Les filles étaient bien mariées : leur père
pouvait compter au besoin sur les poignards et les escopettes
de ses gendres. Le fils n'avait que dix ans, mais il annonçait
déjà d'heureuses dispositions.

Un certain jour d'automne, Mateo sortit de bonne heure avec
sa femme pour aller visiter un de ses troupeaux dans une
clairière du maquis. Le petit Fortunato voulait l'accompagner,
mais la clairière était loin ; d'ailleurs il fallait bien que quelqu'un
restât pour garder la maison ; le père refusa donc : on verra s'il
n'eut pas lieu de s'en repentir.

Il était absent depuis quelques heures, et le petit Fortunato
était tranquillement étendu au soleil, regardant les montagnes
bleues, et pensant que le dimanche prochain il irait dîner à la
ville, chez son oncle le *caporal*,[4] quand il fut soudainement
interrompu dans ses méditations par l'explosion d'une arme à
feu. Il se leva et se tourna du côté de la plaine d'où partait ce
bruit. D'autres coups de fusil se succédèrent tirés à intervalles
inégaux, et toujours de plus en plus rapprochés ; enfin, dans le
sentier qui menait de la plaine à la maison de Mateo parut un
homme, coiffé d'un bonnet pointu comme en portent les
montagnards, barbu, couvert de haillons, et se traînant avec
peine en s'appuyant sur son fusil. Il venait de recevoir un coup
de feu dans la cuisse.

Cet homme était un *bandit*[5] qui, étant parti de nuit pour aller
acheter de la poudre en ville, était tombé en route dans une
embuscade de voltigeurs corses.[6] Après une vigoureuse défense,
il était parvenu à faire sa retraite, vivement poursuivi et tiraillant
de rocher en rocher. Mais il avait peu d'avance sur les soldats,
et sa blessure le mettait hors d'état de gagner le maquis avant
d'être rejoint.

Il s'approcha de Fortunato et lui dit :
« Tu es le fils de Mateo Falcone ?
— Oui.
— Moi je suis Gianetto Sanpiero. Je suis poursuivi par les
collets jaunes.[7] Cache-moi, car je ne puis aller plus loin.

— Et que dira mon père si je te cache sans sa permission ?

— Il dira que tu as bien fait.

— Qui sait ?

— Cache-moi vite ; ils viennent.

— Attends que mon père soit revenu.

— Que j'attende ! malédiction ! Ils seront ici dans cinq minutes. Allons, cache-moi, ou je te tue. »

Fortunato lui répondit avec le plus grand sang-froid :

« Ton fusil est déchargé, et il n'y a plus de cartouches dans ta carchera.[8]

— J'ai mon stylet.

— Mais courras-tu aussi vite que moi ? » Il fit un saut, et se mit hors d'atteinte.

« Tu n'es pas le fils de Mateo Falcone ! Me laisseras-tu donc arrêter devant ta maison ? »

L'enfant parut touché.

« Que me donneras-tu si je te cache ? » dit-il en se rapprochant.

Le bandit fouilla dans une poche de cuir qui pendait à sa ceinture, et il en tira une pièce de cinq francs qu'il avait réservée sans doute pour acheter de la poudre. Fortunato sourit à la vue de la pièce d'argent ; il s'en saisit, et dit à Gianetto : « Ne crains rien. »

Aussitôt il fit un grand trou dans un tas de foin placé auprès de la maison. Gianetto s'y blottit, et l'enfant le recouvrit de manière à lui laisser un peu d'air pour respirer, sans qu'il fût possible cependant de soupçonner que ce foin cachât un homme. Il s'avisa, de plus, d'une finesse de sauvage assez ingénieuse. Il alla prendre une chatte et ses petits, et les établit sur le tas de foin pour faire croire qu'il n'avait pas été remué depuis peu. Ensuite, remarquant les traces de sang sur le sentier près de la maison, il les couvrit de poussière avec soin, et, cela fait, il se recoucha au soleil avec la plus grande tranquillité.

Quelques minutes après, six hommes en uniforme brun à collet jaune, et commandés par un adjudant, étaient devant la porte de Mateo. Cet adjudant était quelque peu parent de Falcone. (On sait qu'en Corse on suit les degrés de parenté

beaucoup plus loin qu'ailleurs.) Il se nommait Tiodoro Gamba :
c'était un homme actif, fort redouté des bandits dont il avait
déjà traqué plusieurs.

« Bonjour, petit cousin, dit-il à Fortunato en l'abordant ;
comme te voilà grandi ! As-tu vu passer un homme tout à
l'heure ?

— Oh ! je ne suis pas encore si grand que vous, mon cousin,
répondit l'enfant d'un air niais.

— Cela viendra. Mais n'as-tu pas vu passer un homme, dis-
moi ?

— Si j'ai vu passer un homme ?

— Oui, un homme avec un bonnet pointu, et une veste brodée
de rouge et de jaune ?

— Un homme avec un bonnet pointu, et une veste brodée de
rouge et de jaune ?

— Oui, réponds vite, et ne répète pas mes questions.

— Ce matin, M. le curé est passé devant notre porte, sur son
cheval Piero. Il m'a demandé comment papa se portait, et je lui
ai répondu . . .

— Ah ! petit drôle, tu fais le malin ! Dis-moi vite par où est
passé Gianetto, car c'est lui que nous cherchons ; et, j'en suis
certain, il a pris par ce sentier.

— Qui sait ?

— Qui sait ? C'est moi qui sais que tu l'as vu.

— Est-ce qu'on voit les passants quand on dort ?

— Tu ne dormais pas, vaurien ; les coups de fusil t'ont
réveillé.

— Vous croyez donc, cousin, que vos fusils font tant de
bruit. L'escopette de mon père en fait bien davantage.

— Que le diable te confonde ! maudit garnement ! Je suis
bien sûr que tu as vu le Gianetto. Peut-être même l'as-tu caché.
Allons, camarades, entrez dans cette maison, et voyez si notre
homme n'y est pas. Il n'allait plus que d'une patte, et il a trop
de bon sens, le coquin, pour avoir cherché à gagner le maquis
en clopinant. D'ailleurs les traces de sang s'arrêtent ici.

— Et que dira papa ? demanda Fortunato en ricanant ; que
dira-t-il s'il sait qu'on est entré dans sa maison pendant qu'il
était sorti ?

« — Vaurien ! dit l'adjudant Gamba en le prenant par l'oreille, sais-tu qu'il ne tient qu'à moi de te faire changer de note ? Peut-être qu'en te donnant une vingtaine de coups de plat de sabre tu parleras enfin. »

Et Fortunato ricanait toujours.

« Mon père est Mateo Falcone ! » dit-il avec emphase.

« Sais-tu bien, petit drôle, que je puis t'emmener à Corte ou à Bastia. Je te ferai coucher dans un cachot, sur la paille, les fers aux pieds, et je te ferai guillotiner si tu ne dis où est Gianetto Sanpiero. »

L'enfant éclata de rire à cette ridicule menace. Il répéta : « Mon père est Mateo Falcone !

— Adjudant, dit tout bas un des voltigeurs, ne nous brouillons pas avec Mateo. »

Gamba paraissait évidemment embarrassé. Il causait à voix basse avec ses soldats qui avaient déjà visité toute la maison. Ce n'était pas une opération fort longue, car la cabane d'un Corse ne consiste qu'en une seule pièce carrée. L'ameublement se compose d'une table, de bancs, de coffres et d'ustensiles de chasse ou de ménage. Cependant le petit Fortunato caressait sa chatte, et semblait jouir malignement de la confusion des voltigeurs et de son cousin.

Un soldat s'approcha du tas de foin. Il vit la chatte, et donna un coup de baïonnette dans le foin avec négligence, et haussant les épaules comme s'il sentait que sa précaution était ridicule. Rien ne remua ; et le visage de l'enfant ne trahit pas la plus légère émotion.

L'adjudant et sa troupe se donnaient au diable ;[9] déjà ils regardaient sérieusement du côté de la plaine comme disposés à s'en retourner par où ils étaient venus, quand leur chef, convaincu que les menaces ne produiraient aucune impression sur le fils de Falcone, voulut faire un dernier effort et tenter le pouvoir des caresses et des présents.

« Petit cousin, dit-il, tu me parais un gaillard bien éveillé ! Tu iras loin. Mais tu joues un vilain jeu avec moi ; et si je ne craignais de faire de la peine à mon cousin Mateo, le diable m'emporte ! je t'emmènerais avec moi.

— Bah !

— Mais quand mon cousin sera revenu, je lui conterai l'affaire, et pour ta peine d'avoir menti il te donnera le fouet jusqu'au sang.

— Savoir ?[10]

— Tu verras ... mais, tiens ... sois brave garçon, et je te donnerai quelque chose.

— Moi, mon cousin, je vous donnerai un avis, c'est que si vous tardez davantage, le Gianetto sera dans le maquis, et alors il faudra plus d'un luron comme vous pour aller l'y chercher. »

L'adjudant tira de sa poche une montre d'argent qui valait bien dix écus ; et, remarquant que les yeux du petit Fortunato étincelaient en la regardant, il lui dit en tenant la montre suspendue au bout de sa chaîne d'acier :

« Fripon ! tu voudrais bien avoir une montre comme celle-ci suspendue à ton col, et tu te promènerais dans les rues de Porto-Vecchio, fier comme un paon ; et les gens te demanderaient : Quelle heure est-il ? et tu leur dirais : Regardez à ma montre.

— Quand je serai grand, mon oncle le caporal me donnera une montre.

— Oui, mais le fils de ton oncle en a déjà une ... pas aussi belle que celle-ci, à la vérité ... Cependant il est plus jeune que toi. »

L'enfant soupira.

« Eh bien, la veux-tu, cette montre, petit cousin ? »

Fortunato, lorgnant la montre du coin de l'œil, ressemblait à un chat à qui l'on présente un poulet tout entier. Comme il sent qu'on se moque de lui, il n'ose y porter la griffe, et de temps en temps il détourne les yeux pour ne pas s'exposer à succomber à la tentation ; mais il se lèche les babines à tout moment, et il a l'air de dire à son maître : Que votre plaisanterie est cruelle !

Cependant l'adjudant Gamba semblait de bonne foi en présentant sa montre. Fortunato n'avança pas la main, mais il lui dit avec un sourire amer : « Pourquoi vous moquez-vous de moi ?[11]

— Par Dieu ! je ne me moque pas. Dis-moi seulement où est Gianetto, et cette montre est à toi. »

Fortunato laissa échapper un sourire d'incrédulité ; et fixant ses yeux noirs sur ceux de l'adjudant, il s'efforçait d'y lire la foi qu'il devait avoir en ses paroles.

« Que je perde mon épaulette, s'écria l'adjudant, si je ne te donne pas la montre à cette condition ! Les camarades sont témoins ; et je ne puis m'en dédire. »

En parlant ainsi il approchait toujours la montre, tant, qu'elle touchait presque la joue pâle de l'enfant. Celui-ci montrait bien sur sa figure le combat que se livraient en son âme la convoitise et le respect dû à l'hospitalité. Sa poitrine nue se soulevait avec force, et il semblait près d'étouffer. Cependant la montre oscillait, tournait, et quelquefois lui heurtait le bout du nez. Enfin, peu à peu sa main droite s'éleva vers la montre : le bout de ses doigts la toucha ; et elle pesait tout entière dans sa main sans que l'adjudant lâchât pourtant le bout de la chaîne . . . Le cadran était azuré . . . la boîte nouvellement fourbie . . . au soleil elle paraissait toute de feu . . . La tentation était trop forte.

Fortunato éleva aussi sa main gauche, et indiqua du pouce, par-dessus son épaule, le tas de foin auquel il était adossé. L'adjudant le comprit aussitôt. Il abandonna l'extrémité de la chaîne ; Fortunato se sentit seul possesseur de la montre. Il se leva avec l'agilité d'un daim, et s'éloigna de dix pas du tas de foin, que les voltigeurs se mirent aussitôt à culbuter.

On ne tarda pas à voir le foin s'agiter ; et un homme sanglant, le poignard à la main, en sortit : mais, comme il essayait de se lever en pieds, sa blessure refroidie ne lui permit plus de se tenir debout. Il tomba. L'adjudant se jeta sur lui et lui arracha son stylet. Aussitôt on le garrotta fortement, malgré sa résistance.

Gianetto, couché par terre et lié comme un fagot, tourna la tête vers Fortunato, qui s'était rapproché. « Fils de . . . ! » lui dit-il avec plus de mépris que de colère. L'enfant lui jeta la pièce d'argent qu'il en avait reçue, sentant qu'il avait cessé de la mériter ; mais le proscrit n'eut pas l'air de faire attention à ce mouvement. Il dit avec beaucoup de sang-froid à l'adjudant : « Mon cher Gamba, je ne puis marcher ; vous allez être obligé de me porter à la ville.

— Tu courais tout à l'heure plus vite qu'un chevreuil, repartit

le cruel vainqueur ; mais sois tranquille : je suis si content de
te tenir, que je te porterais une lieue sur mon dos sans être
fatigué. Au reste, mon camarade, nous allons te faire une litière
avec des branches et ta capote ; et à la ferme de Crespoli nous
trouverons des chevaux.

— Bien, dit le prisonnier ; vous mettrez aussi un peu de
paille sur votre litière, pour que je sois plus commodément. »

Pendant que les voltigeurs s'occupaient, les uns à faire une
espèce de brancard avec des branches de châtaignier, les autres
à panser la blessure de Gianetto, Mateo Falcone et sa femme
parurent tout d'un coup au détour d'un sentier qui conduisait
au maquis. La femme s'avançait courbée péniblement sous le
poids d'un énorme sac de châtaignes, tandis que son mari se
prélassait, ne portant qu'un fusil à la main et un autre en
bandoulière ; car il est indigne d'un homme de porter d'autre
fardeau que ses armes.

A la vue des soldats, la première pensée de Mateo fut qu'ils
venaient pour l'arrêter. Mais pourquoi cette idée ? Mateo avait-
il donc quelques démêlés avec la justice ? Non. Il jouissait
d'une bonne réputation. C'était, comme on dit, *un particulier bien
famé* ; mais il était Corse et montagnard, et il y a peu de Corses
montagnards qui, en scrutant bien leur mémoire, n'y trouvent
quelque peccadille, telle que coups de fusil, coups de stylet et
autres bagatelles. Mateo, plus qu'un autre, avait la conscience
nette ; car depuis plus de dix ans il n'avait dirigé son fusil
contre un homme ; mais toutefois il était prudent, et il se mit
en posture de faire une belle défense, s'il en était besoin.

« Femme, dit-il, à Giuseppa, mets bas ton sac et tiens-toi
prête. » Elle obéit sur-le-champ. Il lui donna le fusil qu'il avait
en bandoulière et qui aurait pu le gêner. Il arma celui qu'il avait
à la main, et il s'avança lentement vers sa maison, longeant
les arbres qui bordaient le chemin, et prêt, à la moindre
démonstration hostile, à se jeter derrière le plus gros tronc,
d'où il aurait pu faire feu à couvert. Sa femme marchait sur ses
talons, tenant son fusil de rechange et sa giberne. L'emploi
d'une bonne ménagère, en cas de combat, est de charger les
armes de son mari.

D'un autre côté, l'adjudant était fort en peine en voyant Mateo s'avancer ainsi, à pas comptés, le fusil en avant et le doigt sur la détente. Si par hasard, pensa-t-il, Mateo se trouvait parent de Gianetto, ou s'il était son ami, et qu'il voulût le défendre, les bourres[12] de ses deux fusils arriveraient à deux d'entre nous, aussi sûr qu'une lettre à la poste, et s'il me visait, nonobstant la parenté !...

Dans cette perplexité, il prit un parti fort courageux, ce fut de s'avancer seul vers Mateo pour lui conter l'affaire, en l'abordant comme une vieille connaissance ; mais le court intervalle qui le séparait de Mateo lui parut terriblement long.

« Holà ! eh ! mon vieux camarade, criait-il, comment cela va-t-il, mon brave ? C'est moi, je suis Gamba, ton cousin. »

Mateo, sans répondre un mot, s'était arrêté, et à mesure que l'autre parlait il relevait doucement le canon de son fusil, de sorte qu'il était dirigé vers le ciel au moment où l'adjudant le joignit.

« Bonjour, frère,[13] dit l'adjudant en lui tendant la main. Il y a bien longtemps que je ne t'ai vu.

— Bonjour, frère.

— J'étais venu pour te dire bonjour en passant, et à ma cousine Pepa. Nous avons fait une longue traite aujourd'hui ; mais il ne faut pas plaindre notre fatigue, car nous avons fait une fameuse prise. Nous venons d'empoigner Gianetto Sanpiero.

— Dieu soit loué ! s'écria Giuseppa. Il nous a volé une chèvre laitière la semaine passée. »

Ces mots réjouirent Gamba.

« Pauvre diable ! dit Mateo, il avait faim.

— Le drôle s'est défendu comme un lion, poursuivit l'adjudant un peu mortifié ; il m'a tué un de mes voltigeurs, et non content de cela, il a cassé le bras au caporal Chardon ; mais il n'y a pas grand mal, ce n'était qu'un Français... Ensuite il s'était si bien caché que le diable ne l'aurait pu découvrir. Sans mon petit cousin Fortunato, je ne l'aurais jamais pu trouver.

— Fortunato ! s'écria Mateo.

— Fortunato ! répéta Giuseppa.

— Oui, le Gianetto s'était caché sous ce tas de foin là-bas ; mais mon petit cousin m'a montré la malice. Aussi je le dirai à mon oncle le caporal, afin qu'il lui envoie un beau cadeau pour sa peine. Et son nom et le tien seront dans le rapport que j'enverrai à M. l'avocat général.

— Malédiction ! » dit tout bas Mateo.

Ils avaient rejoint le détachement. Gianetto était déjà couché sur la litière et prêt à partir. Quand il vit Mateo en la compagnie de Gamba, il sourit d'un sourire étrange ; puis, se tournant vers la porte de la maison, il cracha sur le seuil en disant : « Maison d'un traître ! »

Il n'y avait qu'un homme décidé à mourir qui eût osé prononcer le mot de traître en l'appliquant à Falcone. Un bon coup de stylet, qui n'aurait pas eu besoin d'être répété, aurait immédiatement payé l'insulte. Cependant Mateo ne fit pas d'autre geste que celui de porter sa main à son front comme un homme accablé.

Fortunato était entré dans la maison en voyant arriver son père. Il reparut bientôt avec une jatte de lait, qu'il présenta les yeux baissés à Gianetto. « Loin de moi ! » cria le proscrit d'une voix foudroyante. Puis se tournant vers un des voltigeurs : « Camarade, donne-moi à boire », dit-il. Le soldat remit sa gourde entre ses mains, et le bandit but l'eau que lui donna un homme avec lequel il venait d'échanger des coups de fusil. Ensuite il demanda qu'on lui attachât les mains de manière qu'il les eût croisées sur sa poitrine, au lieu de les avoir liées derrière le dos. « J'aime, disait-il, à être couché à mon aise. » On s'empressa de le satisfaire ; puis l'adjudant donna le signal du départ, dit adieu à Mateo, qui ne lui répondit pas, et descendit au pas accéléré vers la plaine.

Il se passa près de dix minutes avant que Mateo ouvrît la bouche. L'enfant regardait d'un œil inquiet tantôt sa mère et tantôt son père, qui, s'appuyant sur son fusil, le considérait avec une expression de colère concentrée.

« Tu commences bien ! dit enfin Mateo d'une voix calme, mais effrayante pour qui connaissait l'homme.

— Mon père ! » s'écria l'enfant en s'avançant les larmes aux yeux comme pour se jeter à ses genoux. Mais Mateo lui cria : « Arrière de moi ! » Et l'enfant s'arrêta et sanglota, immobile à quelques pas de son père.

Giuseppa s'approcha. Elle venait d'apercevoir la chaîne de la montre, dont un bout sortait de la chemise de Fortunato.

« Qui t'a donné cette montre ? demanda-t-elle d'un ton sévère.

— Mon cousin l'adjudant. »

Falcone saisit la montre, et, la jetant avec force contre une pierre, il la mit en mille pièces.

« Femme, dit-il, cet enfant est-il de moi ? »

Les joues brunes de Giuseppa devinrent d'un rouge de brique.

« Que dis-tu, Mateo ? et sais-tu bien à qui tu parles ?

— Eh bien ! cet enfant est le premier de sa race qui ait fait une trahison. »

Les sanglots et les hoquets de Fortunato redoublèrent, et Falcone tenait ses yeux de lynx toujours attachés sur lui. Enfin il frappa la terre de la crosse de son fusil, puis le rejeta sur son épaule et reprit le chemin du maquis en criant à Fortunato de le suivre. L'enfant obéit.

Giuseppa courut après Mateo et lui saisit le bras. « C'est ton fils, lui dit-elle d'une voix tremblante en attachant ses yeux noirs sur ceux de son mari, comme pour lire ce qui se passait dans son âme.

— Laisse-moi, répondit Mateo ; je suis son père. »

Giuseppa embrassa son fils et rentra en pleurant dans sa cabane. Elle se jeta à genoux devant une image de la Vierge et pria avec ferveur. Cependant Falcone marcha quelques deux cents pas dans le sentier et ne s'arrêta que dans un petit ravin où il descendit. Il sonda la terre avec la crosse de son fusil et la trouva molle et facile à creuser. L'endroit lui parut convenable pour son dessein.

« Fortunato, va auprès de cette grosse pierre. »

L'enfant fit ce qu'il lui commandait, puis il s'agenouilla.

« Dis tes prières.

— Mon père, mon père, ne me tuez pas !

— Dis tes prières ! » répéta Mateo d'une voix terrible.

L'enfant, tout en balbutiant et en sanglotant, récita le *Pater* et le *Credo*. Le père, d'une voix forte, répondait *Amen !* à la fin de chaque prière.

« Sont-ce là toutes les prières que tu sais ?

— Mon père, je sais encore l'*Ave Maria* et la litanie que ma tante m'a apprise.

— Elle est bien longue, n'importe. »

L'enfant acheva la litanie d'une voix éteinte.

« As-tu fini ?

— Oh ! mon père, grâce ! pardonnez-moi ! Je ne le ferai plus ! Je prierai tant mon cousin le caporal qu'on fera grâce au Gianetto ! »

Il parlait encore ; Mateo avait armé son fusil et le couchait en joue en lui disant : « Que Dieu te pardonne ! » L'enfant fit un effort désespéré pour se relever et embrasser les genoux de son père ; mais il n'en eut pas le temps. Mateo fit feu, et Fortunato tomba roide mort.

Sans jeter un coup d'œil sur le cadavre, Mateo reprit le chemin de sa maison pour aller chercher une bêche afin d'enterrer son fils. Il avait fait à peine quelques pas qu'il rencontra Giuseppa, qui accourait alarmée du coup de feu.

« Qu'as-tu fait ? s'écria-t-elle

— Justice.

— Où est-il ?

— Dans le ravin. Je vais l'enterrer. Il est mort en chrétien ; je lui ferai chanter une messe. Qu'on dise à mon gendre Tiodoro Bianchi de venir demeurer avec nous. »

Notes

1 *cépées*: clumps of shoots, coppices.

2 *mouflons*: wild sheep.

3 Author's note: '*Pilone*' (i.e. a goatskin coat).

4 Author's note: 'Les caporaux furent autrefois les chefs que se donnèrent les communes corses quand elles s'insurgèrent contre les seigneurs féodaux. Aujourd'hui on donne encore quelquefois ce nom à un homme qui, par ses propriétés, ses alliances et sa clientèle, exerce une influence et une sorte de magistrature effective sur une *pieve* ou un canton. Les Corses se divisent, par une ancienne habitude, en cinq castes : les *gentilhommes* (dont les uns sont *magnifiques*, les autres *signori*), les *caporali*, les *citoyens*, les *plébéiens* et les *étrangers*.'

5 Author's note: 'Ce mot est ici synonyme de proscrit.'

6 Author's note: 'C'est un corps levé depuis peu d'années par le gouvernement, et qui sert concurremment avec la gendarmerie au maintien de la police.'

7 Author's note: 'L'uniforme des voltigeurs était alors un habit brun avec un collet jaune.'

8 Author's note: 'Ceinture de cuir qui sert de giberne et de portefeuille.'

9 *se donnaient au diable*: were at their wits' end.

10 *Savoir?*: Is that so?

11 Author's note: '*Perchè me c...?*'

12 *bourres*: wads. Whether Mérimée meant wads or actual bullets, Gamba's concern remains the same: that Mateo will unquestionably hit a target with each of his guns.

13 Author's note: '*Buon giorno, fratello*, salut ordinaire des Corses.'

Honoré de Balzac
1799–1850

Le Réquisitionnaire
1831

First published on 23 February 1831 in *La Revue de Paris*, *Le Réquisitionnaire* belongs to a collection of short stories, written between 1830 and 1832 which, under the heading *Etudes philosophiques*, became part of *La Comédie humaine*, the title Balzac gave to his complete works, gathering stories and novels to form a historical document.

The title *Le Réquisitionnaire* derives from the historical context of the story itself: the action takes place in November 1793, four years after the beginning of the French Revolution, during the period of the *Terreur*. The protagonist of the story, Mme de Dey, being an aristocrat, has to watch her every move, especially since her son has emigrated, along with an increasing number of aristocrats and royalists, following *les princes*, King Louis XVI's brothers, who have organised an armed struggle against the new regime. From August 1793 all single men between eighteen and twenty-five were conscripted to fight against these anti-republican forces. They were called *réquisitionnaires*.

Le Réquisitionnaire reflects Balzac's dual interest as a writer: on one hand he wished to express his political sympathies, and on the other his fascination with contemporary theories about the nature of thought and occultism, especially paranormal psychic phenomena such as telepathy — a fascination not without its morbid side, given the author's ideas about the ultimately destructive power of thought. Balzac blends these interests very effectively by using the historical background of the Terror to create the charged atmosphere indispensable to the credibility of the strong emotions experienced by his protagonist, a woman struggling to protect herself and her son.

Le Réquisitionnaire is a perfect example of Balzac's narrative technique: through social analysis of the milieu, reflection on the political situation of the day, and psychological study of the characters, he brings the tightly-knit society of a small provincial town to life, thereby enabling us to experience at close hand the bourgeois society of his time. The lengthy description at the start of the story serves to introduce the mysterious into the banal. This is followed by a progressive build-up of suspense with Balzac denying both his characters and his readers any kind of certainty as to the significance and consequences of the chain of events. Eventually, following one of the main structural procedures of the nineteenth-century short story, Balzac brings Mme de Dey's situation to its moment of crisis. The dashing of her hopes leads straight to the concluding event of the story, which provokes the narrator to sign off with an unexpected, if not entirely unprepared, flourish.

Le Réquisitionnaire

> « Tantôt ils lui voyaient, par un phénomène de vision ou de locomotion, abolir l'espace dans ses deux modes de Temps et de Distance, dont l'un est intellectuel et l'autre physique. »
> *Histoire intellectuelle de Louis Lambert*[1]

Par un soir du mois de novembre 1793, les principaux personnages de Carentan[2] se trouvaient dans le salon de madame de Dey, chez laquelle *l'assemblée* se tenait tous les jours. Quelques circonstances qui n'eussent point attiré l'attention d'une grande ville, mais qui devaient fortement en préoccuper une petite, prêtaient à ce rendez-vous habituel un intérêt inaccoutumé. La surveille, madame de Dey avait fermé sa porte à sa société, qu'elle s'était encore dispensée de recevoir la veille, en prétextant une indisposition. En temps ordinaire, ces deux événements eussent fait à Carentan le même effet que produit à Paris un *relâche* à tous les théâtres. Ces jours-là, l'existence est en quelque sorte incomplète. Mais, en 1793, la conduite de madame de Dey pouvait avoir les plus funestes résultats. La moindre démarche hasardée devenait alors presque toujours pour les nobles une question de vie ou de mort. Pour bien comprendre la curiosité vive et les étroites finesses qui animèrent pendant cette soirée les physionomies normandes de tous ces personnages, mais surtout pour partager les perplexités secrètes de madame de Dey, il est nécessaire d'expliquer le rôle qu'elle jouait à Carentan. La position critique dans laquelle elle se trouvait en ce moment ayant été sans doute celle de bien des gens pendant la Révolution, les sympathies de plus d'un lecteur achèveront de colorer ce récit.

Madame de Dey, veuve d'un lieutenant-général, chevalier des ordres,[3] avait quitté la cour au commencement de l'émigration. Possédant des biens considérables aux environs de Carentan, elle s'y était réfugiée, en espérant que l'influence de la terreur s'y ferait peu sentir. Ce calcul, fondé sur une connaissance exacte du pays, était juste. La Révolution exerça peu de ravages en Basse-Normandie. Quoique madame de Dey ne vît jadis que les familles nobles du pays quand elle y venait visiter ses propriétés, elle avait, par politique, ouvert sa maison aux principaux bourgeois de la ville et aux nouvelles autorités, en s'efforçant de les rendre fiers de sa conquête, sans réveiller chez eux ni haine ni jalousie. Gracieuse et bonne, douée de cette inexprimable douceur qui sait plaire sans recourir à l'abaissement ou à la prière, elle avait réussi à se concilier l'estime générale par un tact exquis dont les sages avertissements lui permettaient de se tenir sur la ligne délicate où elle pouvait satisfaire aux exigences de cette société mêlée, sans humilier le rétif amour-propre des parvenus, ni choquer celui de ses anciens amis.

Agée d'environ trente-huit ans, elle conservait encore, non cette beauté fraîche et nourrie qui distingue les filles de la Basse-Normandie, mais une beauté grêle et pour ainsi dire aristocratique. Ses traits étaient fins et délicats ; sa taille était souple et déliée. Quand elle parlait, son pâle visage paraissait s'éclairer et prendre de la vie. Ses grands yeux noirs étaient pleins d'affabilité, mais leur expression calme et religieuse semblait annoncer que le principe de son existence n'était plus en elle. Mariée à la fleur de l'âge avec un militaire vieux et jaloux, la fausseté de sa position au milieu d'une cour galante contribua beaucoup sans doute à répandre un voile de grave mélancolie sur une figure où les charmes et la vivacité de l'amour avaient dû briller autrefois. Obligée de réprimer sans cesse les mouvements naïfs, les émotions de la femme alors qu'elle sent encore au lieu de réfléchir, la passion était restée vierge au fond de son cœur. Aussi, son principal attrait venait-il de cette intime jeunesse que, par moments, trahissait sa physionomie, et qui donnait à ses idées une innocente expression de désir. Son aspect commandait la retenue, mais il y avait toujours dans son maintien, dans sa voix, des élans vers un avenir inconnu, comme chez une jeune fille ; bientôt l'homme le plus insensible se trouvait amoureux d'elle, et conservait néanmoins une sorte de crainte respectueuse, inspirée par ses manières polies qui imposaient. Son âme, nativement grande, mais fortifiée par des luttes cruelles, semblait placée trop loin du vulgaire, et les hommes se faisaient justice. A cette âme, il fallait nécessairement une haute passion. Aussi les affections de madame de Dey s'étaient-elles concentrées dans un seul sentiment, celui de la maternité. Le bonheur et les plaisirs dont avait été privée sa vie de femme, elle les retrouvait dans l'amour extrême qu'elle portait à son fils. Elle ne l'aimait pas seulement avec le pur et profond dévouement d'une mère, mais avec la coquetterie d'une maîtresse, avec la jalousie d'une épouse. Elle était malheureuse loin de lui, inquiète pendant ses absences, ne le voyait jamais assez, ne vivait que par lui et pour lui. Afin de faire comprendre aux hommes la force de ce sentiment, il suffira d'ajouter que ce fils était non seulement l'unique enfant de madame de Dey, mais son dernier parent, le seul être auquel elle pût rattacher les craintes, les espérances et les joies de sa vie. Le feu comte de Dey fut le dernier rejeton de sa famille, comme elle se trouva seule héritière de la sienne. Les calculs et les intérêts humains s'étaient donc accordés avec les plus nobles besoins de l'âme pour exalter dans le cœur de la comtesse un sentiment déjà si fort chez les femmes. Elle n'avait élevé son fils qu'avec des peines infinies, qui le lui avaient rendu plus cher encore ; vingt fois les médecins lui en présagèrent la perte ; mais, confiante en ses pressentiments, en ses espérances, elle eut la joie inexprimable de lui voir heureusement traverser les périls de l'enfance, d'admirer les progrès de sa constitution, en dépit des arrêts de la Faculté.[4]

Grâce à des soins constants, ce fils avait grandi et s'était si gracieusement développé, qu'à vingt ans, il passait pour un des cavaliers les plus accomplis de Versailles. Enfin, par un bonheur qui ne couronne pas les efforts de toutes les mères,

elle était adorée de son fils ; leurs âmes s'entendaient par de
fraternelles sympathies. S'ils n'eussent pas été liés déjà par le
vœu de la nature, ils auraient instinctivement éprouvé l'un pour
l'autre cette amitié d'homme à homme, si rare à rencontrer
dans la vie. Nommé sous-lieutenant de dragons à dix-huit ans,
le jeune comte avait obéi au point d'honneur de l'époque en
suivant les princes dans leur émigration.

Ainsi madame de Dey, noble, riche, et mère d'un émigré,
ne se dissimulait point les dangers de sa cruelle situation. Ne
formant d'autre vœu que celui de conserver à son fils une
grande fortune, elle avait renoncé au bonheur de l'accompagner ;
mais en lisant les lois rigoureuses en vertu desquelles la
République confisquait chaque jour les biens des émigrés à
Carentan, elle s'applaudissait de cet acte de courage. Ne gardait-
elle pas les trésors de son fils au péril de ses jours ? Puis, en
apprenant les terribles exécutions ordonnées par la Convention,
elle s'endormait heureuse de savoir sa seule richesse en sûreté,
loin des dangers, loin des échafauds. Elle se complaisait à croire
qu'elle avait pris le meilleur parti pour sauver à la fois toutes
ses fortunes. Faisant à cette secrète pensée les concessions
voulues par le malheur des temps, sans compromettre ni sa
dignité de femme ni ses croyances aristocratiques, elle
enveloppait ses douleurs dans un froid mystère. Elle avait
compris les difficultés qui l'attendaient à Carentan. Venir y
occuper la première place, n'était-ce pas y défier l'échafaud
tous les jours ? Mais, soutenue par un courage de mère, elle
sut conquérir l'affection des pauvres en soulageant indifférem-
ment toutes les misères, et se rendit nécessaire aux riches en
veillant à leurs plaisirs. Elle recevait le procureur de la commune, le maire, le président du district, l'accusateur public, et
même les juges du tribunal révolutionnaire.[5] Les quatre premiers de ces personnages, n'étant pas mariés, la courtisaient
dans l'espoir de l'épouser, soit en l'effrayant par le mal qu'ils
pouvaient lui faire, soit en lui offrant leur protection.
L'accusateur public, ancien procureur à Caen, jadis chargé des
intérêts de la comtesse, tentait de lui inspirer de l'amour par
une conduite pleine de dévouement et de générosité ; finesse
dangereuse ! Il était le plus redoutable de tous les prétendants.

Lui seul connaissait à fond l'état de la fortune considérable de son ancienne cliente. Sa passion devait s'accroître de tous les désirs d'une avarice qui s'appuyait sur un pouvoir immense, sur le droit de vie et de mort dans le district. Cet homme, encore jeune, mettait tant de noblesse dans ses procédés, que madame de Dey n'avait pas encore pu le juger. Mais, méprisant le danger qu'il y avait à lutter d'adresse avec des Normands,[6] elle employait l'esprit inventif et la ruse que la nature a départis aux femmes pour opposer ces rivalités les unes aux autres. En gagnant du temps, elle espérait arriver saine et sauve à la fin des troubles. A cette époque, les royalistes de l'intérieur se flattaient tous les jours de voir la Révolution terminée le lendemain ; et cette conviction a été la perte de beaucoup d'entre eux.

Malgré ces obstacles, la comtesse avait assez habilement maintenu son indépendance jusqu'au jour où, par une inexplicable imprudence, elle s'était avisée de fermer sa porte. Elle inspirait un intérêt si profond et si véritable, que les personnes venues ce soir-là chez elle conçurent de vives inquiétudes en apprenant qu'il lui devenait impossible de les recevoir ; puis, avec cette franchise de curiosité empreinte dans les mœurs provinciales, elles s'enquirent du malheur, du chagrin, de la maladie qui devait affliger madame de Dey. A ces questions une vieille femme de charge, nommée Brigitte, répondait que sa maîtresse s'était enfermée et ne voulait voir personne, pas même les gens de sa maison. L'existence, en quelque sorte claustrale, que mènent les habitants d'une petite ville crée en eux une habitude d'analyser et d'expliquer les actions d'autrui si naturellement invincible qu'après avoir plaint madame de Dey, sans savoir si elle était réellement heureuse ou chagrine, chacun se mit à rechercher les causes de sa soudaine retraite.

— Si elle était malade, dit le premier curieux, elle aurait envoyé chez le médecin ; mais le docteur est resté pendant toute la journée chez moi à jouer aux échecs. Il me disait en riant que, par le temps qui court, il n'y a qu'une maladie... et qu'elle est malheureusement incurable.

Cette plaisanterie fut prudemment hasardée. Femmes, hommes, vieillards et jeunes filles se mirent alors à parcourir

le vaste champ des conjectures. Chacun crut entrevoir un secret, et ce secret occupa toutes les imaginations. Le lendemain
les soupçons s'envenimèrent. Comme la vie est à jour dans une
petite ville, les femmes apprirent les premières que Brigitte
avait fait au marché des provisions plus considérables qu'à
l'ordinaire. Ce fait ne pouvait être contesté. L'on avait vu Brigitte
de grand matin sur la place, et, chose extraordinaire, elle y
avait acheté le seul lièvre qui s'y trouvât. Toute la ville savait
que madame de Dey n'aimait pas le gibier. Le lièvre devint un
point de départ pour des suppositions infinies. En faisant leur
promenade périodique, les vieillards remarquèrent dans la
maison de la comtesse une sorte d'activité concentrée qui se
révélait par les précautions même dont se servaient les gens
pour la cacher. Le valet de chambre battait un tapis dans le
jardin ; la veille, personne n'y aurait pris garde ; mais ce tapis
devint une pièce à l'appui des romans que tout le monde
bâtissait. Chacun avait le sien. Le second jour, en apprenant
que madame de Dey se disait indisposée, les principaux
personnages de Carentan se réunirent le soir chez le frère du
maire, vieux négociant marié, homme probe, généralement
estimé, et pour lequel la comtesse avait beaucoup d'égards.
Là, tous les aspirants à la main de la riche veuve eurent à
raconter une fable plus ou moins probable ; et chacun d'eux
pensait à faire tourner à son profit la circonstance secrète
qui la forçait de se compromettre ainsi. L'accusateur public
imaginait tout un drame pour amener nuitamment le fils de
madame de Dey chez elle. Le maire croyait à un prêtre
insermenté,[7] venu de la Vendée, et qui lui aurait demandé un
asile ; mais l'achat du lièvre, un vendredi, l'embarrassait
beaucoup. Le président du district tenait fortement pour un
chef de Chouans ou de Vendéens vivement poursuivi.[8] D'autres
voulaient un noble échappé des prisons de Paris. Enfin tous
soupçonnaient la comtesse d'être coupable d'une de ces
générosités que les lois d'alors nommaient un crime, et qui
pouvaient conduire à l'échafaud. L'accusateur public disait
d'ailleurs à voix basse qu'il fallait se taire, et tâcher de sauver
l'infortunée de l'abîme vers lequel elle marchait à grands pas.
   — Si vous ébruitez cette affaire, ajouta-t-il, je serai obligé

d'intervenir, de faire des perquisitions chez elle, et alors !... Il
n'acheva pas, mais chacun comprit cette réticence.

Les amis sincères de la comtesse s'alarmèrent tellement pour
elle que, dans la matinée du troisième jour, le procureur-syndic
de la commune lui fit écrire par sa femme un mot pour l'engager
à recevoir pendant la soirée comme à l'ordinaire. Plus hardi, le
vieux négociant se présenta dans la matinée chez madame
de Dey. Fort du service qu'il voulait lui rendre, il exigea d'être
introduit auprès d'elle, et resta stupéfait en l'apercevant dans
le jardin, occupée à couper les dernières fleurs de ses plates-
bandes pour en garnir des vases.

— Elle a sans doute donné asile à son amant, se dit le vieillard
pris de pitié pour cette charmante femme. La singulière expression du visage de la comtesse le confirma dans ses
soupçons. Vivement ému de ce dévouement si naturel aux
femmes, mais qui nous touche toujours, parce que tous les
hommes sont flattés par les sacrifices qu'une d'elles fait à un
homme, le négociant instruisit la comtesse des bruits qui
couraient dans la ville et du danger où elle se trouvait. — Car,
lui dit-il en terminant, si, parmi nos fonctionnaires, il en est
quelques-uns assez disposés à vous pardonner un héroïsme
qui aurait un prêtre pour objet, personne ne vous plaindra si
l'on vient à découvrir que vous vous immolez à des intérêts de
cœur.

A ces mots, madame de Dey regarda le vieillard avec un air
d'égarement et de folie qui le fit frissonner, lui, vieillard.

— Venez, lui dit-elle en le prenant par la main pour le
conduire dans sa chambre, où, après s'être assurée qu'ils étaient
seuls, elle tira de son sein une lettre sale et chiffonnée :
— Lisez, s'écria-t-elle en faisant un violent effort pour prononcer
ce mot.

Elle tomba dans son fauteuil, comme anéantie. Pendant que
le vieux négociant cherchait ses lunettes et les nettoyait, elle
leva les yeux sur lui, le contempla pour la première fois avec
curiosité ; puis, d'une voix altérée : — Je me fie à vous, lui dit-
elle doucement.

— Est-ce que je ne viens pas partager votre crime ? répondit
le bonhomme avec simplicité.

Elle tressaillit. Pour la première fois, dans cette petite ville, son âme sympathisait avec celle d'un autre. Le vieux négociant comprit tout à coup et l'abattement et la joie de la comtesse. Son fils avait fait partie de l'expédition de Granville,[9] il écrivait à sa mère du fond de sa prison, en lui donnant un triste et doux espoir. Ne doutant pas de ses moyens d'évasion, il lui indiquait trois jours pendant lesquels il devait se présenter chez elle, déguisé. La fatale lettre contenait de déchirants adieux au cas où il ne serait pas à Carentan dans la soirée du troisième jour, et il priait sa mère de remettre une assez forte somme à l'émissaire qui s'était chargé de lui apporter cette dépêche, à travers mille dangers. Le papier tremblait dans les mains du vieillard.

— Et voici le troisième jour, s'écria madame de Dey qui se leva rapidement, reprit la lettre, et marcha.

— Vous avez commis des imprudences, lui dit le négociant. Pourquoi faire prendre des provisions ?

— Mais il peut arriver, mourant de faim, exténué de fatigue, et . . . Elle n'acheva pas.

— Je suis sûr de mon frère, reprit le vieillard, je vais aller le mettre dans vos intérêts.

Le négociant retrouva dans cette circonstance la finesse qu'il avait mise jadis dans les affaires, et lui dicta des conseils empreints de prudence et de sagacité. Après être convenus de tout ce qu'ils devaient dire et faire l'un ou l'autre, le vieillard alla, sous des prétextes habilement trouvés, dans les principales maisons de Carentan, où il annonça que madame de Dey qu'il venait de voir, recevrait dans la soirée, malgré son indisposition. Luttant de finesse avec les intelligences normandes dans l'interrogatoire que chaque famille lui imposa sur la nature de la maladie de la comtesse, il réussit à donner le change à presque toutes les personnes qui s'occupaient de cette mystérieuse affaire. Sa première visite fit merveille. Il raconta devant une vieille dame goutteuse que madame de Dey avait manqué périr d'une attaque de goutte à l'estomac ; le fameux Tronchin lui ayant recommandé jadis, en pareille occurrence, de se mettre sur la poitrine la peau d'un lièvre écorché vif, et de rester au lit sans se permettre le moindre mouvement, la comtesse, en danger de mort, il y a deux jours, se trouvait, après avoir suivi ponctuellement la bizarre ordonnance de Tronchin, assez bien rétablie pour recevoir ceux qui viendraient la voir pendant la soirée. Ce conte eut un succès prodigieux, et le médecin de Carentan, royaliste *in petto*,[10] en augmenta l'effet par l'importance avec laquelle il discuta le spécifique. Néanmoins les soupçons avaient trop fortement pris racine dans l'esprit de quelques entêtés ou de quelques philosophes pour être entièrement dissipés ; en sorte que, le soir, ceux qui étaient admis chez madame de Dey vinrent avec empressement et de bonne heure chez elle, les uns pour épier sa contenance, les autres par amitié, la plupart saisis par le merveilleux de sa guérison. Ils trouvèrent la comtesse assise au coin de la grande cheminée de son salon, à peu près aussi modeste que l'étaient ceux de Carentan ; car, pour ne pas blesser les étroites pensées de ses hôtes, elle s'était refusée aux jouissances de luxe auxquelles elle était jadis habituée, elle n'avait donc rien changé chez elle. Le carreau de la salle de réception n'était même pas frotté. Elle laissait sur les murs de vieilles tapisseries sombres, conservait les meubles du pays, brûlait de la chandelle, et suivait les modes de la ville, en épousant la vie provinciale sans reculer ni devant les petitesses les plus dures, ni devant les privations les plus désagréables. Mais sachant que ses hôtes lui pardonneraient les magnificences qui auraient leur bien-être pour but, elle ne négligeait rien quand il s'agissait de leur procurer des jouissances personnelles. Aussi leur donnait-elle d'excellents dîners. Elle allait jusqu'à feindre de l'avarice pour plaire à ces esprits calculateurs ; et, après avoir eu l'art de se faire arracher certaines concessions de luxe, elle savait obéir avec grâce. Donc, vers sept heures du soir, la meilleure mauvaise compagnie de Carentan se trouvait chez elle, et décrivait un grand cercle devant la cheminée. La maîtresse du logis, soutenue dans son malheur par les regards compatissants que lui jetait le vieux négociant, se soumit avec un courage inouï aux questions minutieuses, aux raisonnements frivoles et stupides de ses hôtes. Mais à chaque coup de marteau frappé sur sa porte, ou toutes les fois que des pas retentissaient dans la rue, elle cachait ses émotions en soulevant des questions intéressantes pour la fortune du pays. Elle éleva de bruyantes discussions sur la qualité des cidres, et fut si bien secondée par son confident, que l'assemblée oublia presque de l'espionner en trouvant sa contenance naturelle et son aplomb imperturbable. L'accusateur public et l'un des juges du tribunal révolutionnaire restaient taciturnes, observaient avec attention les moindres mouvements de sa physionomie, écoutaient dans la maison, malgré le tumulte ; et, à plusieurs reprises, ils lui firent des questions embarrassantes, auxquelles la comtesse répondit cependant avec une admirable présence d'esprit. Les mères ont tant de courage ! Au moment où madame de Dey eut arrangé les parties, placé tout le monde à des tables de boston, de reversis ou de wisth,[11] elle resta encore à causer auprès de quelques jeunes personnes avec un extrême laisser-aller, en jouant son rôle en actrice consommée. Elle se fit demander un loto, prétendit savoir seule où il était, et disparut.

— J'étouffe, ma pauvre Brigitte, s'écria-t-elle en essuyant des larmes qui sortirent vivement de ses yeux brillants de fièvre, de douleur et d'impatience. — Il ne vient pas, reprit-elle, en regardant la chambre où elle était montée. Ici, je respire et je vis. Encore quelques moments, et il sera là, pourtant ! car il vit encore, j'en suis certaine. Mon cœur me le dit. N'entendez-vous rien, Brigitte ? Oh ! je donnerais le reste de ma vie pour savoir s'il est en prison ou s'il marche à travers la campagne ! Je voudrais ne pas penser.

Elle examina de nouveau si tout était en ordre dans l'appartement. Un bon feu brillait dans la cheminée ; les volets étaient soigneusement fermés ; les meubles reluisaient de propreté ; la manière dont avait été fait le lit prouvait que la comtesse s'était occupée avec Brigitte des moindres détails ; et ses espérances se trahissaient dans les soins délicats qui paraissaient avoir été pris dans cette chambre où se respiraient et la gracieuse douceur de l'amour et ses plus chastes caresses dans les parfums exhalés par les fleurs. Une mère seule pouvait avoir prévu les désirs d'un soldat et lui préparer de si complètes satisfactions. Un repas exquis, des vins choisis, la chaussure, le linge, enfin tout ce qui devait être nécessaire ou agréable à un voyageur fatigué, se trouvait rassemblé pour que rien ne lui manquât, pour que les délices du chez-soi lui révélassent l'amour d'une mère.

— Brigitte ? dit la comtesse d'un son de voix déchirant en allant placer un siège devant la table, comme pour donner de la réalité à ses vœux, comme pour augmenter la force de ses illusions.

— Ah ! madame, il viendra. Il n'est pas loin. — Je ne doute pas qu'il ne vive et qu'il ne soit en marche, reprit Brigitte. J'ai mis une clef dans la Bible, et je l'ai tenue sur mes doigts pendant que Cottin lisait l'Evangile de saint Jean . . . et, madame ! la clef n'a pas tourné.

— Est-ce bien sûr ? demanda la comtesse.

— Oh ! madame, c'est connu. Je gagerais mon salut qu'il vit encore. Dieu ne peut pas se tromper.

— Malgré le danger qui l'attend ici, je voudrais bien cependant l'y voir.

— Pauvre monsieur Auguste, s'écria Brigitte, il est sans doute à pied, par les chemins.

— Et voilà huit heures qui sonnent au clocher, s'écria la comtesse avec terreur.

Elle eut peur d'être restée plus longtemps qu'elle ne le devait, dans cette chambre où elle croyait à la vie de son fils, en voyant tout ce qui lui en attestait la vie, elle descendit ; mais avant d'entrer au salon, elle resta pendant un moment sous le péristyle de l'escalier, en écoutant si quelque bruit ne réveillait pas les silencieux échos de la ville. Elle sourit au mari de Brigitte, qui se tenait en sentinelle, et dont les yeux semblaient hébétés à force de prêter attention aux murmures de la place et de la nuit. Elle voyait son fils en tout et partout. Elle rentra bientôt, en affectant un air gai, et se mit à jouer au loto avec des petites filles ; mais, de temps en temps, elle se plaignit de souffrir, et revint occuper son fauteuil auprès de la cheminée.

Telle était la situation des choses et des esprits dans la maison de madame de Dey, pendant que, sur le chemin de Paris à Cherbourg, un jeune homme vêtu d'une carmagnole brune,[12] costume de rigueur à cette époque, se dirigeait vers Carentan. A l'origine des réquisitions, il y avait peu ou point de discipline. Les exigences du moment ne permettaient guère à

la République d'équiper sur-le-champ ses soldats, et il n'était
pas rare de voir les chemins couverts de réquisitionnaires qui
conservaient leurs habits bourgeois. Ces jeunes gens
devançaient leurs bataillons aux lieux d'étape, ou restaient en
arrière, car leur marche était soumise à leur manière de sup-
porter les fatigues d'une longue route. Le voyageur dont il est
ici question se trouvait assez en avant de la colonne de
réquisitionnaires qui se rendait à Cherbourg, et que le maire
de Carentan attendait d'heure en heure, afin de leur distribuer
des billets de logement.[13] Ce jeune homme marchait d'un pas
alourdi, mais ferme encore, et son allure semblait annoncer
qu'il s'était familiarisé depuis longtemps avec les rudesses de
la vie militaire. Quoique la lune éclairât les herbages qui
avoisinent Carentan, il avait remarqué de gros nuages blancs
prêts à jeter de la neige sur la campagne ; et la crainte d'être
surpris par un ouragan animait sans doute sa démarche, alors
plus vive que ne le comportait sa lassitude. Il avait sur le dos
un sac presque vide, et tenait à la main une canne de buis,
coupée dans les hautes et larges haies que cet arbuste forme
autour de la plupart des héritages[14] en Basse-Normandie. Ce
voyageur solitaire entra dans Carentan, dont les tours, bordées
de lueurs fantastiques par la lune, lui apparaissaient depuis un
moment. Son pas réveilla les échos des rues silencieuses, où il
ne rencontra personne ; il fut obligé de demander la maison
du maire à un tisserand qui travaillait encore. Ce magistrat
demeurait à une faible distance, et le réquisitionnaire se vit
bientôt à l'abri sous le porche de la maison du maire, et s'y
assit sur un banc de pierre, en attendant le billet de logement
qu'il avait réclamé. Mais mandé par ce fonctionnaire, il comparut
devant lui, et devint l'objet d'un scrupuleux examen. Le fantassin
était un jeune homme de bonne mine qui paraissait appartenir
à une famille distinguée. Son air trahissait la noblesse.
L'intelligence due à une bonne éducation respirait sur sa figure.

— Comment te nommes-tu ? lui demanda le maire en lui
jetant un regard plein de finesse.

— Julien Jussieu, répondit le réquisitionnaire.

— Et tu viens ? dit le magistrat en laissant échapper un
sourire d'incrédulité.

— De Paris.

— Tes camarades doivent être loin, reprit le Normand d'un ton railleur.

— J'ai trois lieues d'avance sur le bataillon.

— Quelque sentiment t'attire sans doute à Carentan, citoyen réquisitionnaire ? dit le maire d'un air fin. C'est bien, ajouta-t-il en imposant silence par un geste de main au jeune homme prêt à parler, nous savons où t'envoyer. Tiens, ajouta-t-il en lui remettant son billet de logement, va, *citoyen Jussieu* !

Une teinte d'ironie se fit sentir dans l'accent avec lequel le magistrat prononça ces deux derniers mots, en tendant un billet sur lequel la demeure de madame de Dey était indiquée. Le jeune homme lut l'adresse avec un air de curiosité.

— Il sait bien qu'il n'a pas loin à aller. Et quand il sera dehors, il aura bientôt traversé la place ! s'écria le maire en se parlant à lui-même, pendant que le jeune homme sortait. Il est joliment hardi ! Que Dieu le conduise ! Il a réponse à tout. Oui, mais si un autre que moi lui avait demandé à voir ses papiers, il était perdu !

En ce moment, les horloges de Carentan avaient sonné neuf heures et demie ; les fallots[15] s'allumaient dans l'antichambre de madame de Dey ; les domestiques aidaient leurs maîtresses et leurs maîtres à mettre leurs sabots, leurs houppelandes ou leurs mantelets ; les joueurs avaient soldé leurs comptes, et allaient se retirer tous ensemble, suivant l'usage établi dans toutes les petites villes.

— Il paraît que l'accusateur veut rester, dit une dame en s'apercevant que ce personnage important leur manquait au moment où chacun se sépara sur la place pour regagner son logis, après avoir épuisé toutes les formules d'adieu.

Ce terrible magistrat était en effet seul avec la comtesse, qui attendait, en tremblant, qu'il lui plût de sortir.

— Citoyenne, dit-il enfin après un long silence qui eut quelque chose d'effrayant, je suis ici pour faire observer les lois de la République . . .

Madame de Dey frissonna.

— N'as-tu donc rien à me révéler ? demanda-t-il.

— Rien, répondit-elle étonnée.

— Ah ! madame, s'écria l'accusateur en s'asseyant auprès d'elle et changeant de ton, en ce moment, faute d'un mot, vous ou moi, nous pouvons porter notre tête sur l'échafaud. J'ai trop bien observé votre caractère, votre âme, vos manières, pour partager l'erreur dans laquelle vous avez su mettre votre société ce soir. Vous attendez votre fils, je n'en saurais douter.

La comtesse laissa échapper un geste de dénégation ; mais elle avait pâli, mais les muscles de son visage s'étaient contractés par la nécessité où elle se trouvait d'afficher une fermeté trompeuse, et l'œil implacable de l'accusateur public ne perdit aucun de ses mouvements.

— Eh ! bien, recevez-le, reprit le magistrat révolutionnaire ; mais qu'il ne reste pas plus tard que sept heures du matin sous votre toit. Demain, au jour, armé d'une dénonciation que je me ferai faire, je viendrai chez vous . . .

Elle le regarda d'un air stupide qui aurait fait pitié à un tigre.

— Je démontrerai, poursuivit-il d'une voix douce, la fausseté de la dénonciation par d'exactes perquisitions, et vous serez, par la nature de mon rapport, à l'abri de tous soupçons ultérieurs. Je parlerai de vos dons patriotiques, de votre civisme, et nous serons *tous* sauvés.

Madame de Dey craignait un piège, elle restait immobile, mais son visage était en feu et sa langue glacée. Un coup de marteau retentit dans la maison.

— Ah ! cria la mère épouvantée, en tombant à genoux. Le sauver, le sauver !

— Oui, sauvons-le ! reprit l'accusateur public, en lui lançant un regard de passion, dût-il *nous* en coûter la vie.

— Je suis perdue, s'écria-t-elle pendant que l'accusateur la relevait avec politesse.

— Eh ! madame, répondit-il par un beau mouvement oratoire, je ne veux vous devoir à rien . . . qu'à vous-même.

— Madame, le voi . . . , s'écria Brigitte qui croyait sa maîtresse seule.

A l'aspect de l'accusateur public, la vieille servante, de rouge et joyeuse qu'elle était, devint immobile et blême.

— Qui est-ce, Brigitte ? demanda le magistrat d'un air doux et intelligent.

— Un réquisitionnaire que le maire nous envoie à loger, répondit la servante en montrant le billet.

— C'est vrai, dit l'accusateur après avoir lu le papier. Il nous arrive un bataillon ce soir !

Et il sortit.

La comtesse avait trop besoin de croire en ce moment à la sincérité de son ancien procureur pour concevoir le moindre doute ; elle monta rapidement l'escalier, ayant à peine la force de se soutenir ; puis, elle ouvrit la porte de sa chambre, vit son fils, se précipita dans ses bras, mourante : — Oh ! mon enfant, mon enfant ! s'écria-t-elle en sanglotant et le couvrant de baisers empreints d'une sorte de frénésie.

— Madame, dit l'inconnu.

— Ah ! ce n'est pas lui, cria-t-elle en reculant d'épouvante et restant debout devant le réquisitionnaire qu'elle contemplait d'un air hagard.

— O saint bon Dieu, quelle ressemblance ! dit Brigitte.

Il y eut un moment de silence, et l'étranger lui-même tressaillit à l'aspect de madame de Dey.

— Ah ! monsieur, dit-elle en s'appuyant sur le mari de Brigitte, et sentant alors dans toute son étendue une douleur dont la première atteinte avait failli la tuer ; monsieur, je ne saurais vous voir plus longtemps, souffrez que mes gens me remplacent et s'occupent de vous.

Elle descendit chez elle, à demi portée par Brigitte et son vieux serviteur.

— Comment, madame ! s'écria la femme de charge en asseyant sa maîtresse, cet homme va-t-il coucher dans le lit de monsieur Auguste, mettre les pantoufles de monsieur Auguste, manger le pâté que j'ai fait pour monsieur Auguste ! quand on devrait me guillotiner, je . . .

— Brigitte ! cria madame de Dey.

Brigitte resta muette.

— Tais-toi donc, bavarde, lui dit son mari à voix basse, veux-tu tuer madame ?

En ce moment, le réquisitionnaire fit du bruit dans sa chambre en se mettant à table.

— Je ne resterai pas ici, s'écria madame de Dey, j'irai dans la serre, d'où j'entendrai mieux ce qui se passera au dehors pendant la nuit.

Elle flottait encore entre la crainte d'avoir perdu son fils et l'espérance de le voir reparaître. La nuit fut horriblement silencieuse. Il y eut, pour la comtesse, un moment affreux, quand le bataillon des réquisitionnaires vint en ville et que chaque homme y chercha son logement. Ce fut des espérances trompées à chaque pas, à chaque bruit ; puis bientôt la nature reprit un calme effrayant. Vers le matin, la comtesse fut obligée de rentrer chez elle. Brigitte, qui surveillait les mouvements de sa maîtresse, ne la voyant pas sortir, entra dans la chambre et y trouva la comtesse morte.

— Elle aura probablement entendu ce réquisitionnaire qui achève de s'habiller et qui marche dans la chambre de monsieur Auguste en chantant leur damnée *Marseillaise*,[16] comme s'il était dans une écurie, s'écria Brigitte. Ça l'aura tuée !

La mort de la comtesse fut causée par un sentiment plus grave, et sans doute par quelque vision terrible. A l'heure précise où madame de Dey mourait à Carentan, son fils était fusillé dans le Morbihan. Nous pouvons joindre ce fait tragique à toutes les observations sur les sympathies qui méconnaissent les lois de l'espace ; documents que rassemblent avec une savante curiosité quelques hommes de solitude, et qui serviront un jour à asseoir les bases d'une science nouvelle à laquelle il a manqué jusqu'à ce jour un homme de génie.

Notes

1 This epigraph did not appear in the original 1831 edition, but in the 1835 edition of *Le Réquisitionnaire*. Ironically, *Histoire intellectuelle de Louis Lambert*, which deals more broadly with the psychic phenomena that so fascinated Balzac, was written after *Le Réquisitionnaire*.

2 *Carentan*: a country town in *Basse-Normandie*.

3 *L'Ordre de Saint Michel* and *l'Ordre du Saint-Esprit* were both royal decorations.

4 *en dépit des arrêts de la Faculté*: in spite of the doctors' judgements.

5 *le procureur de la commune* represented the central government on local courts and administration; *le président du district* was the head of the local

district council; *l'accusateur public* was the public prosecutor. Together with the mayor and the judges in the revolutionary tribunal, they would have been powerful figures, and dangerous guests for anyone to have.

6 The Normans were said to be cunning and mean when dealing with others.

7 *insermenté* describes any priest who refused to take the oath of allegiance to the civil Constitution of the clergy when it was proclaimed in 1790.

8 *Chouans* and *Vendéens* were royalist rebels in the west of France, from Brittany and the Vendée respectively.

9 *l'expédition de Granville* refers to Henri de la Rochejaquelein's failed attempt, as *général en chef de l'armée vendéenne*, to seize Granville, a small port south-west of Carentan, on 14 November 1793.

10 *in petto*: secretly.

11 *boston, reversis, wisth* (i.e. whist!): all card-games.

12 The *carmagnole* was a short jacket men wore at the time of the Revolution, and also, as Balzac well knew, the name of a revolutionary song and dance, popular precisely in 1793.

13 *billet de logement*: billet, a written order requiring a householder to lodge a soldier.

14 *héritages*: estates.

15 *fallots*: hand-lanterns (more correctly *falots*).

16 *La Marseillaise*: a marching song for the French republican army in 1792, subsequently adopted as the national anthem.

Théophile Gautier
1811–72

Omphale, histoire rococo
1834

Omphale, histoire rococo was first published as *Omphale ou la tapisserie amoureuse* in the *Journal des gens du monde* of 7 February 1834, still early in a prolific literary career. Though Gautier tends to be considered a Romantic, his work is actually far too diverse to fit under any single heading.

Gautier's best-known short stories are his *récits fantastiques*. While *Omphale* rightly belongs in this category, it is not so much a straightforward tale of the fantastic as an unusual mix of elements in which the fantastic strikes the keynote. In the mode of the fantastic, the appearance of an unnatural or inexplicable phenomenon typically engenders fear and uncertainty in the mind of a solitary witness. Most of these conditions are met in the carefully prepared pivotal scene of *Omphale*, when, alone in his uncle's lodge one night, perhaps in a dream, the young protagonist has an unusual encounter. He evidently experiences uncertainty, for even after the event he cannot be sure whether or not he was dreaming. His fear, however, is short-lived, since the phenomenon in question turns out to be distinctly benign, hailing not from some mysterious or sinister beyond, but from an attractive historical past which Gautier himself clearly prefers to the drab bourgeois society of his own time.

In the remainder of the story, events take their course until the uncle, acting on more than a hunch, intervenes to bring the whole affair to an abrupt halt. Uncertainty goes the way of fear. What started off as a 'fantastic' phenomenon becomes an accepted — and for the uncle a rather tiresome — fact.

This play of perspectives is just one example of the way Gautier uses irony in *Omphale* to lighten up — if not send up — the fantastic. The fictional source of irony is the first-person narrator, who directs his aim initially at the staid figure of the uncle; then increasingly at his own former self, in the guise of the impressionable adolescent; and, eventually, even at his present narrating self. The irony is gentle, never sneering, yet pointed enough to indicate that Gautier the writer is more than willing to be identified with the irreverent scribblers deplored by his hidebound uncle.

In *Omphale*, Gautier uses his talent for humour and irony to construct a 'light' fantastic, yet one which astutely wards off charges of frivolity. As Gautier suggests above all through his interest in the rococo, 'frivolous' art can in fact be refreshingly subversive, if only we take the trouble to keep an open mind.

Omphale, histoire rococo

Mon oncle, le chevalier de ***, habitait une petite maison donnant d'un côté sur la triste rue des Tournelles et de l'autre le triste boulevard Saint-Antoine. Entre le boulevard et le corps du logis, quelques vieilles charmilles, dévorées d'insectes et de mousse, étiraient piteusement leurs bras décharnés au fond d'une espèce de cloaque encaissé par de noires et hautes murailles. Quelques pauvres fleurs étiolées penchaient languissamment la tête comme des jeunes filles poitrinaires, attendant qu'un rayon de soleil vînt sécher leurs feuilles à moitié pourries. Les herbes avaient fait irruption dans les allées, qu'on avait peine à reconnaître, tant il y avait longtemps que le râteau ne s'y était promené. Un ou deux poissons rouges flottaient plutôt qu'ils ne nageaient dans un bassin couvert de lentilles d'eau et de plantes de marais.

Mon oncle appelait cela son jardin.

Dans le jardin de mon oncle, outre toutes les belles choses que nous venons de décrire, il y avait un pavillon passablement maussade, auquel, sans doute par anti-phrase, il avait donné le nom de *Délices*. Il était dans un état de dégradation complète. Les murs faisaient ventre ; de larges plaques de crépi s'étaient détachées et gisaient à terre entre les orties et la folle avoine ; une moisissure putride verdissait les assises inférieures ; les bois des volets et des portes avaient joué, et ne fermaient plus ou fort mal. Une espèce de gros pot à feu avec des effluves rayonnantes formait la décoration de l'entrée principale ; car, au temps de Louis XV, temps de la construction des *Délices*, il y avait toujours, par précaution, deux entrées. Des oves, des chicorées et des volutes surchargeaient la corniche toute démantelée par l'infiltration des eaux pluviales. Bref, c'était une fabrique assez lamentable à voir que les *Délices* de mon oncle le chevalier de ***.

Cette pauvre ruine d'hier, aussi délabrée que si elle eût eu mille ans, ruine de plâtre et non de pierre, toute ridée, toute gercée, couverte de lèpre, rongée de mousse et de salpêtre, avait l'air d'un de ces vieillards précoces, usés par de sales débauches ; elle n'inspirait aucun respect, car il n'y a rien d'aussi laid et d'aussi misérable au monde qu'une vieille robe de gaze et un vieux mur de plâtre, deux choses qui ne doivent pas durer et qui durent.

C'était dans ce pavillon que mon oncle m'avait logé.

L'intérieur n'en était pas moins *rococo*[1] que l'extérieur, quoiqu'un peu mieux conservé. Le lit était de lampas[2] jaune à grandes fleurs blanches. Une pendule de rocaille[3] posait sur un piédouche[4] incrusté de nacre et d'ivoire. Une guirlande de roses pompon circulait coquettement autour d'une glace de Venise ; au-dessus des portes les quatre saisons étaient peintes en camaïeu. Une belle dame, poudrée à frimas, avec un corset bleu de ciel et une échelle de rubans de la même couleur, un arc dans la main droite, une perdrix dans la main gauche, un croissant[5] sur le front, un lévrier à ses pieds, se prélassait et souriait le plus gracieusement du monde dans un large cadre ovale. C'était une des anciennes maîtresses de mon oncle, qu'il avait fait peindre en Diane. L'ameublement, comme on voit, n'était pas des plus modernes. Rien n'empêchait que l'on ne se crût au temps de la Régence, et la tapisserie mythologique qui tendait les murs complétait l'illusion on ne peut mieux.

La tapisserie représentait Hercule filant aux pieds d'Omphale.[6] Le dessin était tourmenté à la façon de Van Loo et dans le style le plus *Pompadour* qu'il soit possible d'imaginer.[7] Hercule avait une quenouille entourée d'une faveur couleur de rose ; il relevait son petit doigt avec une grâce toute particulière, comme un marquis qui prend une prise de tabac, en faisant tourner, entre son pouce et son index, une blanche flammèche de filasse ; son cou nerveux était chargé de nœuds de rubans,

de rosettes, de rangs de perles et de mille affiquets[8] féminins ;
une large jupe gorge-de-pigeon, avec deux immenses paniers,
achevait de donner un air tout à fait galant au héros vainqueur
de monstres.

Omphale avait ses blanches épaules à moitié couvertes par
la peau du lion de Némée ;[9] sa main frêle s'appuyait sur la
noueuse massue de son amant ; ses beaux cheveux blond cendré
avec un œil de poudre descendaient nonchalamment le long de
son cou, souple et onduleux comme un cou de colombe ; ses
petits pieds, vrais pieds d'Espagnole ou de Chinoise, et qui
eussent été au large dans la pantoufle de verre de Cendrillon,
étaient chaussés de cothurnes demi-antiques, lilas tendre, avec
un semis de perles. Vraiment elle était charmante ! Sa tête se
rejetait en arrière d'un air de crânerie adorable ; sa bouche se
plissait et faisait une délicieuse petite moue ; sa narine était
légèrement gonflée, ses joues un peu allumées ; un *assassin*,[10]
savamment placé, en rehaussait l'éclat d'une façon merveilleuse ;
il ne lui manquait qu'une petite moustache pour faire un
mousquetaire accompli.

Il y avait encore bien d'autres personnages dans la tapisserie,
la suivante obligée, le petit Amour de rigueur, mais ils n'ont
pas laissé dans mon souvenir une silhouette assez distincte
pour que je les puisse décrire.

En ce temps-là j'étais fort jeune, ce qui ne veut pas dire que
je sois très vieux aujourd'hui ; mais je venais de sortir du collège,
et je restais chez mon oncle en attendant que j'eusse fait choix
d'une profession. Si le bonhomme avait pu prévoir que
j'embrasserais celle de conteur fantastique, nul doute qu'il
ne m'eût mis à la porte et déshérité irrévocablement ; car il
professait pour la littérature en général, et les auteurs en
particulier, le dédain le plus aristocratique. En vrai gentilhomme
qu'il était, il voulait faire pendre ou rouer de coups de bâton,
par ses gens, tous ces petits grimauds[11] qui se mêlent de noircir
du papier et parlent irrévérencieusement des personnes de
qualité. Dieu fasse paix à mon pauvre oncle ! mais il n'estimait
réellement au monde que l'épître à Zétulbé.[12]

Donc je venais de sortir du collège. J'étais plein de rêves et
d'illusions ; j'étais naïf autant et peut-être plus qu'une rosière

de Salency.[13] Tout heureux de ne plus avoir de *pensums* à faire, je trouvais que tout était pour le mieux dans le meilleur des mondes possibles. Je croyais à une infinité de choses ; je croyais à la bergère de M. de Florian, aux moutons peignés et poudrés à blanc ; je ne doutais pas un instant du troupeau de madame Deshoulières. Je pensais qu'il y avait effectivement neuf muses, comme l'affirmait l'*Appendix de Diis et Heroïbus* du père Jouvency. Mes souvenirs de Berquin et de Gessner me créaient un petit monde où tout était rose, bleu de ciel et vert-pomme. O sainte innocence ! *sancta simplicitas* ! comme dit Méphistophélès.[14]

Quand je me trouvai dans cette belle chambre, chambre à moi tout seul, je ressentis une joie à nulle autre seconde. J'inventoriai soigneusement jusqu'au moindre meuble ; je furetai dans tous les coins, et je l'explorai dans tous les sens. J'étais au quatrième ciel, heureux comme un roi ou deux. Après le souper (car on soupait chez mon oncle), charmante coutume qui s'est perdue, avec tant d'autres non moins charmantes que je regrette de tout ce que j'ai de cœur, je pris mon bougeoir et je me retirai, tant j'étais impatient de jouir de ma nouvelle demeure.

En me déshabillant, il me sembla que les yeux d'Omphale avaient remué ; je regardai plus attentivement, non sans un léger sentiment de frayeur, car la chambre était grande, et la faible pénombre lumineuse qui flottait autour de la bougie ne servait qu'à rendre les ténèbres plus visibles. Je crus voir qu'elle avait la tête tournée en sens inverse. La peur commençait à me travailler sérieusement ; je soufflai la lumière. Je me tournai du côté du mur, je mis mon drap par-dessus ma tête, je tirai mon bonnet jusqu'à mon menton, et je finis par m'endormir.

Je fus plusieurs jours sans oser jeter les yeux sur la maudite tapisserie.

Il ne serait peut-être pas inutile, pour rendre plus vraisemblable l'invraisemblable histoire que je vais raconter, d'apprendre à mes belles lectrices qu'à cette epoque j'étais en vérité un assez joli garçon. J'avais les yeux les plus beaux du monde : je le dis parce qu'on me l'a dit ; un teint un peu plus frais que celui que j'ai maintenant, un vrai teint d'œillet ; une

chevelure brune et bouclée que j'ai encore, et dix-sept ans que
je n'ai plus. Il ne me manquait qu'une jolie marraine pour faire
un très passable Chérubin ;[15] malheureusement la mienne avait
cinquante-sept ans et trois dents, ce qui était trop d'un côté et
pas assez de l'autre.

Un soir, pourtant, je m'aguerris au point de jeter un coup
d'œil sur la belle maîtresse d'Hercule ; elle me regardait de l'air
le plus triste et le plus langoureux du monde. Cette fois-là
j'enfonçai mon bonnet jusque sur mes épaules et je fourrai ma
tête sous le traversin.

Je fis cette nuit-là un rêve singulier, si toutefois c'était un
rêve.

J'entendis les anneaux des rideaux de mon lit glisser en criant
sur leurs tringles, comme si l'on eût tiré précipitamment les
courtines. Je m'éveillai ; du moins dans mon rêve il me sembla
que je m'éveillais. Je ne vis personne.

La lune donnait sur les carreaux et projetait dans la chambre
sa lueur bleue et blafarde. De grandes ombres, des formes
bizarres, se dessinaient sur le plancher et sur les murailles. La
pendule sonna un quart ; la vibration fut longue à s'éteindre ;
on aurait dit un soupir. Les pulsations du balancier, qu'on
entendait parfaitement, ressemblaient à s'y méprendre au cœur
d'une personne émue.

Je n'étais rien moins qu'à mon aise et je ne savais trop que
penser.

Un furieux coup de vent fit battre les volets et ployer le
vitrage de la fenêtre. Les boiseries craquèrent, la tapisserie
ondula. Je me hasardai à regarder du côté d'Omphale,
soupçonnant confusément qu'elle était pour quelque chose dans
tout cela. Je ne m'étais pas trompé.

La tapisserie s'agita violemment. Omphale se détacha du
mur et sauta légèrement sur le parquet ; elle vint à mon lit en
ayant soin de se tourner du côté de l'endroit. Je crois qu'il
n'est pas nécessaire de raconter ma stupéfaction. Le vieux
militaire le plus intrépide n'aurait pas été trop rassuré dans
une pareille circonstance, et je n'étais ni vieux ni militaire.
J'attendis en silence la fin de l'aventure.

Une petite voix flûtée et perlée résonna doucement à mon

oreille, avec ce grasseyement mignard affecté sous la Régence
par les marquises et les gens du bon ton :

« Est-ce que je te fais peur, mon enfant ? Il est vrai que tu
n'es qu'un enfant ; mais cela n'est pas joli d'avoir peur des
dames, surtout de celles qui sont jeunes et te veulent du bien ;
cela n'est ni honnête ni français ; il faut te corriger de ces
craintes-là. Allons, petit sauvage, quitte cette mine et ne te
cache pas la tête sous les couvertures. Il y aura beaucoup à
faire à ton éducation, et tu n'es guère avancé, mon beau page ;
de mon temps les Chérubins étaient plus délibérés que tu ne
l'es.

— Mais, dame, c'est que . . .

— C'est que cela te semble étrange de me voir ici et non là,
dit-elle en pinçant légèrement sa lèvre rouge avec ses dents
blanches, et en étendant vers la muraille son doigt long et
effilé. En effet, la chose n'est pas trop naturelle ; mais, quand
je te l'expliquerais, tu ne la comprendrais guère mieux : qu'il te
suffise donc de savoir que tu ne cours aucun danger.

— Je crains que vous ne soyez le . . . le . . .

— Le diable, tranchons le mot, n'est-ce pas ? c'est cela que
tu voulais dire ; au moins tu conviendras que je ne suis pas
trop noire pour un diable, et que, si l'enfer était peuplé de
diables faits comme moi, on y passerait son temps aussi
agréablement qu'en paradis.

Pour montrer qu'elle ne se vantait pas, Omphale rejeta en
arrière sa peau de lion et me fit voir des épaules et un sein
d'une forme parfaite et d'une blancheur éblouissante.

— Eh bien ! qu'en dis-tu ? fit-elle d'un petit air de coquetterie
satisfaite.

— Je dis que, quand vous seriez le diable en personne, je
n'aurais plus peur, madame Omphale.

— Voilà qui est parler ; mais ne m'appelez plus ni madame
ni Omphale. Je ne veux pas être madame pour toi, et je ne suis
pas plus Omphale que je ne suis le diable.

— Qu'êtes-vous donc, alors ?

— Je suis la marquise de T***. Quelque temps après mon
mariage le marquis fit exécuter cette tapisserie pour mon
appartement, et m'y fit représenter sous le costume d'Omphale ;
lui-même y figure sous les traits d'Hercule. C'est une singulière

idée qu'il a eue là ; car, Dieu le sait, personne au monde ne ressemblait moins à Hercule que le pauvre marquis. Il y a bien longtemps que cette chambre n'a été habitée. Moi, qui aime naturellement la compagnie, je m'ennuyais à périr, et j'en avais la migraine. Etre avec son mari, c'est être seule. Tu es venu, cela m'a réjouie ; cette chambre morte s'est ranimée, j'ai eu à m'occuper de quelqu'un. Je te regardais aller et venir, je t'écoutais dormir et rêver ; je suivais tes lectures. Je te trouvais bonne grâce, un air avenant, quelque chose qui me plaisait : je t'aimais enfin. Je tâchai de te le faire comprendre ; je poussais des soupirs, tu les prenais pour ceux du vent ; je te faisais des signes, je te lançais des œillades langoureuses, je ne réussissais qu'à te causer des frayeurs horribles. En désespoir de cause, je me suis décidée à la démarche inconvenante que je fais, et à te dire franchement ce que tu ne pouvais entendre à demi-mot. Maintenant que tu sais que je t'aime, j'espère que . . . »

La conversation en était là, lorsqu'un bruit de clef se fit entendre dans la serrure.

Omphale tressaillit et rougit jusque dans le blanc des yeux.

« Adieu ! dit-elle, à demain. » Et elle retourna à sa muraille à reculons, de peur sans doute de me laisser voir son envers.

C'était Baptiste qui venait chercher mes habits pour les brosser.

« Vous avez tort, monsieur, me dit-il, de dormir les rideaux ouverts. Vous pourriez vous enrhumer du cerveau ; cette chambre est si froide ! »

En effet, les rideaux étaient ouverts ; moi qui croyais n'avoir fait qu'un rêve, je fus très étonné, car j'étais sûr qu'on les avait fermés le soir.

Aussitôt que Baptiste fut parti, je courus à la tapisserie. Je la palpai dans tous les sens ; c'était bien une vraie tapisserie de laine, raboteuse au toucher comme toutes les tapisseries possibles. Omphale ressemblait au charmant fantôme de la nuit comme un mort ressemble à un vivant. Je relevai le pan ; le mur était plein ; il n'y avait ni panneau masqué ni porte dérobée. Je fis seulement cette remarque, que plusieurs fils étaient rompus dans le morceau de terrain où portaient les pieds d'Omphale. Cela me donna à penser.

Je fus toute la journée d'une distraction sans pareille ;

j'attendais le soir avec inquiétude et impatience tout ensemble. Je me retirai de bonne heure, décidé à voir comment tout
cela finirait. Je me couchai ; la marquise ne se fit pas attendre ;
elle sauta à bas du trumeau et vint tomber droit à mon lit ; elle
s'assit à mon chevet, et la conversation commença.

Comme la veille, je lui fis des questions, je lui demandai des
explications. Elle éludait les unes, répondait aux autres d'une
manière évasive, mais avec tant d'esprit qu'au bout d'une heure
je n'avais pas le moindre scrupule sur ma liaison avec elle.

Tout en parlant, elle passait ses doigts dans mes cheveux,
me donnait de petits coups sur les joues et de légers baisers
sur le front.

Elle babillait, elle babillait d'une manière moqueuse et
mignarde, dans un style à la fois élégant et familier, et tout à
fait grande dame, que je n'ai jamais retrouvé depuis dans
personne.

Elle était assise d'abord sur la bergère à côté du lit ; bientôt
elle passa un de ses bras autour de mon cou, je sentais son
cœur battre avec force contre moi. C'était bien une belle et
charmante femme réelle, une véritable marquise, qui se trouvait
à côté de moi. Pauvre écolier de dix-sept ans ! Il y avait de quoi
en perdre la tête ; aussi je la perdis. Je ne savais pas trop ce
qui s'allait passer, mais je pressentais vaguement que cela ne
pouvait plaire au marquis.

« Et monsieur le marquis, que va-t-il dire là-bas sur son
mur ? »

La peau du lion était tombée à terre, et les cothurnes lilas
tendre glacé d'argent gisaient à côté de mes pantoufles.

« Il ne dira rien, reprit la marquise en riant de tout son cœur.
Est-ce qu'il voit quelque chose ? D'ailleurs, quand il verrait,
c'est le mari le plus philosophe et le plus inoffensif du monde ;
il est habitué à cela. M'aimes-tu, enfant ?

— Oui, beaucoup, beaucoup . . . »

Le jour vint ; ma maîtresse s'esquiva.

La journée me parut d'une longueur effroyable. Le soir arriva
enfin. Les choses se passèrent comme la veille, et la seconde
nuit n'eut rien à envier à la première. La marquise était de plus
en plus adorable. Ce manège se répéta pendant assez longtemps

encore. Comme je ne dormais pas la nuit, j'avais tout le jour une espèce de somnolence qui ne parut pas de bon augure à mon oncle. Il se douta de quelque chose ; il écouta probablement à la porte, et entendit tout ; car un beau matin il entra dans ma chambre si brusquement, qu'Antoinette eut à peine le temps de remonter à sa place.

Il était suivi d'un ouvrier tapissier avec des tenailles et une échelle.

Il me regarda d'un air rogue et sévère qui me fit voir qu'il savait tout.

« Cette marquise de T*** est vraiment folle ; où diable avait-elle la tête de s'éprendre d'un morveux de cette espèce ? fit mon oncle entre ses dents ; elle avait pourtant promis d'être sage !

Jean, décrochez cette tapisserie, roulez-la et portez-la au grenier. »

Chaque mot de mon oncle était un coup de poignard.

Jean roula mon amante Omphale, ou la marquise Antoinette de T***, avec Hercule, ou le marquis de T***, et porta le tout au grenier. Je ne pus retenir mes larmes.

Le lendemain, mon oncle me renvoya par la diligence de B*** chez mes respectables parents, auxquels, comme on pense bien, je ne soufflai pas mot de mon aventure.

Mon oncle mourut ; on vendit sa maison et les meubles ; la tapisserie fut probablement vendue avec le reste.

Toujours est-il qu'il y a quelque temps, en furetant chez un marchand de bric-à-brac pour trouver des momeries,[16] je heurtai du pied un gros rouleau tout poudreux et couvert de toiles d'araignée.

« Qu'est cela ? dis-je à l'Auvergnat.

— C'est une tapisserie rococo qui représente les amours de madame Omphale et de monsieur Hercule ; c'est du Beauvais, tout en soie et joliment conservé. Achetez-moi donc cela pour votre cabinet ; je ne vous le vendrai pas cher, parce que c'est vous. »

Au nom d'Omphale, tout mon sang reflua sur mon cœur.

« Déroulez cette tapisserie », fis-je au marchand d'un ton bref et entrecoupé comme si j'avais la fièvre.

C'était bien elle. Il me sembla que sa bouche me fit un gracieux sourire et que son œil s'alluma en rencontrant le mien.

« Combien en voulez-vous ?

— Mais je ne puis vous céder cela à moins de quatre cents francs, tout au juste.

— Je ne les ai pas sur moi. Je m'en vais les chercher ; avant une heure je suis ici. »

Je revins avec l'argent ; la tapisserie n'y était plus. Un Anglais l'avait marchandée pendant mon absence, en avait donné six cents francs et l'avait emportée.

Au fond, peut-être vaut-il mieux que cela se soit passé ainsi et que j'aie gardé intact ce délicieux souvenir. On dit qu'il ne faut pas revenir sur ses premières amours ni aller voir la rose qu'on a admirée la veille.

Et puis je ne suis plus assez jeune ni assez joli garçon pour que les tapisseries descendent du mur en mon honneur.

Notes

1 The term *rococo* describes a late baroque style of decoration prevalent during the eighteenth century, whence the references early in the story to the time of Louis XV (king of France from 1715 to 1774), which includes the period of the Regency (1715–23).

2 *lampas*: a kind of glossy crape or flowered silk.

3 *rocaille*: an eighteenth-century style of ornamentation using pebbles or shells. The word is the origin of the term 'rococo'.

4 *piédouche*: a small pedestal.

5 *croissant*: a crescent-shaped diadem or coronet, often seen in representations of the goddess Diana, symbolising her mythological association with the moon.

6 *Omphale*: the legendary queen of Lydia, who bought Hercules when he was condemned to a period of slavery in order to atone for the crime of murder. The slave was forced by his mistress to wear a woman's robes and spin wool. They eventually became lovers.

7 Carle *Van Loo* (1705–65): a French painter of the rococo period. The *Pompadour* style, a very decorative manifestation of rococo taste, was named after the Marquise de Pompadour, who became the mistress of Louis XV.

8 *affiquets*: small jewels.

9 *Némée*: Nemea, where according to legend Hercules killed a lion and dressed himself in its skin. Once a slave, he had to wear Omphale's robes, while she donned the skin of the lion.

10 *assassin*: an artificial beauty-spot, usually placed below the eye, very fashionable in the eighteenth century.

11 *grimauds*: scribblers.

12 The name *Zétulbé* is probably an anagram of *Belzé(b)ut* (Beelzebub, the Devil).

13 Every summer, the most virtuous girl in the village of Salency was crowned with roses, becoming the *rosière*.

14 *Méphistophélès*: an evil spirit to whom Faust, in the German legend made famous by Goethe's play of the same name, sold his soul. As for the authors associated with the narrator's innocent youth, *Florian* (1755–94) composed pastoral lyrics, including the popular song 'Il pleut, il pleut, bergère'; Antoinette *Deshoulières* (1637–94) wrote idyllic poems, including one called *Les Moutons*; Arnaud *Berquin* (1747–91) wrote idylls, romances, and books for children; and Salomon *Gessner* (1730–88), a Swiss poet, celebrated rural life in his sentimental and hugely successful *Idylles*, translated from the German by Diderot.

15 *Chérubin*: the cheeky adolescent from Beaumarchais's famous play, *Le Mariage de Figaro* (1784), who is infatuated with his godmother, the Countess Almaviva. *Chérubin* also refers to an angelic creature.

16 *momeries*: Egyptian antiques.

Alphonse Daudet
1840–97

L'Elixir du Révérend Père Gaucher
1869

L'Elixir du Révérend Père Gaucher was first published in *Le Figaro* in 1869. It was then included in the collection of stories entitled *Lettres de mon moulin*, also published in 1869. These *lettres*, written from Provence in the south of France, are addressed to a Parisian readership not yet used to travelling, for whom the seemingly faraway South was tinged with exoticism.

Within the written form of the *lettre*, which creates an effect of modernity and authenticity, Daudet employs the more traditional narrative style of the *conte*, that is of oral story-telling, and gives the voice of his narrator the melodic tones of the Provençal dialect. Promoting the cause of his native South, Daudet sought to capture and preserve not just an idiom, but an atmosphere and a whole way of life which he felt was threatened by rapid social and economic change.

L'Elixir du Révérend Père Gaucher is the story of a rather lowly monk, a figure of fun for the rest of his community until he becomes their benefactor thanks to the recipe for an irresistible liqueur he learned from his eccentric old foster mother. Inevitably tempted by the Devil, however, Father Gaucher risks losing his soul in his over-zealous tasting of the beverage. Like many characters in the nineteenth-century short story, Father Gaucher is a simple, undemandingly happy man, something of a non-entity. Once he becomes the centre of attention, however, he has to forego his tranquil existence. Daudet treats the various ironies of Father Gaucher's situation comically rather than tragically.

Daudet's story interacts playfully with adjacent short narrative forms. The way the protagonist suddenly finds himself bestowed with extraordinary wisdom and a supernatural aura recalls the kind of transformation undergone by many a character in the traditional *conte de fées*. Daudet also alludes to the more recent vogue of the fantastic by taking up the theme of the elixir (as found in stories by Cazotte, Hoffmann and Balzac) and associating Father Gaucher's powers with those of the alchemist. At the end of the story, Daudet shows his mischievous side by allowing us to perceive the morally dubious compromises which have gone into the making of an apparently traditional happy ending.

Associated nowadays with regionalist literature, Daudet is remembered mostly for his tales of Provence, and hardly at all for his once popular novels (*Le Petit Chose*, *Tartarin de Tarascon*). During his own lifetime, he was considered an important Realist writer.

L'Elixir du Révérend Père Gaucher

— Buvez ceci, mon voisin, vous m'en direz des nouvelles.

Et, goutte à goutte, avec le soin minutieux d'un lapidaire comptant des perles, le curé de Graveson[1] me versa deux doigts d'une liqueur verte, dorée, chaude, étincelante, exquise . . . J'en eus l'estomac tout ensoleillé.

— C'est l'élixir du Père Gaucher, la joie et la santé de notre Provence, me fit le brave homme d'un air triomphant ; on le fabrique au couvent des Prémontrés,[2] à deux lieues de votre moulin . . . N'est-ce pas que cela vaut bien toutes les chartreuses[3] du monde ? . . . Et si vous saviez comme elle est amusante, l'histoire de cet élixir ! Ecoutez plutôt . . .

Alors, tout naïvement, sans y prêter malice, dans cette salle à manger de presbytère, si candide et si calme avec son chemin de la croix en petits tableaux et ses jolis rideaux clairs empesés comme des surplis, l'abbé me commença une historiette légèrement sceptique et irrévérencieuse, à la façon d'un conte d'Erasme ou d'Assoucy.[4]

— Il y a vingt ans, les Prémontrés, ou plutôt les Pères blancs, comme les appellent nos Provençaux, étaient tombés dans une grande misère. Si vous aviez vu leur maison de ce temps-là, elle vous aurait fait peine.

Le grand mur, la tour Pacôme s'en allaient en morceaux. Tout autour du cloître rempli d'herbes, les colonnettes se fendaient, les saints de pierre croulaient dans leurs niches. Pas un vitrail debout, pas une porte qui tînt. Dans les préaux, dans les chapelles, le vent du Rhône soufflait comme en Camargue, éteignant les cierges, cassant le plomb des vitrages, chassant l'eau des bénitiers. Mais le plus triste de tout, c'était le clocher du couvent, silencieux comme un pigeonnier vide, et les Pères, faute d'argent pour s'acheter une cloche, obligés de sonner matines avec des cliquettes[5] de bois d'amandier !...

Pauvres Pères blancs ! Je les vois encore, à la procession de la Fête-Dieu, défilant tristement dans leurs capes rapiécées, pâles, maigres, nourris de *citres*[6] et de pastèques, et derrière eux, monseigneur l'abbé, qui venait la tête basse, tout honteux de montrer au soleil sa crosse dédorée et sa mitre de laine blanche mangée des vers. Les dames de la confrérie en pleuraient de pitié dans les rangs, et les gros porte-bannière ricanaient entre eux tout bas en se montrant les pauvres moines :

— Les étourneaux vont maigres quand ils vont en troupe.

Le fait est que les infortunés Pères blancs en étaient arrivés eux-mêmes à se demander s'ils ne feraient pas mieux de prendre leur vol à travers le monde et de chercher pâture chacun de son côté.

Or, un jour que cette grave question se débattait dans le chapitre, on vint annoncer au prieur que le frère Gaucher demandait à être entendu au conseil... Vous saurez pour votre gouverne que ce frère Gaucher était le bouvier du couvent ; c'est-à-dire qu'il passait ses journées à rouler d'arcade en arcade dans le cloître, en poussant devant lui deux vaches étiques qui cherchaient l'herbe aux fentes des pavés. Nourri jusqu'à douze ans par une vieille folle du pays des Baux, qu'on appelait tante Bégon, recueilli depuis chez les moines, le malheureux bouvier n'avait jamais pu rien apprendre qu'à conduire ses bêtes et à réciter son *Pater noster* : encore le disait-il en provençal, car il avait la cervelle dure et l'esprit fin comme une dague de plomb. Fervent chrétien du reste, quoique un peu visionnaire à l'aise sous le cilice et se donnant la discipline avec une conviction robuste, et des bras !...

Quand on le vit entrer dans la salle du chapitre, simple et balourd, saluant l'assemblée la jambe en arrière, prieur, chanoines, argentier, tout le monde se mit à rire. C'était toujours l'effet que produisait, quand elle arrivait quelque part, cette bonne face grisonnante avec sa barbe de chèvre et ses yeux un peu fous : aussi le frère Gaucher ne s'en émut pas.

— Mes Révérends, fit-il d'un ton bonasse en tortillant son chapelet de noyaux d'olives, on a bien raison de dire que ce sont les tonneaux vides qui chantent le mieux. Figurez-vous qu'à force de creuser ma pauvre tête déjà si creuse, je crois que j'ai trouvé le moyen de nous tirer tous de peine.

Voici comment. Vous savez bien tante Bégon, cette brave femme qui me gardait quand j'étais petit. (Dieu ait son âme, la vieille coquine ! elle chantait de bien vilaines chansons après boire.) Je vous dirai donc, mes Révérends Pères, que tante Bégon, de son vivant, se connaissait aux herbes des montagnes autant et mieux qu'un vieux merle de Corse. Voire, elle avait composé, sur la fin de ses jours, un élixir incomparable en mélangeant cinq ou six espèces de simples[7] que nous allions cueillir ensemble dans les Alpilles.[8] Il y a de belles années de cela ; mais je pense qu'avec l'aide de saint Augustin et la permission de notre Père abbé, je pourrais — en cherchant bien — retrouver la composition de ce mystérieux élixir. Nous n'aurions plus alors qu'à le mettre en bouteilles, et à le vendre un peu cher, ce qui permettrait à la communauté de s'enrichir doucettement, comme ont fait nos frères de la Trappe[9] et de la Grande . . .[10]

Il n'eut pas le temps de finir. Le prieur s'était levé pour lui sauter au cou. Les chanoines lui prenaient les mains. L'argentier, encore plus ému que tous les autres, lui baisait avec respect le bord tout effrangé de sa cuculle . . .[11] Puis chacun revint à sa chaire pour délibérer ; et, séance tenante, le chapitre décida qu'on confierait les vaches au frère Thrasybule pour que le frère Gaucher pût se donner tout entier à la confection de son élixir.

Comment le bon frère parvint-il à retrouver la recette de tante Bégon ? au prix de quels efforts ? au prix de quelles veilles ? L'histoire ne le dit pas. Seulement, ce qui est sûr, c'est qu'au bout de six mois, l'élixir des Pères blancs était déjà très populaire. Dans tout le Comtat, dans tout le pays d'Arles, pas un *mas*,[12] pas une grange qui n'eût au fond de sa *dépense*,[13] entre les bouteilles de vin cuit et les jarres d'olives à la picholine,[14] un petit flacon de terre brune cacheté aux armes de Provence, avec un moine en extase sur une étiquette d'argent. Grâce à la vogue de son élixir, la maison des Prémontrés s'enrichit très rapidement. On releva la tour Pacôme. Le prieur eut une mitre neuve, l'église de jolis vitraux ouvragés ; et, dans la fine dentelle du clocher, toute une compagnie de cloches et de clochettes vint s'abattre, un beau matin de Pâques, tintant et carillonnant à la grande volée.

Quant au frère Gaucher, ce pauvre frère lai[15] dont les rusticités égayaient tant le chapitre, il n'en fut plus question dans le couvent. On ne connut plus désormais que le Révérend Père Gaucher, homme de tête et de grand savoir, qui vivait complètement isolé des occupations si menues et si multiples du cloître, et s'enfermait tout le jour dans sa distillerie, pendant que trente moines battaient la montagne pour lui chercher des herbes odorantes ... Cette distillerie, où personne, pas même le prieur, n'avait le droit de pénétrer, était une ancienne chapelle abandonnée, tout au bout du jardin des chanoines. La simplicité des bons Pères en avait fait quelque chose de mystérieux et de formidable ; et si, par aventure, un moinillon hardi et curieux, s'accrochant aux vignes grimpantes, arrivait jusqu'à la rosace du portail, il en dégringolait bien vite, effaré d'avoir vu le Père Gaucher, avec sa barbe de nécromant, penché sur ses fourneaux, le pèse-liqueur à la main ; puis, tout autour, des cornues de grès rose, des alambics gigantesques, des serpentins de cristal, tout un encombrement bizarre qui flamboyait ensorcelé dans la lueur rouge des vitraux ...

Au jour tombant, quand sonnait le dernier Angélus, la porte de ce lieu de mystère s'ouvrait discrètement, et le Révérend se rendait à l'église pour l'office du soir. Il fallait voir quel accueil quand il traversait le monastère ! Les frères faisaient la haie sur son passage. On disait :

— Chut ! ... il a le secret ! ...

L'argentier le suivait et lui parlait la tête basse ... Au milieu de ces adulations, le Père s'en allait en s'épongeant le front, son tricorne aux larges bords posé en arrière comme une auréole, regardant autour de lui d'un air de complaisance les grandes cours plantées d'orangers, les toits bleus où tournaient des girouettes neuves, et, dans le cloître éclatant de blancheur — entre les colonnettes élégantes et fleuries —, les chanoines habillés de frais qui défilaient deux par deux avec des mines reposées.

— C'est à moi qu'ils doivent tout cela ! se disait le Révérend en lui-même ; et chaque fois cette pensée lui faisait monter des bouffées d'orgueil.

Le pauvre homme en fut bien puni. Vous allez voir . . .

Figurez-vous qu'un soir, pendant l'office, il arriva à l'église dans une agitation extraordinaire : rouge, essoufflé, le capuchon de travers, et si troublé qu'en prenant de l'eau bénite il y trempa ses manches jusqu'au coude. On crut d'abord que c'était l'émotion d'arriver en retard ; mais quand on le vit faire de grandes révérences à l'orgue et aux tribunes au lieu de saluer le maître-autel, traverser l'église en coup de vent, errer dans le chœur pendant cinq minutes pour chercher sa stalle, puis une fois assis, s'incliner de droite et de gauche en souriant d'un air béat, un murmure d'étonnement courut dans les trois nefs. On chuchotait de bréviaire à bréviaire :

— Qu'a donc notre Père Gaucher ? . . . Qu'a donc notre Père Gaucher ?

Par deux fois le prieur, impatienté, fit tomber sa crosse sur les dalles pour commander le silence . . . Là-bas, au fond du chœur, les psaumes allaient toujours ; mais les répons manquaient d'entrain . . .

Tout à coup, au beau milieu de l'*Ave verum*, voilà mon Père Gaucher qui se renverse dans sa stalle et entonne d'une voix éclatante :

Dans Paris, il y a un Père blanc,
Patatin, patatan, tarabin, taraban . . .[16]

Consternation générale. Tout le monde se lève. On crie :

— Emportez-le : il est possédé !

Les chanoines se signent. La crosse de Monseigneur se démène . . . Mais le Père Gaucher ne voit rien, n'écoute rien ; et

deux moines vigoureux sont obligés de l'entraîner par la petite
porte du chœur, se débattant comme un exorcisé et continuant
de plus belle ses *patatin* et ses *taraban*.

Le lendemain, au petit jour, le malheureux était à genoux
dans l'oratoire du prieur, et faisant sa *coulpe* avec un ruisseau
de larmes :

— C'est l'élixir, Monseigneur, c'est l'élixir qui m'a surpris,
disait-il en se frappant la poitrine.

Et de le voir si marri, si repentant, le bon prieur en était tout
ému lui-même.

— Allons, allons, Père Gaucher, calmez-vous, tout cela
sèchera comme la rosée au soleil... Après tout, le scandale
n'a pas été aussi grand que vous pensez. Il y a bien eu la
chanson qui était un peu... hum ! hum !... Enfin il faut espérer
que les novices ne l'auront pas entendue... A présent, voyons,
dites-moi bien comment la chose vous est arrivée... C'est
en essayant l'élixir, n'est-ce pas ? Vous aurez eu la main trop
lourde... Oui, oui, je comprends... C'est comme le frère
Schwartz, l'inventeur de la poudre : vous avez été victime de
votre invention... Et dites-moi, mon brave ami, est-il nécessaire
que vous l'essayiez sur vous-même, ce terrible élixir ?

— Malheureusement, oui, Monseigneur... l'éprouvette me
donne bien la force et le degré de l'alcool ; mais pour le fini, le
velouté, je ne me fie guère qu'à ma langue...

— Ah ! très bien... Mais écoutez encore un peu que je vous
dise... Quand vous goûtez ainsi l'élixir par nécessité, est-ce
que cela vous semble bon ? Y prenez-vous du plaisir ?...

— Hélas ! oui, Monseigneur, fit le malheureux Père en
devenant tout rouge... Voilà deux soirs que je lui trouve un
bouquet, un arôme !... C'est pour sûr le démon qui m'a joué
ce vilain tour... Aussi je suis bien décidé désormais à ne plus
me servir que de l'éprouvette. Tant pis si la liqueur n'est pas
assez fine, si elle ne fait pas assez la perle...[17]

— Gardez-vous-en bien, interrompit le prieur avec vivacité.
Il ne faut pas s'exposer à mécontenter la clientèle... Tout ce
que vous avez à faire, maintenant que vous voilà prévenu, c'est
de vous tenir sur vos gardes... Voyons, qu'est-ce qu'il vous
faut pour vous rendre compte ?... Quinze ou vingt gouttes,

n'est-ce pas ? . . . mettons vingt gouttes . . . Le diable sera bien fin s'il vous attrape avec vingt gouttes . . . D'ailleurs, pour prévenir tout accident, je vous dispense dorénavant de venir à l'église. Vous direz l'office du soir dans la distillerie . . . Et maintenant, allez en paix, mon Révérend, et surtout . . . comptez bien vos gouttes.

Hélas ! le pauvre Révérend eut beau compter ses gouttes . . . le démon le tenait, et ne le lâcha plus.

C'est la distillerie qui entendit de singuliers offices !

Le jour, encore, tout allait bien. Le Père était assez calme : il préparait ses réchauds, ses alambics, triait soigneusement ses herbes, toutes herbes de Provence, fines, grises, dentelées, brûlées de parfums et de soleil . . . Mais, le soir, quand les simples étaient infusés et que l'élixir tiédissait dans de grandes bassines de cuivre rouge, le martyre du pauvre homme commençait.

— . . . Dix-sept . . . dix-huit . . . dix-neuf . . . vingt ! . . .

Les gouttes tombaient du chalumeau[18] dans le gobelet de vermeil. Ces vingt-là, le Père les avalait d'un trait, presque sans plaisir. Il n'y avait que la vingt et unième qui lui faisait envie. Oh ! cette vingt et unième goutte ! . . . Alors, pour échapper à la tentation, il allait s'agenouiller tout au bout du laboratoire et s'abîmait dans ses patenôtres.[19] Mais de la liqueur encore chaude il montait une petite fumée toute chargée d'aromates, qui venait rôder autour de lui et, bon gré mal gré, le ramenait vers les bassines . . . La liqueur était d'un beau vert doré . . . Penché dessus, les narines ouvertes, le Père la remuait tout doucement avec son chalumeau, et dans les petites paillettes étincelantes que roulait le flot d'émeraude, il lui semblait voir les yeux de tante Bégon qui riaient et pétillaient en le regardant . . .

— Allons ! encore une goutte !

Et, de goutte en goutte, l'infortuné finissait par avoir son gobelet plein jusqu'au bord. Alors, à bout de forces, il se laissait tomber dans un grand fauteuil, et, le corps abandonné, la paupière à demi close, il dégustait son péché par petits coups, en se disant tout bas avec un remords délicieux :

— Ah ! je me damne . . . je me damne . . .

Le plus terrible, c'est qu'au fond de cet élixir diabolique, il retrouvait par je ne sais quel sortilège, toutes les vilaines chansons de tante Bégon : *Ce sont trois petites commères, qui parlent de faire un banquet*... ou : *Bergerette de maître André s'en va au bois seulette*... et toujours la fameuse des Pères blancs : *Patatin, patatan.*

Pensez quelle confusion le lendemain, quand ses voisins de cellule lui faisaient d'un air malin :

— Eh ! eh ! Père Gaucher, vous aviez des cigales en tête, hier soir en vous couchant.

Alors c'étaient des larmes, des désespoirs. Mais rien ne pouvait contre le démon de l'élixir ; et tous les soirs, à la même heure, la possession recommençait.

Pendant ce temps, les commandes pleuvaient à l'abbaye que c'était une bénédiction. Il en venait de Nîmes, d'Aix, d'Avignon, de Marseille... De jour en jour le couvent prenait un petit air de manufacture. Il y avait des frères emballeurs, des frères étiqueteurs, d'autres pour les écritures, d'autres pour le camionnage ; le service de Dieu y perdait bien, par-ci par-là, quelques coups de cloches ; mais les pauvres gens du pays n'y perdaient rien, je vous en réponds...

Et donc, un beau dimanche matin, pendant que l'argentier lisait en plein chapitre son inventaire de fin d'année et que les bons chanoines l'écoutaient les yeux brillants et le sourire aux lèvres, voilà le Père Gaucher qui se précipite au milieu de la conférence en criant :

— C'est fini... Je n'en fais plus... Rendez-moi mes vaches.

— Qu'est-ce qu'il y a donc, Père Gaucher ? demanda le prieur, qui se doutait bien un peu de ce qu'il y avait.

— Ce qu'il y a, Monseigneur ?... Il y a que je suis en train de me préparer une belle éternité de flammes et de coups de fourche... Il y a que je bois, que je bois comme un misérable...

— Mais je vous avais dit de compter vos gouttes.

— Ah ! bien oui, compter mes gouttes ! c'est par gobelets qu'il faudrait compter maintenant... Oui, mes Révérends, j'en suis là. Trois fioles par soirée... Vous comprenez bien que cela ne peut pas durer... Aussi, faites faire l'élixir par qui vous voudrez... Que le feu de Dieu me brûle si je m'en mêle encore !

C'est le chapitre qui ne riait plus.

— Mais, malheureux, vous nous ruinez ! criait l'argentier en agitant son grand livre.

— Préférez-vous que je me damne ?

Pour lors, le Prieur se leva.

— Mes Révérends, dit-il en étendant sa belle main blanche où luisait l'anneau pastoral, il y a moyen de tout arranger... C'est le soir, n'est-ce pas, mon cher fils, que le démon vous tente ?...

— Oui, Monsieur le prieur, régulièrement tous les soirs ... Aussi maintenant, quand je vois arriver la nuit, j'en ai, sauf votre respect, les sueurs qui me prennent, comme l'âne de Capitou, quand il voyait venir le bât.[20]

— Eh bien ! rassurez-vous ... Dorénavant, tous les soirs, à l'office, nous réciterons à votre intention l'oraison de saint Augustin, à laquelle l'indulgence plénière est attachée... Avec cela, quoi qu'il arrive, vous êtes à couvert ... C'est l'absolution pendant le péché.

— Oh bien ! alors, merci, monsieur le prieur !

Et, sans en demander davantage, le Père Gaucher retourna à ses alambics, aussi léger qu'une alouette.

Effectivement, à partir de ce moment-là, tous les soirs à la fin des complies, l'officiant ne manquait jamais de dire :

— Prions pour notre pauvre Père Gaucher, qui sacrifie son âme aux intérêts de la communauté ... *Oremus Domine* ...

Et pendant que sur toutes ces capuches blanches, prosternées dans l'ombre des nefs, l'oraison courait en frémissant comme une petite bise sur la neige, là-bas, tout au bout du couvent, derrière le vitrage enflammé de la distillerie, on entendait le Père Gaucher qui chantait à tue-tête :

Dans Paris il y a un Père blanc,
Patatin, patatan, taraban, tarabin ;
Dans Paris il y a un Père blanc
Qui fait danser des moinettes,[21]
Trin, trin, trin, dans un jardin ;
Qui fait danser des ...

... Ici le bon curé s'arrêta plein d'épouvante :

— Miséricorde ! si mes paroissiens m'entendaient !

Notes

1 *Graveson* is a village situated half-way between Avignon and Tarascon, in the south of France.

2 *Les Prémontrés*: a religious order governed by the rule of Saint Augustine, and traditionally involved in parochial activities. *Couvent* here means a monastery, and specifically the abbey of Saint-Michel-de-Frigolet, a few miles from Graveson.

3 *Chartreuse* is a famous liqueur, prepared by the monks of the Grande-Chartreuse, an ancient monastery located not far from Grenoble, in the French Alps.

4 *Erasme*: the Dutch philosopher Erasmus (1467–1536); *d'Assoucy*: a French poet (1605–75).

5 *Cliquettes* are similar to castanets: used for traditional dancing, they are made of two small curved pieces of wood which are clicked together in the hand. A rather humiliating way of calling for prayers!

6 *citres*: pumpkins, probably short for *citrouilles*.

7 *simples*: sweet-smelling herbs, medicinal plants.

8 *les Alpilles*: a range of high hills south of Avignon, in Provence.

9 *nos frères de la Trappe*: the Trappists, a branch of the Cistercian order of Christian monks, founded at La Trappe in France in 1664. They are noted for their rule of silence and their beer.

10 *la Grande* . . . : meaning *la Grande-Chartreuse*, see note 3.

11 *cuculle*: a hooded vestment which covers monks from head to toe.

12 *mas*: a well-known Provençal noun referring to a farm or a country house.

13 *dépense*: a room where food was stored.

14 *Olives à la picholine* are traditionally prepared in a marinade or a pickle, and eaten as a starter.

15 *frère lai*: a server not destined to take holy orders.

16 *Patatin, patatan, tarabin, taraban*: meaningless words, which simply stand for the obscene lyrics which our narrator could not possibly repeat.

17 *Faire la perle*: when a good liqueur is heated up, its surface becomes pearly.

18 *chalumeau*: a straw used to count the drops.

19 *patenôtres*: from the Latin prayer *Pater Noster*, Our Father.

20 *le bât*: a pack saddle, which Capitou's donkey seemed to dread (probably a reference to a local tale or legend).

21 *moinettes*: not an established word, and therefore ambiguous. It is either the feminine of *moineau* (sparrow) or the feminine of *moine* (monk). In both cases the connotations are rather bawdy.

George Sand
1804–76

La Fée Poussière
1875

One of the great literary figures of nineteenth-century France, long a victim of denigration, most recently a *cause célèbre* of feminist criticism, George Sand is best known today for her fictional and autobiographical works, suffused like all her writings by her unique blend of feminist, socialist, and idealist principles.

La Fée Poussière comes from the second volume of Sand's *Contes d'une grand'mère*, published in September 1876, shortly after the author's death. As the title indicates, the stories were originally written for Sand's two granddaughters, though this did not prevent her from initially releasing them to adult publications such as *Le Temps*, the newspaper in which *La Fée Poussière* first appeared on 11 August 1875.

By the 1870s, children's literature had become an established category in the commercial world of publishing. Wishing to combine instruction and amusement, Sand naturally turned to the *conte*, the form first appropriated by the eighteenth-century pioneers of children's literature. In adopting the *conte*, however, she also adapted it, removing many of the standard trappings of the fairy-tale in order to make more room for poetic and didactic elements. Thus the *merveilleux*, a key term in the text, occurs less in the form of magic spells or the supernatural than as an intrinsic quality of nature, something to be admired and appreciated. The world will be a more 'marvellous' place, it is suggested, if like Sand herself we take an active interest in sciences such as botany, geology, and mineralogy. Nor do we encounter wolves, ogres, or witches in the story, for the staple polarities of good and evil have been supplanted by those of knowledge and ignorance.

Having transported the young female protagonist to her enchanted realm, the Dust-Fairy takes the girl down an abyss and back through time to the beginning of creation, where the origin of all natural substances is revealed to be dust: a familiar image for the new, unfamiliar, scientific reality of atoms and molecules. As the child resurfaces, so she witnesses the awesome spectacle of 'thousands of centuries' of natural evolution. A vulgarisation of Darwinism, the Dust-Fairy's doctrine inevitably blends scientific with moral considerations, reflecting Sand's concern to integrate the new progressive spirit of positivism into her own abiding idealism.

Out of historical context, Sand's story may seem more innocuous than it really is. Not only does Sand clearly side with the progressives against the conservatives in advocating scientific instruction for the young, she openly embraces Darwinism, the pet hate of the clergy. Moreover, barring the odd reference to nature as a masculine force, pride of place within Sand's secular myth of origin goes to the Dust-Fairy herself, the 'mother' of all humanity. Indeed the representation of two female characters in the roles of initiator and initiated clearly makes a strong feminist point, especially when set against the male-centred novels of Jules Verne, otherwise Sand's equal in the art of mixing myth and science.

La Fée Poussière

Autrefois, il y a bien longtemps, mes chers enfants, j'étais jeune et j'entendais souvent les gens se plaindre d'une importune petite vieille qui entrait par les fenêtres quand on l'avait chassée par les portes. Elle était si fine et si menue, qu'on eût dit qu'elle flottait au lieu de marcher, et mes parents la comparaient à une petite fée. Les domestiques la détestaient et la renvoyaient à coups de plumeau, mais on ne l'avait pas plus tôt délogée d'une place qu'elle reparaissait à une autre.

Elle portait toujours une vilaine robe grise traînante et une sorte de voile pâle que le moindre vent faisait voltiger autour de sa tête ébouriffée en mèches jaunâtres.

A force d'être persécutée, elle me faisait pitié et je la laissais volontiers se reposer dans mon petit jardin, bien qu'elle abîmât beaucoup mes fleurs. Je causais avec elle, mais sans en pouvoir tirer une parole qui eût le sens commun. Elle voulait toucher à tout, disant qu'elle ne faisait que du bien. On me reprochait de la tolérer, et, quand je l'avais laissée s'approcher de moi, on m'envoyait laver et changer, en me menaçant de me donner le nom qu'elle portait.

C'était un vilain nom que je redoutais beaucoup. Elle était si malpropre qu'on prétendait qu'elle couchait dans les balayures des maisons et des rues, et, à cause de cela, on la nommait la fée Poussière.

— Pourquoi donc êtes-vous si poudreuse ? lui dis-je, un jour qu'elle voulait m'embrasser.

— Tu es une sotte de me craindre, répondit-elle alors d'un ton railleur : tu m'appartiens, et tu me ressembles plus que tu ne penses. Mais tu es une enfant esclave de l'ignorance, et je perdrais mon temps à te le démontrer.

— Voyons, repris-je, vous paraissez vouloir parler raison pour la première fois. Expliquez-moi vos paroles.

— Je ne puis te parler ici, répondit-elle. J'en ai trop long à te dire, et, sitôt que je m'installe quelque part chez vous, on me balaye avec mépris ; mais, si tu veux savoir qui je suis, appelle-moi par trois fois cette nuit, aussitôt que tu seras endormie.

Là-dessus, elle s'éloigna en poussant un grand éclat de rire, et il me sembla la voir se dissoudre et s'élever en grande traînée d'or, rougi par le soleil couchant.

Le même soir, j'étais dans mon lit et je pensais à elle en commençant à sommeiller.

— J'ai rêvé tout cela, me disais-je, ou bien cette petite vieille est une vraie folle. Comment me serait-il possible de l'appeler en dormant ?

Je m'endormis, et aussitôt je rêvai que je l'appelais. Je ne suis même pas sûre de n'avoir pas crié tout haut par trois fois : « Fée Poussière ! fée Poussière ! fée Poussière ! »

A l'instant même, je fus transportée dans un immense jardin au milieu duquel s'élevait un palais enchanté, et sur le seuil de cette merveilleuse demeure, une dame resplendissante de jeunesse et de beauté m'attendait dans de magnifiques habits de fête.

Je courus à elle et elle m'embrassa en me disant :

— Eh bien, reconnais-tu, à présent, la fée Poussière ?

— Non, pas du tout, madame, répondis-je, et je pense que vous vous moquez de moi.

— Je ne me moque point, reprit-elle ; mais, comme tu ne

saurais comprendre mes paroles, je vais te faire assister à un
spectacle qui te paraîtra étrange et que je rendrai aussi court
que possible. Suis-moi.

Elle me conduisit dans le plus bel endroit de sa résidence.
C'était un petit lac limpide qui ressemblait à un diamant vert
enchâssé dans un anneau de fleurs, et où se jouaient des
poissons de toutes les nuances de l'orange et de la cornaline,[1]
des carpes de Chine couleur d'ambre, des cygnes blancs et
noirs, des sarcelles exotiques vêtues de pierreries, et, au
fond de l'eau, des coquillages de nacre et de pourpre, des
salamandres aux vives couleurs et aux panaches dentelés, enfin
tout un monde de merveilles vivantes glissant et plongeant sur
un lit de sable argenté, où poussaient des herbes fines, plus
fleuries et plus jolies les unes que les autres. Autour de ce
vaste bassin s'arrondissait sur plusieurs rangs une colonnade
de porphyre à chapiteaux d'albâtre. L'entablement, fait des
minéraux les plus précieux, disparaissait presque sous les
clématites, les jasmins, les glycines, les bryones et les
chèvrefeuilles[2] où mille oiseaux faisaient leurs nids. Des buissons
de roses de toutes nuances et de tous parfums se miraient
dans l'eau, ainsi que le fût des colonnes et les belles statues de
marbre de Paros placées sous les arcades. Au milieu du bassin
jaillissait en mille fusées de diamants et de perles un jet d'eau
qui retombait dans de colossales vasques de nacre.

Le fond de l'amphithéâtre d'architecture s'ouvrait sur de
riants parterres qu'ombrageaient des arbres géants couronnés
de fleurs et de fruits, et dont les tiges enlacées de pampres
formaient, au-delà de la colonnade de porphyre, une colonnade de verdure et de fleurs.

La fée me fit asseoir avec elle au seuil d'une grotte d'où
s'élançait une cascade mélodieuse et que tapissaient les beaux
rubans des scolopendres et le velours des mousses fraîches
diamantées de gouttes d'eau.

— Tout ce que tu vois là, me dit-elle, est mon ouvrage. Tout
cela est fait de poussière ; c'est en secouant ma robe dans les
nuages que j'ai fourni tous les matériaux de ce paradis. Mon
ami le feu qui les avait lancés dans les airs, les a repris pour
les recuire, les cristalliser ou les agglomérer après que mon

serviteur le vent les a eu promenés dans l'humidité et dans l'électricité des nues, et rabattus sur la terre ; ce grand plateau solidifié s'est revêtu alors de ma substance féconde et la pluie en a fait des sables et des engrais, après en avoir fait des granits, des porphyres, des marbres, des métaux et des roches de toute sorte.

J'écoutais sans comprendre et je pensais que la fée continuait à me mystifier. Qu'elle eût pu faire de la terre avec de la poussière, passe encore ; mais qu'elle eût fait avec cela du marbre, des granits et d'autres minéraux, qu'en se secouant elle aurait fait tomber du ciel, je n'en croyais rien. Je n'osais pas lui donner un démenti, mais je me retournai involontairement vers elle pour voir si elle disait sérieusement une pareille absurdité.

Quelle fut ma surprise de ne plus la trouver derrière moi ! mais j'entendis sa voix qui partait de dessous terre et qui m'appelait. En même temps, je m'enfonçai sous terre aussi, sans pouvoir m'en défendre, et je me trouvai dans un lieu terrible où tout était feu et flamme. On m'avait parlé de l'enfer, je crus que c'était cela. Des lueurs rouges, bleues, vertes, blanches, violettes, tantôt livides, tantôt éblouissantes, remplaçaient le jour, et, si le soleil pénétrait en cet endroit, les vapeurs qui s'exhalaient de la fournaise le rendaient tout à fait invisible.

Des bruits formidables, des sifflements aigus, des explosions, des éclats de tonnerre remplissaient cette caverne de nuages noirs où je me sentais enfermée.

Au milieu de tout cela, j'apercevais la petite fée Poussière qui avait repris sa face terreuse et son sordide vêtement incolore. Elle allait et venait, travaillant, poussant, tassant, brassant, versant je ne sais quels acides, se livrant en un mot à des opérations incompréhensibles.

— N'aie pas peur, me cria-t-elle d'une voix qui dominait les bruits assourdissants de ce Tartare.[3] Tu es ici dans mon laboratoire. Ne connais-tu pas la chimie ?

— Je n'en sais pas un mot, m'écriai-je, et je ne désire pas l'apprendre en un pareil endroit.

— Tu as voulu savoir, il faut te résigner à regarder. Il est bien commode d'habiter la surface de la terre, de vivre avec les fleurs, les oiseaux et les animaux apprivoisés ; de se baigner dans les eaux tranquilles, de manger des fruits savoureux en marchant sur des tapis de gazon et de marguerites. Tu t'es imaginée que la vie humaine avait subsisté de tout temps ainsi, dans des conditions bénies. Il est temps de t'aviser du commencement des choses et de la puissance de la fée Poussière, ton aïeule, ta mère et ta nourrice.

En parlant ainsi, la petite vieille me fit rouler avec elle au plus profond de l'abîme à travers les flammes dévorantes, les explosions effroyables, les âcres fumées noires, les métaux en fusion, les laves au vomissement hideux et toutes les terreurs de l'éruption volcanique.

— Voici mes fourneaux, me dit-elle, c'est le sous-sol où s'élaborent mes provisions. Tu vois, il fait bon ici pour un esprit débarrassé de cette carapace qu'on appelle un corps. Tu as laissé le tien dans ton lit et ton esprit seul est avec moi. Donc tu peux toucher et brasser la matière première. Tu ignores la chimie, tu ne sais pas encore de quoi cette matière est faite, ni par quelle opération mystérieuse ce qui apparaît ici sous l'aspect de corps solides provient d'un corps gazeux qui a lui dans l'espace comme une nébuleuse et qui plus tard a brillé comme un soleil. Tu es une enfant, je ne peux pas t'initier aux grands secrets de la création et il se passera encore du temps avant que tes professeurs les sachent eux-mêmes. Mais je peux te faire voir les produits de mon art culinaire. Tout est ici un peu confus pour toi. Remontons d'un étage. Prends l'échelle et suis-moi.

Une échelle, dont je ne pouvais apercevoir ni la base ni le faîte, se présentait en effet devant nous. Je suivis la fée et me trouvai avec elle dans les ténèbres, mais je m'aperçus alors qu'elle était toute lumineuse et rayonnait comme un flambeau. Je vis donc des dépôts énormes d'une pâte rosée, des blocs d'un cristal blanchâtre et des lames immenses d'une matière vitreuse noire et brillante que la fée se mit à écraser sous ses doigts ; puis elle pila le cristal en petits morceaux et mêla le tout avec la pâte rose, qu'elle porta sur ce qu'il lui plaisait d'appeler un feu doux.

— Quel plat faites-vous donc là ? lui demandai-je.

— Un plat très-nécessaire à ta pauvre petite existence, répondit-elle ; je fais du granit, c'est-à-dire qu'avec de la poussière je fais la plus dure et la plus résistante des pierres. Il faut bien cela, pour enfermer le Cocyte et le Phlégéthon.[4] Je fais aussi des mélanges variés des mêmes éléments. Voici ce qu'on t'a montré sous des noms barbares, les gneiss, les quartzites, les talcschistes, les micaschistes, etc.[5] De tout cela, qui provient de mes poussières, je ferai plus tard d'autres poussières avec des éléments nouveaux, et ce seront alors des ardoises, des sables et des grés. Je suis habile et patiente, je pulvérise sans cesse pour réagglomérer. La base de tout gâteau n'est-elle pas la farine ? Quant à présent, j'emprisonne mes fourneaux en leur ménageant toutefois quelques soupiraux nécessaires pour qu'ils ne fassent pas tout éclater. Nous irons voir plus haut ce qui se passe. Si tu es fatiguée, tu peux faire un somme, car il me faut un peu de temps pour cet ouvrage.

Je perdis la notion du temps, et, quand la fée m'éveilla :

— Tu as dormi, me dit-elle, un joli nombre de siècles !

— Combien donc, madame la fée ?

— Tu demanderas cela à tes professeurs, répondit-elle en ricanant ; reprenons l'échelle.

Elle me fit monter plusieurs étages de divers dépôts, où je la vis manipuler des rouilles de métaux dont elle fit du calcaire, des marnes, des argiles, des ardoises, des jaspes ; et, comme je l'interrogeais sur l'origine des métaux :

— Tu en veux savoir beaucoup, me dit-elle. Vos chercheurs peuvent expliquer beaucoup de phénomènes par l'eau et par le feu. Mais peuvent-ils savoir ce qui s'est passé entre terre et ciel quand toutes mes pouzzolanes,[6] lancées par le vent de l'abîme, ont formé des nuées solides, que les nuages d'eau ont roulées dans leurs tourbillons d'orage, que la foudre a pénétrées de ses aimants mystérieux et que les vents supérieurs ont rabattues sur la surface terrestre en pluies torrentielles ? C'est là l'origine des premiers dépôts.[7] Tu vas assister à leurs merveilleuses transformations.

Nous montâmes plus haut et nous vîmes des craies, des marbres et des bancs de pierre calcaire, de quoi bâtir une ville aussi grande que le globe entier. Et, comme j'étais émerveillée de ce qu'elle pouvait produire par le sassement, l'agglomération, le métamorphisme et la cuisson, elle me dit :

— Tout ceci n'est rien, et tu vas voir bien autre chose ! Tu vas voir la vie déjà éclose au milieu de ces pierres.

Elle s'approcha d'un bassin grand comme une mer, et, y plongeant le bras, elle en retira d'abord des plantes étranges, puis des animaux plus étranges encore, qui étaient à moitié plantes ; puis des êtres libres, indépendants les uns des autres, des coquillages vivants, puis enfin des poissons, qu'elle fit sauter en disant :

— Voilà ce que dame Poussière sait produire quand elle se dépose au fond des eaux. Mais il y a mieux ; retourne-toi et regarde le rivage.

Je me retournai : le calcaire et tous ses composés, mêlés à la silice et à l'argile, avaient formé à leur surface une fine poussière brune et grasse où poussaient des plantes chevelues fort singulières.

— Voici la terre végétale, dit la fée, attends un peu, tu verras pousser des arbres.

En effet, je vis une végétation arborescente s'élever rapidement et se peupler de reptiles et d'insectes, tandis que sur les rivages s'agitaient des êtres inconnus qui me causèrent une véritable terreur.

— Ces animaux ne t'effrayeront pas sur la terre de l'avenir, dit la fée. Ils sont destinés à l'engraisser de leurs dépouilles. Il n'y a pas encore ici d'hommes pour les craindre.

— Attendez ! m'écriai-je, voici un luxe de monstres qui me scandalise ! Voici votre terre qui appartient à ces dévorants qui vivent les uns des autres. Il vous fallait tous ces massacres et toutes ces stupidités pour nous faire un fumier ? Je comprends qu'ils ne soient pas bons à autre chose, mais je ne comprends pas une création si exubérante de formes animées, pour ne rien faire et ne rien laisser qui vaille.

— L'engrais est quelque chose, si ce n'est pas tout, répondit la fée. Les conditions que celui-ci va créer seront propices à des êtres différents qui succéderont à ceux-ci.

— Et qui disparaîtront à leur tour, je sais cela. Je sais que

la création se perfectionnera jusqu'à l'homme, du moins on me
l'a dit et je le crois. Mais je ne m'étais pas encore représenté
cette prodigalité de vie et de destruction qui m'effraye et me
répugne. Ces formes hideuses, ces amphibies gigantesques, ces
crocodiles monstrueux, et toutes ces bêtes rampantes ou
nageantes qui ne semblent vivre que pour se servir de leurs
dents et dévorer les autres . . .

Mon indignation divertit beaucoup la fée Poussière.

— La matière est la matière, répondit-elle, elle est toujours
logique dans ses opérations. L'esprit humain ne l'est pas et tu
en es la preuve, toi qui te nourris de charmants oiseaux et
d'une foule de créatures plus belles et plus intelligentes que
celles-ci. Est-ce à moi de t'apprendre qu'il n'y a point de pro-
duction possible sans destruction permanente, et veux-tu
renverser l'ordre de la nature ?

— Oui, je le voudrais, je voudrais que tout fût bien, dès le
premier jour. Si la nature est une grande fée, elle pouvait bien
se passer de tous ces essais abominables, et faire un monde où
nous serions des anges, vivant par l'esprit, au sein d'une
création immuable et toujours belle.

— La grande fée Nature a de plus hautes visées, répondit
dame Poussière. Elle ne prétend pas s'arrêter aux choses que
tu connais. Elle travaille et invente toujours. Pour elle, qui ne
connaît pas la suspension de la vie, le repos serait la mort. Si
les choses ne changeaient pas, l'œuvre du roi des génies serait
terminée et ce roi, qui est l'activité incessante et suprême,
finirait avec son œuvre. Le monde où tu vis et où tu vas
retourner tout à l'heure quand ta vision du passé se dissipera,
ce monde de l'homme que tu crois meilleur que celui des
animaux anciens, ce monde dont tu n'es pourtant pas satisfaite,
puisque tu voudrais y vivre éternellement à l'état de pur esprit,
cette pauvre planète encore enfant, est destinée à se transformer
indéfiniment. L'avenir fera de vous tous et de vous toutes, faibles
créatures humaines, des fées et des génies qui posséderont
la science, la raison et la bonté ; vois ce que je te fais voir, et
sache que ces premières ébauches de la vie résumée dans
l'instinct sont plus près de toi que tu ne l'es de ce que sera,
un jour, le règne de l'esprit sur la terre que tu habites. Les

occupants de ce monde futur seront alors en droit de te
mépriser aussi profondément que tu méprises aujourd'hui le
monde des grands sauriens.[8]

— A la bonne heure, répondis-je, si tout ce que je vois du
passé doit me faire aimer l'avenir, continuons à voir du nouveau.

— Et surtout, reprit la fée, ne le méprisons pas trop, ce
passé, afin de ne pas commettre l'ingratitude de mépriser le
présent. Quand le grand esprit de la vie se sert des matériaux
que je lui fournis, il fait des merveilles dès le premier jour.
Regarde les yeux de ce prétendu monstre que vos savants ont
nommé l'ichthyosaure.

— Ils sont plus gros que ma tête et me font peur.

— Ils sont très-supérieurs aux tiens. Ils sont à la fois myopes
et presbytes à volonté. Ils voient la proie à des distances
considérables comme avec un téléscope, et, quand elle est tout
près, par un simple changement de fonction, ils la voient
parfaitement à sa véritable distance sans avoir besoin de
lunettes. A ce moment de la création, la nature n'a qu'un but :
faire un animal pensant. Elle lui donne des organes merveilleusement appropriés à ses besoins. C'est un joli commencement : n'en es-tu pas frappée ? — Il en sera ainsi, et de mieux
en mieux, de tous les êtres qui vont succéder à ceux-ci. Ceux
qui te paraîtront pauvres, laids ou chétifs seront encore des
prodiges d'adaptation au milieu où ils devront se manifester.

— Et comme ceux-ci, ils ne songeront pourtant qu'à se
nourrir ?

— A quoi veux-tu qu'ils songent ? La terre n'éprouve pas le
besoin d'être admirée. Le ciel subsistera aujourd'hui et toujours
sans que les aspirations et les prières des créatures ajoutent
rien à son éclat et à la majesté de ses lois. La fée de ta petite
planète connaît la grande cause, n'en doute pas ; mais, si elle
est chargée de faire un être qui pressent ou devine cette cause,
elle est soumise à la loi du temps, cette chose dont vous ne
pouvez pas vous rendre compte, parce que vous vivez trop
peu pour en apprécier les opérations. Vous les croyez lentes,
et elles sont d'une rapidité foudroyante. Je vais affranchir ton
esprit de son infirmité et faire passer devant toi les résultats

de siècles innombrables. Regarde et n'ergote plus. Mets à profit ma complaisance pour toi.

Je sentis que la fée avait raison et je regardai, de tous mes yeux, la succession des aspects de la terre. Je vis naître et mourir des végétaux et des animaux de plus en plus ingénieux par l'instinct et de plus en plus agréables ou imposants par la forme. A mesure que le sol s'embellissait de productions plus ressemblantes à celles de nos jours, les habitants de ce grand jardin que de grands accidents transformaient sans cesse, me parurent moins avides pour eux-mêmes et plus soucieux de leur progéniture. Je les vis construire des demeures à l'usage de leur famille et montrer de l'attachement pour leur localité. Si bien que, de moment en moment, je voyais s'évanouir un monde et surgir un monde nouveau, comme les actes d'une féerie.

— Repose-toi, me dit la fée, car tu viens de parcourir beaucoup de milliers de siècles, sans t'en douter, et monsieur l'homme va naître à son tour quand le règne de monsieur le singe sera accompli.

Je me rendormis, écrasée de fatigue, et, quand je m'éveillai, je me trouvai au milieu d'un grand bal dans le palais de la fée, redevenue jeune, belle et parée.

— Tu vois toutes ces belles choses et tout ce beau monde, me dit-elle. Eh bien, mon enfant, poussière que tout cela ! Ces parois de porphyre et de marbre, c'est de la poussière de molécules pétrie et cuite à point. Ces murailles de pierre taillée, c'est de la poussière de chaux ou de granit amenée à bien par les mêmes procédés. Ces lustres et ces cristaux, c'est du sable fin cuit par la main des hommes en imitation du travail de la nature. Ces porcelaines et ces faïences, c'est de la poudre de feldspath, le kaolin dont les Chinois nous ont fait trouver l'emploi. Ces diamants qui parent les danseuses, c'est de la poudre de charbon qui s'est cristallisée. Ces perles, c'est le phosphate de chaux que l'huître suinte dans sa coquille. L'or et tous les métaux n'ont pas d'autre origine que l'assemblage bien tassé, bien manipulé, bien fondu, bien chauffé et bien refroidi, de molécules infinitésimales. Ces beaux végétaux, ces roses couleur de chair, ces lis tachetés, ces gardénias qui embaument l'atmosphère, sont nés de la poussière que je leur ai préparée, et ces gens qui dansent et sourient au son des instruments, ces vivants par excellence qu'on appelle des personnes, eux aussi, ne t'en déplaise, sont nés de moi et retourneront à moi.[9]

Comme elle disait cela, la fête et le palais disparurent. Je me trouvai avec la fée dans un champ où il poussait du blé. Elle se baissa et ramassa une pierre où il y avait un coquillage incrusté.

— Voilà, me dit-elle, à l'état fossile, un être que je t'ai montré vivant aux premiers âges de la vie. Qu'est-ce que c'est, à présent ? Du phosphate de chaux. On le réduit en poussière et on en fait de l'engrais pour les terres trop silencieuses. Tu vois, l'homme commence à s'aviser d'une chose, c'est que le seul maître à étudier, c'est la nature.

Elle écrasa sous ses doigts le fossile et en sema la poudre sur le sol cultivé, en disant :

— Ceci rentre dans ma cuisine. Je sème la destruction pour faire pousser le germe. Il en est ainsi de toutes les poussières, qu'elles aient été plantes, animaux ou personnes. Elles sont la mort après avoir été la vie, et cela n'a rien de triste, puisqu'elles recommencent toujours, grâce à moi, à être la vie après avoir été la mort. Adieu. Je veux que tu gardes un souvenir de moi. Tu admires beaucoup ma robe de bal. En voici un petit morceau que tu examineras à loisir.

Tout disparut, et, quand j'ouvris les yeux, je me retrouvai dans mon lit. Le soleil était levé et m'envoyait un beau rayon. Je regardai le bout d'étoffe que la fée m'avait mis dans la main. Ce n'était qu'un petit tas de fine poussière, mais mon esprit était encore sous le charme du rêve et il communiqua à mes sens le pouvoir de distinguer les moindres atomes de cette poussière.

Je fus émerveillée ; il y avait de tout : de l'air, de l'eau, du soleil, de l'or, des diamants, de la cendre, du pollen de fleur, des coquillages, des perles, de la poussière d'ailes de papillon, du fil, de la cire, du fer, du bois, et beaucoup de cadavres microscopiques ; mais, au milieu de ce mélange de débris imperceptibles, je vis fermenter je ne sais quelle vie d'êtres insaisissables qui paraissaient chercher à se fixer quelque part pour éclore ou pour se transformer, et qui se fondirent en nuage d'or dans le rayon rose du soleil levant.

Notes

1 *cornaline*: a red translucent gem.

2 *clématites, jasmins, glycines, bryones, chèvrefeuilles*: climbing plants with colourful flowers.

3 *Tartare*: Tartarus, in Virgil's *Aeneid*, part of the Underworld where the wicked were punished for their misdeeds.

4 *le Cocyte, le Phlégéthon*: the River of Lamentation and the River of Flaming Fire, rivers of Hades mentioned in Book Six of the *Aeneid*, the account of Aeneas' journey through the Underworld to the Elysian Fields. There he meets the spirit of Anchises, his father, who proceeds to reveal to him the workings of the universe. The echoing of Virgil's tale through Sand's story underlines once more the latter's concern to rewrite (i.e. re-gender) male-centred narratives of empowerment.

5 *gneiss, quartzites, talcschistes, micaschistes*: different types of rock.

6 *pouzzolanes*: pozzolana, a volcanic ash found near Pozzuoli, in Italy, used in the preparation of certain cements. A similar image containing the same term can be found in Jules Verne's novel, *L'Île mystérieuse* (1874).

7 *dépôts*: deposits of silt or sediment.

8 *sauriens*: saurians, an order of reptiles including lizards and crocodiles.

9 An allusion to the image from Christian liturgy, first found in Genesis 3.19: 'Remember, man, that you are dust and into dust you shall return'.

Guy de Maupassant
1850–93

Pierrot
1882

Having dedicated most of his writing career to short fiction, Maupassant — otherwise known as a novelist and travel writer — is still considered today as one of the finest, and certainly one of the most celebrated, short-story writers of the nineteenth century.

Maupassant's short stories are noted for their structural ingenuity, their thematic diversity, and the limpidity of their prose. They offer social comment and, above all, portrayals of human nature. Maupassant's narrative art, which often finds its inspiration in the idiom of his native Normandy, is remarkable in *Pierrot* for its detached impersonal tone, and its use of *style indirect libre*.

Pierrot, first published in *Le Gaulois* on 9 October 1882, later became part of the collection *Les Contes de la bécasse* (1883). It describes a particular, quite banal event — the acquisition of a dog — and its consequences, and provides the opportunity for the writer to give a scathing portrait of an ordinary person, here a mean country widow. The portrayal of the character relies initially on physical details, and subsequently on an apparently non-judgemental account of her actions and reactions.

Maupassant insists on the deep significance of what may appear to be the most trivial event. With apparent simplicity, and evident economy of language, he creates an ominous atmosphere around the petty character of Mme Lefèvre, his main protagonist. Through her oscillations of mood and feeling, he shows the truly irrepressible qualities in her character. The choice of animal central to the story (man's best friend), and the compassionate nature of the humble servant Rose, serve to highlight not only Mme Lefèvre's hard-heartedness, but, by implication, the darker side of rural society in general. The dramatic and vivid character portraits of *Pierrot* display the imaginative talent that also produced the colourful *contes fantastiques* for which Maupassant is best-known.

Pierrot, like so many of Maupassant's stories, takes place in Normandy. As we already saw in Balzac's *Le Réquisitionnaire*, the Normans had earned the reputation of being grasping and mean. Maupassant presents here a sharp critique of just such characteristics, derived from a scale of values where material and practical considerations always took precedence over sentiments.

Pierrot

Madame Lefèvre était une dame de campagne, une veuve, une de ces demi-paysannes à rubans et à chapeaux falbalas,[1] de ces personnes qui parlent avec des cuirs,[2] prennent en public des airs grandioses, et cachent une âme de brute prétentieuse sous des dehors comiques et chamarrés, comme elles dissimulent leurs grosses mains rouges sous des gants de soie écrue.[3]

Elle avait pour servante une brave campagnarde toute simple, nommée Rose.

Les deux femmes habitaient une petite maison à volets verts, le long d'une route, en Normandie, au centre du pays de Caux.[4]

Comme elles possédaient, devant l'habitation, un étroit jardin, elles cultivaient quelques légumes.

Or, une nuit, on lui vola une douzaine d'oignons.

Dès que Rose s'aperçut du larcin, elle courut prévenir Madame, qui descendit en jupe de laine. Ce fut une désolation et une terreur. On avait volé, volé Mme Lefèvre ! Donc, on volait dans le pays, puis on pouvait revenir.

Et les deux femmes effarées contemplaient les traces de pas, bavardaient, supposaient des choses : « Tenez, ils ont passé[5] par là. Ils ont mis leurs pieds sur le mur ; ils ont sauté dans la plate-bande. »

Et elles s'épouvantaient pour l'avenir. Comment dormir tranquilles maintenant !

Le bruit du vol se répandit. Les voisins arrivèrent, constatèrent, discutèrent à leur tour ; et les deux femmes expliquaient à chaque nouveau venu leurs observations et leurs idées.

Un fermier d'à côté leur offrit ce conseil : « Vous devriez avoir un chien. »

C'était vrai, cela ; elles devraient avoir un chien, quand ce ne serait que pour donner l'éveil. Pas un gros chien, Seigneur ! Que feraient-elles d'un gros chien ! Il les ruinerait en nourriture. Mais un petit chien (en Normandie, on prononce *quin*), un petit freluquet de *quin* qui jappe.

Dès que tout le monde fut parti, Mme Lefèvre discuta longtemps cette idée de chien. Elle faisait, après réflexion, mille objections, terrifiée par l'image d'une jatte pleine de pâtée ;[6] car elle était de cette race parcimonieuse de dames campagnardes qui portent toujours des centimes dans leur poche pour faire l'aumône ostensiblement aux pauvres des chemins, et donner aux quêtes du dimanche.

Rose, qui aimait les bêtes, apporta ses raisons et les défendit avec astuce. Donc il fut décidé qu'on aurait un chien, un tout petit chien.

On se mit à sa recherche, mais on n'en trouvait que des grands, des avaleurs de soupe à faire frémir. L'épicier de Rolleville en avait bien un, un tout petit ; mais il exigeait qu'on le lui payât deux francs, pour couvrir ses frais d'élevage. Mme Lefèvre déclara qu'elle voulait bien nourrir un *quin*, mais qu'elle n'en achèterait pas.

Or, le boulanger, qui savait les événements, apporta un matin, dans sa voiture, un étrange petit animal tout jaune, presque sans pattes, avec un corps de crocodile, une tête de renard et une queue en trompette,[7] un vrai panache, grand comme tout le reste de sa personne. Un client cherchait à s'en défaire. Mme Lefèvre trouva fort beau ce roquet immonde, qui ne coûtait rien. Rose l'embrassa, puis demanda comment on le nommait. Le boulanger répondit : « Pierrot. »[8]

Il fut installé dans une vieille caisse à savon et on lui offrit d'abord de l'eau à boire. Il but. On lui présenta ensuite un morceau de pain. Il mangea. Mme Lefèvre, inquiète, eut une idée : « Quand il sera bien accoutumé à la maison, on le laissera libre. Il trouvera à manger en rôdant par le pays. »

On le laissa libre, en effet, ce qui ne l'empêcha point d'être affamé. Il ne jappait d'ailleurs que pour réclamer sa pitance ; mais, dans ce cas, il jappait avec acharnement.

Tout le monde pouvait entrer dans le jardin. Pierrot allait caresser chaque nouveau venu, et demeurait absolument muet.

Mme Lefèvre cependant s'était accoutumée à cette bête. Elle en arrivait même à l'aimer, et à lui donner de sa main, de temps en temps, des bouchées de pain trempées dans la sauce de son fricot.

Mais elle n'avait nullement songé à l'impôt, et quand on lui réclama huit francs — huit francs, madame ! — pour ce freluquet de *quin* qui ne jappait seulement point, elle faillit s'évanouir de saisissement.

Il fut immédiatement décidé qu'on se débarrasserait de Pierrot. Personne n'en voulut. Tous les habitants le refusèrent à dix lieues aux environs. Alors on se résolut, faute d'autre moyen, à lui faire « piquer du mas ».

« Piquer du mas », c'est « manger de la marne ». On fait piquer du mas à tous les chiens dont on veut se débarrasser.

Au milieu d'une vaste plaine, on aperçoit une espèce de hutte, ou plutôt un tout petit toit de chaume, posé sur le sol. C'est l'entrée de la marnière.[9] Un grand puits tout droit s'enfonce jusqu'à vingt mètres sous terre, pour aboutir à une série de longues galeries de mines.

On descend une fois par an dans cette carrière, à l'époque où l'on marne les terres. Tout le reste du temps, elle sert de cimetière aux chiens condamnés ; et souvent, quand on passe auprès de l'orifice, des hurlements plaintifs, des aboiements furieux ou désespérés, des appels lamentables montent jusqu'à vous.

Les chiens des chasseurs et des bergers s'enfuient avec épouvante des abords de ce trou gémissant ; et, quand on se penche au-dessus, il sort de là une abominable odeur de pourriture.

Des drames affreux s'y accomplissent dans l'ombre.

Quand une bête agonise depuis dix à douze jours dans le fond, nourrie par les restes immondes de ses devanciers, un nouvel animal, plus gros, plus vigoureux certainement, est précipité tout à coup. Ils sont là, seuls, affamés, les yeux luisants. Ils se guettent, se suivent, hésitent, anxieux. Mais la faim les presse : ils s'attaquent, luttent longtemps, acharnés ; et le plus fort mange le plus faible, le dévore vivant.

Quand il fut décidé qu'on ferait « piquer du mas » à Pierrot, on s'enquit d'un exécuteur. Le cantonnier qui binait la route demanda dix sous pour la course. Cela parut follement exagéré à Mme Lefèvre. Le goujat[10] du voisin se contentait de cinq sous ; c'était trop encore ; et, Rose ayant fait observer qu'il valait mieux qu'elles le portassent elles-mêmes, parce qu'ainsi il ne serait pas brutalisé en route et averti de son sort, il fut résolu qu'elles iraient toutes les deux à la nuit tombante.

On lui offrit, ce soir-là, une bonne soupe avec un doigt de beurre. Il l'avala jusqu'à la dernière goutte ; et, comme il remuait la queue de contentement, Rose le prit dans son tablier.

Elles allaient à grands pas, comme des maraudeuses, à travers la plaine. Bientôt elles aperçurent la marnière et l'atteignirent ; Mme Lefèvre se pencha pour écouter si aucune bête ne gémissait. — Non — il n'y en avait pas ; Pierrot serait seul. Alors Rose qui pleurait, l'embrassa, puis le lança dans le trou ; et elles se penchèrent toutes deux, l'oreille tendue.

Elles entendirent d'abord un bruit sourd ; puis la plainte aiguë, déchirante, d'une bête blessée, puis une succession de petits cris de douleur, puis des appels désespérés, des supplications de chien qui implorait, la tête levée vers l'ouverture.

Il jappait, oh ! il jappait !

Elles furent saisies de remords, d'épouvante, d'une peur folle et inexplicable ; et elles se sauvèrent en courant. Et, comme Rose allait plus vite, Mme Lefèvre criait : « Attendez-moi, Rose, attendez-moi ! »

Leur nuit fut hantée de cauchemars épouvantables.

Mme Lefèvre rêva qu'elle s'asseyait à table pour manger la soupe, mais, quand elle découvrait la soupière, Pierrot était dedans. Il s'élançait et la mordait au nez.

Elle se réveilla et crut l'entendre japper encore. Elle écouta ; elle s'était trompée.

Elle s'endormit de nouveau et se trouva sur une grande route, une route interminable, qu'elle suivait. Tout à coup, au milieu du chemin, elle aperçut un panier, un grand panier de fermier, abandonné ; et ce panier lui faisait peur.

Elle finissait cependant par l'ouvrir, et Pierrot, blotti dedans, lui saisissait la main, ne la lâchait plus ; et elle se sauvait éperdue, portant ainsi au bout du bras le chien suspendu, la gueule serrée.

Au petit jour, elle se leva, presque folle, et courut à la marnière.

Il jappait ; il jappait encore, il avait jappé toute la nuit. Elle se mit à sangloter et l'appela avec mille petits noms caressants. Il répondit avec toutes les inflexions tendres de sa voix de chien.

Alors elle voulut le revoir, se promettant de le rendre heureux jusqu'à sa mort.

Elle courut chez le puisatier chargé de l'extraction de la marne, et elle lui raconta son cas. L'homme écoutait sans rien dire. Quand elle eut fini, il prononça : « Vous voulez votre *quin* ? Ce sera quatre francs. »

Elle eut un sursaut ; toute sa douleur s'envola du coup.

« Quatre francs ! vous vous en feriez mourir ! quatre francs ! »

Il répondit : « Vous croyez que j'vas[11] apporter mes cordes, mes manivelles, et monter tout ça, et m'en aller là-bas avec mon garçon et m'faire mordre encore par votre maudit *quin*, pour l'plaisir de vous le r'donner ? fallait pas l'jeter. »[12]

Elle s'en alla, indignée. — Quatre francs !

Aussitôt rentrée, elle appela Rose et lui dit les prétentions du puisatier. Rose, toujours résignée, répétait : « Quatre francs ! c'est de l'argent, madame. »

Puis, elle ajouta : « Si on lui jetait à manger, à ce pauvre *quin*, pour qu'il ne meure pas comme ça ? »

Mme Lefèvre approuva, toute joyeuse ; et les voilà reparties, avec un gros morceau de pain beurré.

Elles le coupèrent par bouchées qu'elles lançaient l'une après l'autre, parlant tour à tour à Pierrot. Et sitôt que le chien avait achevé un morceau, il jappait pour réclamer le suivant.

Elles revinrent le soir, puis le lendemain, tous les jours. Mais elles ne faisaient plus qu'un voyage.

Or, un matin, au moment de laisser tomber la première bouchée, elles entendirent tout à coup un aboiement formidable dans le puits. Ils étaient deux ! On avait précipité un autre chien, un gros !

Rose cria : « Pierrot ! » Et Pierrot jappa, jappa. Alors on se mit à jeter la nourriture ; mais chaque fois elles distinguaient parfaitement la bousculade terrible, puis les cris plaintifs de Pierrot mordu par son compagnon, qui mangeait tout, étant le plus fort.

Elles avaient beau spécifier : « C'est pour toi, Pierrot ! » Pierrot, évidemment, n'avait rien.

Les deux femmes, interdites, se regardaient ; et Mme Lefèvre prononça d'un ton aigre : « Je ne peux pourtant pas nourrir tous les chiens qu'on jettera là-dedans. Il faut y renoncer. »

Et, suffoquée à l'idée de tous ces chiens vivant à ses dépens, elle s'en alla, emportant même ce qui restait du pain qu'elle se mit à manger en marchant.

Rose la suivit en s'essuyant les yeux du coin de son tablier bleu.

Notes

1 *chapeaux falbalas*: hats rather ostentatiously adorned with frills.

2 *Faire un cuir*: to incorrectly introduce a liaison between two words — an unwarranted z- or t- sound, for instance.

3 *soie écrue*: raw, unrefined silk, of a yellowish colour.

4 *Le pays de Caux* extends from north of the river Seine to the coastline of the English Channel (Dieppe, Fécamp, Etretat).

5 *ils ont passé*: in standard French, *ils sont passés*.

6 *une jatte pleine de pâtée*: a bowl of mash.

7 *en trompette*: 'turned up' (usually said of a nose).

8 *Pierrot* is the familiar form of *Pierre*, a common male name in France. But as a common noun, *un pierrot*, it can also refer either to a sparrow, a pantomime character, or even a new recruit, especially in late nineteenth-century military slang.

9 *marnière*: marlpit or quarry; *la marne*: marl, a fine-grained sedimentary rock, used as a fertiliser.

10 *goujat*: farm labourer, churl.

11 *j'vas*: in Norman dialect, *je vais*.

12 *m'faire, l'plaisir, r'donner, l'jeter*: 'e's have been replaced by apostrophes in order to render the local accent.

Colette
1873–1954

L'Autre Femme

1922

L'Autre Femme appears in *La Femme cachée* (1924), a collection of twenty-two short stories, nearly all published initially between 1921 and 1923 in the newspaper *Le Matin* under the regular heading 'Contes des mille et un matins'. Together the stories offer a wry commentary on personal relationships, especially within the bruising context of married life. As in all her writing, Colette displays a keen appreciation of the little ironies which can make up such a large part of human experience.

Colette was writing these stories at a time when the example of Chekov's short fiction, variously described as 'impressionist' and 'inconclusive', was coming into the ascendant throughout Europe — and very much at the expense of Maupassant, whose art was destined under the sway of modernism to epitomise the lost cause of plain old-fashioned story-telling. Embracing the new modernist aesthetic, *L'Autre Femme* demonstrates the muted narrativity of the *nouvelle-instant*. Set in a hotel restaurant, it spans the time it takes for a married couple to arrive for lunch, eat their meal, and depart, during which time the young woman, Alice, unexpectedly catches her first glimpse of her husband's first wife. There is no confrontation, no 'scene', nor even an upheaval within Alice dramatic enough to be described as a moment of crisis. Colette's narrative style creates an atmosphere and charges it with tension, but otherwise remains deliberately — and effectively — understated. The three dots which mark the end of the story suggest the ongoing resonance of the curiosity, doubt and envy which have all been awakened within Alice. By the time she leaves the hotel, an unforeseeable moment of confusion, if not crisis, has already begun to erode her confidence in both her husband and her own future happiness.

Thanks mainly to feminist re-readings of her work, Colette's importance as a writer has now become firmly established. It is all the more regrettable, therefore, that her particular skill as a short-story writer, whether in the 'short-short' mode of *La Femme cachée* or in the longer stories of *Chambre d'hôtel* (1940) and *Le Képi* (1943), should continue to go so completely unrecognised in specialist critical works on the modern French *nouvelle* such as those by René Godenne.

L'Autre Femme

— Deux couverts ? Par ici, Monsieur et Madame, il y a encore une table contre la baie, si Madame et Monsieur veulent profiter de la vue.

Alice suivit le maître d'hôtel.

— Oh ! oui, viens, Marc, on aura l'air de déjeuner sur la mer dans un bateau . . .

Son mari la retint d'un bras passé sous le sien.

— Nous serons mieux là.

— Là ? Au milieu de tout ce monde ? J'aime bien mieux . . .

— Je t'en prie, Alice.

Il resserra son étreinte d'une manière tellement significative qu'elle se retourna :

— Qu'est-ce que tu as ?

Il fit « ch . . . tt » tout bas, en la regardant fixement, et l'entraîna vers la table du milieu.

— Qu'est-ce qu'il y a, Marc ?

— Je vais te dire, chérie. Laisse-moi commander le déjeuner. Veux-tu des crevettes ? ou des œufs en gelée ?

— Ce que tu voudras, tu sais bien.

Ils se sourirent, gaspillant les précieux moments d'un maître d'hôtel surmené, atteint d'une sorte de danse nerveuse, qui transpirait près d'eux.

— Les crevettes, commanda Marc. Et puis les œufs bacon. Et du poulet froid avec une salade de romaine. Fromage à la crème ? Spécialité de la maison ? Va pour la spécialité. Deux très bons cafés. Qu'on fasse déjeuner mon chauffeur, nous repartons à deux heures. Du cidre ? Je me méfie . . . Du champagne sec.

Il soupira comme s'il avait déménagé une armoire, contempla la mer décolorée de midi, le ciel presque blanc, puis sa femme qu'il trouva jolie sous un petit chapeau de Mercure à grand voile pendant.

— Tu as bonne mine, chérie. Et tout ce bleu de mer te fait les yeux verts, figure-toi ! Et puis tu engraisses, en voyage... C'est agréable, à un point, mais à un point !...

Elle tendit orgueilleusement sa gorge ronde, en se penchant au-dessus de la table.

— Pourquoi m'as-tu empêchée de prendre cette place contre la baie ?

Marc Séguy ne songea pas à mentir.

— Parce que tu allais t'asseoir à côté de quelqu'un que je connais.

— Et que je ne connais pas ?

— Mon ex-femme.

Elle ne trouva pas un mot à dire et ouvrit plus grands ses yeux bleus.

— Quoi donc, chérie ? Ça arrivera encore. C'est sans importance.

Alice, retrouvant la parole, lança dans leur ordre logique les questions inévitables :

— Elle t'a vu ? Elle a vu que tu l'avais vue ? Montre-la-moi ?

— Ne te retourne pas tout de suite, je t'en prie, elle doit nous surveiller... Une dame brune, tête nue, elle doit habiter cet hôtel... Toute seule, derrière ces enfants en rouge...

— Oui. Je vois.

Abritée derrière des chapeaux de plage à grandes ailes, Alice put regarder celle qui était encore, quinze mois auparavant, la femme de son mari. « Incompatibilité », lui racontait Marc. « Oh ! mais, là... incompatibilité totale ! Nous avons divorcé en gens bien élevés, presque en amis, tranquillement, rapidement. Et je me suis mis à t'aimer, et tu as bien voulu être heureuse avec moi. Quelle chance qu'il n'y ait, dans notre bonheur, ni coupables, ni victimes ! »

La femme en blanc, casquée de cheveux plats et lustrés où la lumière de la mer miroitait en plaques d'azur, fumait une cigarette en fermant à demi les yeux. Alice se retourna vers son mari, prit des crevettes et du beurre, mangea posément. Au bout d'un moment de silence :

— Pourquoi ne m'avais-tu jamais dit qu'elle avait aussi les yeux bleus ?

— Mais je n'y ai pas pensé !

Il baisa la main qu'elle étendait vers la corbeille à pain et elle rougit de plaisir. Brune et grasse, on l'eût trouvée un peu bestiale, mais le bleu changeant de ses yeux, et ses cheveux d'or ondé, la déguisaient en blonde frêle et sentimentale. Elle vouait à son mari une gratitude éclatante. Immodeste sans le savoir, elle portait sur toute sa personne les marques trop visibles d'une extrême félicité.

Ils mangèrent et burent de bon appétit, et chacun d'eux crut que l'autre oubliait la femme en blanc. Pourtant, Alice riait parfois trop haut, et Marc soignait sa silhouette, élargissant les épaules et redressant la nuque. Ils attendirent le café assez longtemps, en silence. Une rivière incandescente, reflet étiré du soleil haut et invisible, se déplaçait lentement sur la mer, et brillait d'un feu insoutenable.

— Elle est toujours là, tu sais, chuchota brusquement Alice.

— Elle te gêne ? Tu veux prendre le café ailleurs ?

— Mais pas du tout ! C'est plutôt elle qui devrait être gênée ! D'ailleurs, elle n'a pas l'air de s'amuser follement, si tu la voyais ...

— Pas besoin. Je lui connais cet air-là.

— Ah ! oui, c'était son genre ?

Il souffla de la fumée par les narines et fronça les sourcils :

— Un genre ... Non. A te parler franchement, elle n'était pas heureuse avec moi.

— Ça, par exemple !

— Tu es d'une indulgence délicieuse, chérie, une indulgence folle ... Tu es un amour, toi ... Tu m'aimes ... Je suis si fier, quand je te vois ces yeux ... oui, ces yeux-là ... Elle ... Je n'ai sans doute pas su la rendre heureuse. Voilà, je n'ai pas su.

— Elle est difficile !

Alice s'éventait avec irritation, et jetait de brefs regards sur la femme en blanc qui fumait, la tête appuyée au dossier de rotin, et fermait les yeux avec un air de lassitude satisfaite.

Marc haussa les épaules modestement :

— C'est le mot, avoua-t-il. Que veux-tu ? Il faut plaindre ceux

qui ne sont jamais contents. Nous, nous sommes si contents
. . . N'est-ce pas, chérie ?

Elle ne répondit pas. Elle donnait une attention furtive au
visage de son mari, coloré, régulier, à ses cheveux drus, faufilés
çà et là de soie blanche, à ses mains courtes et soignées.
Dubitative pour la première fois, elle s'interrogea :

« Qu'est-ce qu'elle voulait donc de mieux, elle ? »

Et jusqu'au départ, pendant que Marc payait l'addition,
s'enquérait du chauffeur, de la route, elle ne cessa plus de
regarder avec une curiosité envieuse la dame en blanc, cette
mécontente, cette difficile, cette supérieure . . .

Marguerite Yourcenar
1903–87

Comment Wang-Fô fut sauvé
1936

Marguerite Yourcenar remains best known as the author of two acclaimed historical novels, both written relatively late in her literary career, *Mémoires d'Hadrien* (1951) and *L'Œuvre au noir* (1968). Long considered a marginal figure, she was eventually recognised by the French literary establishment in 1981 when she became the first woman writer ever to be elected to the prestigious Académie française.

The short story *Comment Wang-Fô fut sauvé* first appeared in the *Revue de Paris* in 1936, before being included in the collection *Nouvelles orientales*, published in 1938. Yourcenar's 'Orient' stretches from Eastern Europe to the Far East, being less a geographical entity than a place of the imagination steeped in myths and legends. Indeed, in an afterword accompanying her revised 1963 edition of the book, Yourcenar explains that four of the ten stories are 'des retranscriptions, plus ou moins librement développées par moi, de fables ou de légendes authentiques,' adding that, among these, '*Comment Wang-Fô fut sauvé* s'inspire d'un apologue taoïste de la vieille Chine'. (Taoism is one of the main Chinese religious and philosophical systems; the Tao, or Way, is the path to wisdom, a code of belief and behaviour in harmony with the natural order.) Taken together, these comments also help us understand what motivated Yourcenar to contrive for this particular story such an unusual narrative idiom, at once delicately lyrical and deeply — often disconcertingly — impassive.

However ancient and oriental in origin, the story of Wang-Fô will inevitably be read as a dramatisation of the key modernist theme of the artist's alienation from society. An outsider who has given up all worldly values for the sake of beauty, the artist Wang-Fô also belongs among the cast of misfits and wanderers who, according to Frank O'Connor, have a special place in the modern short story. Though Wang-Fô stands aloof from his society rather than at odds with it, he is eventually brought into conflict with authority before being 'saved' at the last — highly memorable — moment by his own artistic genius.

Read together, the stories of the *Nouvelles orientales* create a complex pattern of shifting perspectives in which, among other things, miracles empowered by the forces of love and desire soon vie with the one attesting to Wang-Fô's extreme aestheticism and asceticism. Indeed, having opened the collection with an image of the artist redeemed, Yourcenar deliberately chooses to end it on a contrasting note with the story of an utterly disenchanted artist who agrees with his host that God may well be the painter of the universe, only to add in a soft but bitter voice: 'Quel malheur [. . .] que Dieu ne se soit pas borné à la peinture des paysages.'

Comment Wang-Fô fut sauvé

Le vieux peintre Wang-Fô et son disciple Ling erraient le long des routes du royaume de Han.

Ils avançaient lentement, car Wang-Fô s'arrêtait la nuit pour contempler les astres, le jour pour regarder les libellules. Ils étaient peu chargés, car Wang-Fô aimait l'image des choses, et non les choses elles-mêmes, et nul objet au monde ne lui semblait digne d'être acquis, sauf des pinceaux, des pots de laque et d'encres de Chine, des rouleaux de soie et de papier de riz. Ils étaient pauvres, car Wang-Fô troquait ses peintures contre une ration de bouillie de millet et dédaignait les pièces d'argent. Son disciple Ling, pliant sous le poids d'un sac plein d'esquisses, courbait respectueusement le dos comme s'il portait la voûte céleste, car ce sac, aux yeux de Ling, était rempli de montagnes sous la neige, de fleuves au printemps, et du visage de la lune d'été.

Ling n'était pas né pour courir les routes au côté d'un vieil homme qui s'emparait de l'aurore et captait le crépuscule. Son père était changeur d'or ; sa mère était l'unique enfant d'un marchand de jade qui lui avait légué ses biens en la maudissant parce qu'elle n'était pas un fils. Ling avait grandi dans une maison d'où la richesse éliminait les hasards. Cette existence soigneusement calfeutrée l'avait rendu timide : il craignait les insectes, le tonnerre et le visage des morts. Quand il eut quinze ans, son père lui choisit une épouse et la prit très belle, car l'idée du bonheur qu'il procurait à son fils le consolait d'avoir atteint l'âge où la nuit sert à dormir. L'épouse de Ling était frêle comme un roseau, enfantine comme du lait, douce comme la salive, salée comme les larmes. Après les noces, les parents de Ling poussèrent la discrétion jusqu'à mourir, et leur fils resta seul dans sa maison peinte de cinabre,[1] en compagnie de sa jeune femme, qui souriait sans cesse, et d'un prunier qui chaque printemps donnait des fleurs roses. Ling aima cette femme au cœur limpide comme on aime un miroir qui ne se ternirait pas, un talisman qui protégerait toujours. Il fréquentait les maisons de thé pour obéir à la mode et favorisait modérément les acrobates et les danseuses.

Une nuit, dans une taverne, il eut Wang-Fô pour compagnon de table. Le vieil homme avait bu pour se mettre en état de mieux peindre un ivrogne ; sa tête penchait de côté, comme s'il s'efforçait de mesurer la distance qui séparait sa main de sa tasse. L'alcool de riz déliait la langue de cet artisan taciturne, et Wang ce soir-là parlait comme si le silence était un mur, et les mots des couleurs destinées à le couvrir. Grâce à lui, Ling connut la beauté des faces de buveurs estompées par la fumée des boissons chaudes, la splendeur brune des viandes inégalement léchées par les coups de langue du feu, et l'exquise roseur des taches de vin parsemant les nappes comme des pétales fanés. Un coup de vent creva la fenêtre ; l'averse entra dans la chambre. Wang-Fô se pencha pour faire admirer à Ling la zébrure livide de l'éclair, et Ling, émerveillé, cessa d'avoir peur de l'orage.

Ling paya l'écot du vieux peintre : comme Wang-Fô était sans argent et sans hôte, il lui offrit humblement un gîte. Ils firent route ensemble ; Ling tenait une lanterne ; sa lueur projetait dans les flaques des feux inattendus. Ce soir-là, Ling apprit avec surprise que les murs de sa maison n'étaient pas rouges, comme il l'avait cru, mais qu'ils avaient la couleur d'une orange prête à pourrir. Dans la cour, Wang-Fô remarqua la forme délicate d'un arbuste, auquel personne n'avait prêté attention jusque-là, et le compara à une jeune femme qui laisse sécher ses cheveux. Dans le couloir, il suivit avec ravissement la marche hésitante d'une fourmi le long des crevasses de la muraille, et l'horreur de Ling pour ces bestioles s'évanouit. Alors, comprenant que Wang-Fô venait de lui faire cadeau d'une âme et d'une perception neuves, Ling coucha respectueusement le vieillard dans la chambre où ses père et mère étaient morts.

Depuis des années, Wang-Fô rêvait de faire le portrait d'une princesse d'autrefois jouant du luth sous un saule. Aucune femme n'était assez irréelle pour lui servir de modèle, mais Ling pouvait le faire, puisqu'il n'était pas une femme. Puis Wang-Fô parla de peindre un jeune prince tirant de l'arc au pied d'un grand cèdre. Aucun jeune homme du temps présent n'était assez irréel pour lui servir de modèle, mais Ling fit poser sa propre femme sous le prunier du jardin. Ensuite, Wang-Fô la peignit en costume de fée parmi les nuages du couchant, et la jeune femme pleura, car c'était un présage de mort. Depuis que Ling lui préférait les portraits que Wang-Fô faisait d'elle, son visage se flétrissait, comme la fleur en butte au vent chaud ou aux pluies d'été. Un matin, on la trouva pendue aux branches du prunier rose : les bouts de l'écharpe qui l'étranglait flottaient mêlés à sa chevelure ; elle paraissait plus mince encore que d'habitude, et pure comme les belles célébrées par les poètes des temps révolus. Wang-Fô la peignit une dernière fois, car il aimait cette teinte verte dont se recouvre la figure des morts. Son disciple Ling broyait les couleurs, et cette besogne exigeait tant d'application qu'il oubliait de verser des larmes.

Ling vendit successivement ses esclaves, ses jades et les poissons de sa fontaine pour procurer au maître des pots d'encre pourpre qui venaient d'Occident. Quand la maison fut vide, ils la quittèrent, et Ling ferma derrière lui la porte de son passé. Wang-Fô était las d'une ville où les visages n'avaient plus à lui apprendre aucun secret de laideur ou de beauté, et le maître et le disciple vagabondèrent ensemble sur les routes du royaume de Han.[2]

Leur réputation les précédait dans les villages, au seuil des châteaux forts et sous le porche des temples où les pèlerins inquiets se réfugient au crépuscule. On disait que Wang-Fô avait le pouvoir de donner la vie à ses peintures par une dernière touche de couleur qu'il ajoutait à leurs yeux. Les fermiers venaient le supplier de leur peindre un chien de garde, et les

seigneurs voulaient de lui des images de soldats. Les prêtres
honoraient Wang-Fô comme un sage ; le peuple le craignait
comme un sorcier. Wang se réjouissait de ces différences
d'opinions qui lui permettaient d'étudier autour de lui des
expressions de gratitude, de peur, ou de vénération.

Ling mendiait la nourriture, veillait sur le sommeil du maître
et profitait de ses extases pour lui masser les pieds. Au point
du jour, quand le vieux dormait encore, il partait à la chasse de
paysages timides dissimulés derrière des bouquets de roseaux.
Le soir, quand le maître, découragé, jetait ses pinceaux sur le
sol, il les ramassait. Lorsque Wang était triste et parlait de son
grand âge, Ling lui montrait en souriant le tronc solide d'un
vieux chêne ; lorsque Wang était gai et débitait des plaisanteries,
Ling faisait humblement semblant de l'écouter.

Un jour, au soleil couchant, ils atteignirent les faubourgs de
la ville impériale et Ling chercha pour Wang-Fô une auberge où
passer la nuit. Le vieux s'enveloppa dans des loques, et Ling se
coucha contre lui pour le réchauffer, car le printemps venait
à peine de naître, et le sol de terre battue était encore gelé.
A l'aube, des pas lourds retentirent dans les corridors de
l'auberge, on entendit les chuchotements effrayés de l'hôte, et
des commandements criés en langue barbare. Ling frémit, se
souvenant qu'il avait volé la veille un gâteau de riz pour le
repas du maître. Ne doutant pas qu'on ne vînt l'arrêter, il se
demanda qui aiderait demain Wang-Fô à passer le gué du
prochain fleuve.

Les soldats entrèrent avec des lanternes. La flamme filtrant
à travers le papier bariolé jetait des lueurs rouges ou bleues
sur leurs casques de cuir. La corde d'un arc vibrait sur leur
épaule, et les plus féroces poussaient tout à coup des
rugissements sans raison. Ils posèrent lourdement la main sur
la nuque de Wang-Fô, qui ne put s'empêcher de remarquer que
leurs manches n'étaient pas assorties à la couleur de leur
manteau.

Soutenu par son disciple, Wang-Fô suivit les soldats en
trébuchant le long des routes inégales. Les passants attroupés
se gaussaient de ces deux criminels qu'on menait sans doute
décapiter. A toutes les questions de Wang, les soldats

répondaient par une grimace sauvage. Ses mains ligotées souffraient, et Ling désespéré regardait son maître en souriant, ce qui était pour lui une façon plus tendre de pleurer. Ils arrivèrent sur le seuil du palais impérial, dont les murs violets se dressaient en plein jour comme un pan de crépuscule. Les soldats firent franchir à Wang-Fô d'innombrables salles carrées ou circulaires dont la forme symbolisait les saisons, les points cardinaux, le mâle et la femelle, la longévité, les prérogatives du pouvoir. Les portes tournaient sur elles-mêmes en émettant une note de musique, et leur agencement était tel qu'on parcourait toute la gamme en traversant le palais de l'Est au Couchant. Tout se concertait pour donner l'idée d'une puissance et d'une subtilité surhumaines, et l'on sentait que les moindres ordres prononcés ici devaient être définitifs et terribles comme la sagesse des ancêtres. Enfin, l'air se raréfia ; le silence devint si profond qu'un supplicié même n'eût pas osé crier. Un eunuque souleva une tenture ; les soldats tremblèrent comme des femmes, et la petite troupe entra dans la salle où trônait le Fils du Ciel.

C'était une salle dépourvue de murs, soutenue par d'épaisses colonnes de pierre bleue. Un jardin s'épanouissait de l'autre côté des fûts de marbre, et chaque fleur contenue dans ses bosquets appartenait à une espèce rare apportée d'au-delà les océans. Mais aucune n'avait de parfum, de peur que la méditation du Dragon Céleste ne fût troublée par les bonnes odeurs. Par respect pour le silence où baignaient ses pensées, aucun oiseau n'avait été admis à l'intérieur de l'enceinte, et on en avait même chassé les abeilles. Un mur énorme séparait le jardin du reste du monde, afin que le vent, qui passe sur les chiens crevés et les cadavres des champs de bataille, ne pût se permettre de frôler la manche de l'Empereur.

Le Maître Céleste était assis sur un trône de jade, et ses mains étaient ridées comme celles d'un vieillard, bien qu'il eût à peine vingt ans. Sa robe était bleue pour figurer l'hiver, et verte pour rappeler le printemps. Son visage était beau, mais impassible comme un miroir placé trop haut qui ne refléterait que les astres et l'implacable ciel. Il avait à sa droite son Ministre des Plaisirs Parfaits, et à sa gauche son Conseiller des Justes

Tourments. Comme ses courtisans, rangés au pied des colonnes, tendaient l'oreille pour recueillir le moindre mot sorti de ses lèvres, il avait pris l'habitude de parler toujours à voix basse.

— Dragon Céleste, dit Wang-Fô prosterné, je suis vieux, je suis pauvre, je suis faible. Tu es comme l'été ; je suis comme l'hiver. Tu as Dix Mille Vies ; je n'en ai qu'une, et qui va finir. Que t'ai-je fait ? On a lié mes mains, qui ne t'ont jamais nui.

— Tu me demandes ce que tu m'as fait, vieux Wang-Fô ? dit l'Empereur.

Sa voix était si mélodieuse qu'elle donnait envie de pleurer. Il leva sa main droite, que les reflets du pavement de jade faisaient paraître glauque comme une plante sous-marine, et Wang-Fô, émerveillé par la longueur de ces doigts minces, chercha dans ses souvenirs s'il n'avait pas fait de l'Empereur, ou de ses ascendants, un portrait médiocre qui mériterait la mort. Mais c'était peu probable, car Wang-Fô jusqu'ici avait peu fréquenté la cour des empereurs, lui préférant les huttes des fermiers, ou, dans les villes, les faubourgs des courtisanes et les tavernes le long des quais où se querellent les portefaix.

— Tu me demandes ce que tu m'as fait, vieux Wang-Fô ? reprit l'Empereur en penchant son cou grêle vers le vieil homme qui l'écoutait. Je vais te le dire. Mais, comme le venin d'autrui ne peut se glisser en nous que par nos neuf ouvertures, pour te mettre en présence de tes torts, je dois te promener le long des corridors de ma mémoire, et te raconter toute ma vie. Mon père avait rassemblé une collection de tes peintures dans la chambre la plus secrète du palais, car il était d'avis que les personnages des tableaux doivent être soustraits à la vue des profanes, en présence de qui ils ne peuvent baisser les yeux. C'est dans ces salles que j'ai été élevé, vieux Wang-Fô, car on avait organisé autour de moi la solitude pour me permettre d'y grandir. Pour éviter à ma candeur l'éclaboussure des âmes humaines, on avait éloigné de moi le flot agité de mes sujets futurs, et il n'était permis à personne de passer devant mon seuil, de peur que l'ombre de cet homme ou de cette femme ne s'étendît jusqu'à moi. Les quelques vieux serviteurs qu'on m'avait octroyés se montraient le moins possible ; les heures tournaient en cercle ; les couleurs de tes peintures s'avivaient

avec l'aube et pâlissaient avec le crépuscule. La nuit, quand je
ne parvenais pas à dormir, je les regardais, et, pendant près de
dix ans, je les ai regardées toutes les nuits. Le jour, assis sur
un tapis dont je savais par cœur le dessin, reposant mes paumes
vides sur mes genoux de soie jaune, je rêvais aux joies que me
procurerait l'avenir. Je me représentais le monde, le pays de
Han au milieu, pareil à la plaine monotone et creuse de la main
que sillonnent les lignes fatales des Cinq Fleuves. Tout autour,
la mer où naissent les monstres, et, plus loin encore, les
montagnes qui supportent le ciel. Et, pour m'aider à me
représenter toutes ces choses, je me servais de tes peintures.
Tu m'as fait croire que la mer ressemblait à la vaste nappe
d'eau étalée sur tes toiles, si bleue qu'une pierre en y tombant
ne peut que se changer en saphir, que les femmes s'ouvraient
et se refermaient comme des fleurs, pareilles aux créatures qui
s'avancent, poussées par le vent, dans les allées de tes jardins,
et que les jeunes guerriers à la taille mince qui veillent dans les
forteresses des frontières étaient eux-mêmes des flèches qui
pouvaient vous transpercer le cœur. A seize ans, j'ai vu se
rouvrir les portes qui me séparaient du monde : je suis monté
sur la terrasse du palais pour regarder les nuages, mais ils
étaient moins beaux que ceux de tes crépuscules. J'ai commandé
ma litière : secoué sur des routes dont je ne prévoyais ni la
boue ni les pierres, j'ai parcouru les provinces de l'Empire
sans trouver tes jardins pleins de femmes semblables à des
lucioles, tes femmes dont le corps est lui-même un jardin.
Les cailloux des rivages m'ont dégoûté des océans ; le sang des
suppliciés est moins rouge que la grenade figurée sur tes toiles ;
la vermine des villages m'empêche de voir la beauté des
rizières ; la chair des femmes vivantes me répugne comme la
viande morte qui pend aux crocs des bouchers, et le rire épais
de mes soldats me soulève le cœur. Tu m'as menti, Wang-Fô,
vieil imposteur : le monde n'est qu'un amas de taches con-
fuses, jetées sur le vide par un peintre insensé, sans cesse
effacées par nos larmes. Le royaume de Han n'est pas le plus
beau des royaumes, et je ne suis pas l'Empereur. Le seul empire sur lequel il vaille la peine de régner est celui où tu
pénètres, vieux Wang, par le chemin des Mille Courbes et des

Dix Mille Couleurs. Toi seul règnes en paix sur des montagnes couvertes d'une neige qui ne peut fondre, et sur des champs de narcisses qui ne peuvent pas mourir. Et c'est pourquoi, Wang-Fô, j'ai cherché quel supplice te serait réservé, à toi dont les sortilèges m'ont dégoûté de ce que je possède, et donné le désir de ce que je ne posséderai pas. Et pour t'enfermer dans le seul cachot dont tu ne puisses sortir, j'ai décidé qu'on te brûlerait les yeux, puisque tes yeux, Wang-Fô, sont les deux portes magiques qui t'ouvrent ton royaume. Et puisque tes mains sont les deux routes aux dix embranchements qui te mènent au cœur de ton empire, j'ai décidé qu'on te couperait les mains. M'as-tu compris, vieux Wang-Fô ?

En entendant cette sentence, le disciple Ling arracha de sa ceinture un couteau ébréché et se précipita sur l'Empereur. Deux gardes le saisirent. Le Fils du Ciel sourit et ajouta dans un soupir :

— Et je te hais aussi, vieux Wang-Fô, parce que tu as su te faire aimer. Tuez ce chien.

Ling fit un bond en avant pour éviter que son sang ne vînt tacher la robe du Maître. Un des soldats leva son sabre, et la tête de Ling se détacha de sa nuque, pareille à une fleur coupée. Les serviteurs emportèrent ses restes, et Wang-Fô, désespéré, admira la belle tache écarlate que le sang de son disciple faisait sur le pavement de pierre verte.

L'Empereur fit un signe, et deux eunuques essuyèrent les yeux de Wang-Fô.

— Ecoute, vieux Wang-Fô, dit l'Empereur, et sèche tes larmes, car ce n'est pas le moment de pleurer. Tes yeux doivent rester clairs, afin que le peu de lumière qui leur reste ne soit pas brouillée par tes pleurs. Car ce n'est pas seulement par rancune que je souhaite ta mort ; ce n'est pas seulement par cruauté que je veux te voir souffrir. J'ai d'autres projets, vieux Wang-Fô. Je possède dans ma collection de tes œuvres une peinture admirable où les montagnes, l'estuaire des fleuves et la mer se reflètent, infiniment rapetissés sans doute, mais avec une évidence qui surpasse celle des objets eux-mêmes, comme les figures qui se mirent sur les parois d'une sphère. Mais cette peinture est inachevée, Wang-Fô, et ton chef-d'œuvre est à l'état d'ébauche. Sans doute, au moment où tu peignais, assis dans une vallée solitaire, tu remarquas un oiseau qui passait, ou un enfant qui poursuivait cet oiseau. Et le bec de l'oiseau ou les joues de l'enfant t'ont fait oublier les paupières bleues des flots. Tu n'as pas terminé les franges du manteau de la mer, ni les cheveux d'algues des rochers. Wang-Fô, je veux que tu consacres les heures de lumière qui te restent à finir cette peinture, qui contiendra ainsi les derniers secrets accumulés au cours de ta longue vie. Nul doute que tes mains, si près de tomber, ne trembleront sur l'étoffe de soie, et l'infini pénétrera dans ton œuvre par ces hachures du malheur. Et nul doute que tes yeux, si près d'être anéantis, ne découvriront des rapports à la limite des sens humains. Tel est mon projet, vieux Wang-Fô, et je puis te forcer à l'accomplir. Si tu refuses, avant de t'aveugler, je ferai brûler toutes tes œuvres, et tu seras alors pareil à un père dont on a massacré les fils et détruit les espérances de postérité. Mais crois plutôt, si tu veux, que ce dernier commandement n'est qu'un effet de ma bonté, car je sais que la toile est la seule maîtresse que tu aies jamais caressée. Et t'offrir des pinceaux, des couleurs et de l'encre pour occuper tes dernières heures, c'est faire l'aumône d'une fille de joie à un homme qu'on va mettre à mort.

Sur un signe du petit doigt de l'Empereur, deux eunuques apportèrent respectueusement la peinture inachevée où Wang-Fô avait tracé l'image de la mer et du ciel. Wang-Fô sécha ses larmes et sourit, car cette petite esquisse lui rappelait sa jeunesse. Tout y attestait une fraîcheur d'âme à laquelle Wang-Fô ne pouvait plus prétendre, mais il y manquait cependant quelque chose, car à l'époque où Wang l'avait peinte, il n'avait pas encore assez contemplé de montagnes, ni de rochers baignant dans la mer leurs flancs nus, et ne s'était pas assez pénétré de la tristesse du crépuscule. Wang-Fô choisit un des pinceaux que lui présentait un esclave et se mit à étendre sur la mer inachevée de larges coulées bleues. Un eunuque accroupi à ses pieds broyait les couleurs ; il s'acquittait assez mal de cette besogne, et plus que jamais Wang-Fô regretta son disciple Ling.

Wang commença par teinter de rose le bout de l'aile d'un

nuage posé sur une montagne. Puis il ajouta à la surface de la mer de petites rides qui ne faisaient que rendre plus profond le sentiment de sa sérénité. Le pavement de jade devenait singulièrement humide, mais Wang-Fô, absorbé dans sa peinture, ne s'apercevait pas qu'il travaillait assis dans l'eau.

Le frêle canot grossi sous les coups de pinceau du peintre occupait maintenant tout le premier plan du rouleau de soie. Le bruit cadencé des rames s'éleva soudain dans la distance, rapide et vif comme un battement d'aile. Le bruit se rapprocha, emplit doucement toute la salle, puis cessa, et des gouttes tremblaient, immobiles, suspendues aux avirons du batelier. Depuis longtemps, le fer rouge destiné aux yeux de Wang s'était éteint sur le brasier du bourreau. Dans l'eau jusqu'aux épaules, les courtisans, immobilisés par l'étiquette, se soulevaient sur la pointe des pieds. L'eau atteignit enfin au niveau du cœur impérial. Le silence était si profond qu'on eût entendu tomber des larmes.

C'était bien Ling. Il avait sa vieille robe de tous les jours, et sa manche droite portait encore les traces d'un accroc qu'il n'avait pas eu le temps de réparer, le matin, avant l'arrivée des soldats. Mais il avait autour du cou une étrange écharpe rouge.

Wang-Fô lui dit doucement en continuant à peindre :

— Je te croyais mort.

— Vous vivant, dit respectueusement Ling, comment aurais-je pu mourir ?

Et il aida le maître à monter en barque. Le plafond de jade se reflétait sur l'eau, de sorte que Ling paraissait naviguer à l'intérieur d'une grotte. Les tresses des courtisans submergés ondulaient à la surface comme des serpents, et la tête pâle de l'Empereur flottait comme un lotus.

— Regarde, mon disciple, dit mélancoliquement Wang-Fô. Ces malheureux vont périr, si ce n'est déjà fait. Je ne me doutais pas qu'il y avait assez d'eau dans la mer pour noyer un Empereur. Que faire ?

— Ne crains rien, Maître, murmura le disciple. Bientôt, ils se trouveront à sec et ne se souviendront même pas que leur manche ait jamais été mouillée. Seul, l'Empereur gardera au cœur un peu d'amertume marine. Ces gens ne sont pas faits pour se perdre à l'intérieur d'une peinture.

Et il ajouta :

— La mer est belle, le vent bon, les oiseaux marins font leur nid. Partons, mon Maître, pour le pays au-delà des flots.

— Partons, dit le vieux peintre.

Wang-Fô se saisit du gouvernail, et Ling se pencha sur les rames. La cadence des avirons emplit de nouveau toute la salle, ferme et régulière comme le bruit d'un cœur. Le niveau de l'eau diminuait insensiblement autour des grands rochers verticaux qui redevenaient des colonnes. Bientôt, quelques rares flaques brillèrent seules dans les dépressions du pavement de jade. Les robes des courtisans étaient sèches, mais l'Empereur gardait quelques flocons d'écume dans la frange de son manteau.

Le rouleau achevé par Wang-Fô restait posé sur la table basse. Une barque en occupait tout le premier plan. Elle s'éloignait peu à peu, laissant derrière elle un mince sillage qui se refermait sur la mer immobile. Déjà, on ne distinguait plus le visage des deux hommes assis dans le canot. Mais on apercevait encore l'écharpe rouge de Ling, et la barbe de Wang-Fô flottait au vent. La pulsation des rames s'affaiblit, puis cessa, oblitérée par la distance. L'Empereur, penché en avant, la main sur les yeux, regardait s'éloigner la barque de Wang-Fô qui n'était déjà plus qu'une tache imperceptible dans la pâleur du crépuscule. Une buée d'or s'éleva et se déploya sur la mer. Enfin, la barque vira autour d'un rocher qui fermait l'entrée du large ; l'ombre d'une falaise tomba sur elle, le sillage s'effaça de la surface déserte, et le peintre Wang-Fô et son disciple Ling disparurent à jamais sur cette mer de jade bleu que Wang-Fô venait d'inventer.

Marguerite Yourcenar, 'Comment Wang-Fô fut sauvé', in *Oeuvres romanesques*, © Editions GALLIMARD

Notes

1 *cinabre*: cinnabar, a mineral used to produce a vermilion pigment.
2 *Han*: the Chinese dynasty which reigned from 206 B.C. to 220 A.D.

Jean-Paul Sartre
1905–80

Le Mur
1937

Novelist, dramatist, philosopher, biographer, and autobiographer, Jean-Paul Sartre is unquestionably one of the most important French writers of the twentieth century. The stories gathered in the collection *Le Mur* (1939) were all individually written and published between 1936 and 1939, early in Sartre's literary career, a seminal period during which he also published his first novel, *La Nausée* (1938).

The title story *Le Mur* was first published in *La Nouvelle Revue Française* of July 1937. One of the first literary texts to deal with the Spanish Civil War (1936–39), it reflects Sartre's strong feeling of solidarity with the Republican cause, though critics agree that its main concerns, grouped around the theme of death, are ultimately more metaphysical and psychological than ideological. Sartre explains in his own preface to the collection that the stories are about people who cannot face up to existence and try in vain to escape from it, concluding: 'Toutes ces fuites sont arrêtées par un Mur ; fuir l'Existence, c'est encore exister. L'Existence est un plein que l'homme ne peut quitter.'

Le Mur is a *nouvelle-instant* based on a coordinated reduction of time and space. The bulk of the story is confined spatially to a grim coal cellar where the Republican sympathiser Pablo Ibbieta is being held prisoner by Franco's army, and temporally to the hours between 8.00 p.m. when Pablo is informed of his death sentence and the following morning at dawn when, along with other prisoners in the cellar, he is due to be executed. That this *nouvelle-instant* has strong narrative qualities will quickly become evident to the reader. Most of the narrative tension is situational and psychological, rooted in the perspective of the prisoners themselves as they ponder their common fate. At another, more intermittent level, however, the story works more like a traditional *nouvelle-histoire*, setting up a 'plot' around the question of whether or not Pablo will save his own skin by betraying the whereabouts of his friend Ramon Gris. This 'plot' even results in a surprise twist at the end of the story, another feature of the traditional nouvelle-histoire. Finally it is worth noting that both these levels of narrative tension proceed from the same basic fact, namely that the narrator of the story, the one looking back on events, is Pablo himself. From an early stage, this not only galvanises the level of plot (we are made to wonder just how Pablo survived to tell his tale), it also creates the 'autobiographical' conditions through which a more psychological tension towards the outcome of events can be fostered.

Le Mur

On nous poussa dans une grande salle blanche et mes yeux se mirent à cligner parce que la lumière leur faisait mal. Ensuite je vis une table et quatre types derrière la table, des civils, qui regardaient des papiers. On avait massé les autres prisonniers dans le fond et il nous fallut traverser toute la pièce pour les rejoindre. Il y en avait plusieurs que je connaissais et d'autres qui devaient être étrangers. Les deux qui étaient devant moi étaient blonds avec des crânes ronds, ils se ressemblaient : des Français, j'imagine. Le plus petit remontait tout le temps son pantalon : c'était nerveux.

Ça dura près de trois heures ; j'étais abruti et j'avais la tête vide ; mais la pièce était bien chauffée et je trouvais ça plutôt agréable : depuis vingt-quatre heures, nous n'avions pas cessé de grelotter. Les gardiens amenaient les prisonniers l'un après l'autre devant la table. Les quatre types leur demandaient alors leur nom et leur profession. La plupart du temps ils n'allaient pas plus loin — ou bien alors ils posaient une question par-ci, par-là : « As-tu pris part au sabotage des munitions ? » Ou bien : « Où étais-tu le matin du 9 et que faisais-tu ? » Ils n'écoutaient pas les réponses ou du moins ils n'en avaient pas l'air : ils se taisaient un moment et regardaient droit devant eux puis ils se mettaient à écrire. Ils demandèrent à Tom si c'était vrai qu'il servait dans la Brigade internationale :[1] Tom ne pouvait pas dire le contraire à cause des papiers qu'on avait trouvés dans sa veste. A Juan ils ne demandèrent rien, mais, après qu'il eut dit son nom, ils écrivirent longtemps.

« C'est mon frère José qui est anarchiste, dit Juan. Vous savez bien qu'il n'est plus ici. Moi je ne suis d'aucun parti, je n'ai jamais fait de politique. »

Ils ne répondirent pas. Juan dit encore :

« Je n'ai rien fait. Je ne veux pas payer pour les autres. » Ses lèvres tremblaient. Un gardien le fit taire et l'emmena. C'était mon tour :

« Vous vous appelez Pablo Ibbieta ? »

Je dis que oui.

Le type regarda ses papiers et me dit :

« Où est Ramon Gris ?

— Je ne sais pas.

— Vous l'avez caché dans votre maison du 6 au 19.

— Non. »

Ils écrivirent un moment et les gardiens me firent sortir. Dans le couloir Tom et Juan attendaient entre deux gardiens. Nous nous mîmes en marche. Tom demanda à un des gardiens :

« Et alors ?

— Quoi ? dit le gardien.

— C'est un interrogatoire ou un jugement ?

— C'était le jugement, dit le gardien.

— Eh bien ? Qu'est-ce qu'ils vont faire de nous ? »

Le gardien répondit sèchement :

« On vous communiquera la sentence dans vos cellules. »

En fait, ce qui nous servait de cellule c'était une des caves de l'hôpital. Il y faisait terriblement froid à cause des courants d'air. Toute la nuit nous avions grelotté et pendant la journée ça n'avait guère mieux été. Les cinq jours précédents je les avais passés dans un cachot de l'archevêché, une espèce d'oubliette qui devait dater du moyen âge : comme il y avait beaucoup de prisonniers et peu de place, on les casait n'importe où. Je ne regrettais pas mon cachot : je n'y avais pas souffert du froid mais j'y étais seul ; à la longue c'est irritant. Dans la cave j'avais de la compagnie. Juan ne parlait guère : il avait peur et puis il était trop jeune pour avoir son mot à dire. Mais Tom était beau parleur et il savait très bien l'espagnol.

Dans la cave il y avait un banc et quatre paillasses. Quand

ils nous eurent ramenés, nous nous assîmes et nous attendîmes en silence. Tom dit, au bout d'un moment :

« Nous sommes foutus.

— Je le pense aussi, dis-je, mais je crois qu'ils ne feront rien au petit.

— Ils n'ont rien à lui reprocher, dit Tom. C'est le frère d'un militant, voilà tout. »

Je regardai Juan : il n'avait pas l'air d'entendre. Tom reprit :

« Tu sais ce qu'ils font à Saragosse ? Ils couchent les types sur la route et ils leur passent dessus avec des camions. C'est un Marocain déserteur qui nous l'a dit. Ils disent que c'est pour économiser les munitions.

— Ça n'économise pas l'essence », dis-je.

J'étais irrité contre Tom : il n'aurait pas dû dire ça.

« Il y a des officiers qui se promènent sur la route, poursuivit-il, et qui surveillent ça, les mains dans les poches, en fumant des cigarettes. Tu crois qu'ils achèveraient les types ? Je t'en fous.[2] Ils les laissent gueuler. Des fois pendant une heure. Le Marocain disait que, la première fois, il a manqué dégueuler.

— Je ne crois pas qu'ils fassent ça ici, dis-je. A moins qu'ils ne manquent vraiment de munitions. »

Le jour entrait par quatre soupiraux et par une ouverture ronde qu'on avait pratiquée au plafond, sur la gauche, et qui donnait sur le ciel. C'est par ce trou rond, ordinairement fermé par une trappe, qu'on déchargeait le charbon dans la cave. Juste au-dessous du trou il y avait un gros tas de poussier ; il avait été destiné à chauffer l'hôpital mais, dès le début de la guerre, on avait évacué les malades et le charbon restait là, inutilisé ; il pleuvait même dessus, à l'occasion, parce qu'on avait oublié de baisser la trappe.

Tom se mit à grelotter :

« Sacré nom de Dieu, je grelotte, dit-il, voilà que ça recommence. »

Il se leva et se mit à faire de la gymnastique. A chaque mouvement sa chemise s'ouvrait sur sa poitrine blanche et velue. Il s'étendit sur le dos, leva les jambes en l'air et fit les ciseaux : je voyais trembler sa grosse croupe. Tom était costaud mais il avait trop de graisse. Je pensais que des balles de fusil ou des pointes de baïonnettes allaient bientôt s'enfoncer dans cette masse de chair tendre comme dans une motte de beurre. Ça ne me faisait pas le même effet que s'il avait été maigre.

Je n'avais pas exactement froid, mais je ne sentais plus mes épaules ni mes bras. De temps en temps, j'avais l'impression qu'il me manquait quelque chose et je commençais à chercher ma veste autour de moi et puis je me rappelais brusquement qu'ils ne m'avaient pas donné de veste. C'était plutôt pénible. Ils avaient pris nos vêtements pour les donner à leurs soldats et ils ne nous avaient laissé que nos chemises — et ces pantalons de toile que les malades hospitalisés portaient au gros de l'été. Au bout d'un moment Tom se releva et s'assit près de moi en soufflant.

« Tu es réchauffé ?

— Sacré nom de Dieu, non. Mais je suis essoufflé. »

Vers huit heures du soir un commandant entra avec deux phalangistes.[3] Il avait une feuille de papier à la main. Il demanda au gardien :

« Comment s'appellent-ils, ces trois-là ?

— Steinbock, Ibbieta et Mirbal », dit le gardien.

Le commandant mit ses lorgnons et regarda sa liste :

« Steinbock... Steinbock... Voilà. Vous êtes condamné à mort. Vous serez fusillé demain matin. »

Il regarda encore :

« Les deux autres aussi, dit-il.

— C'est pas possible, dit Juan. Pas moi. »

Le commandant le regarda d'un air étonné :

« Comment vous appelez-vous ?

— Juan Mirbal, dit-il.

— Eh bien, votre nom est là, dit le commandant, vous êtes condamné.

— J'ai rien fait », dit Juan.

Le commandant haussa les épaules et se tourna vers Tom et vers moi.

« Vous êtes basques ?

— Personne n'est basque. »

Il eut l'air agacé.

« On m'a dit qu'il y avait trois Basques. Je ne vais pas perdre mon temps à leur courir après. Alors naturellement vous ne voulez pas de prêtre ? »

Nous ne répondîmes même pas. Il dit :

« Un médecin belge viendra tout à l'heure. Il a l'autorisation de passer la nuit avec vous. »

Il fit le salut militaire et sortit.

« Qu'est-ce que je te disais, dit Tom. On est bons.

— Oui, dis-je, c'est vache pour le petit. »

Je disais ça pour être juste mais je n'aimais pas le petit. Il avait un visage trop fin et la peur, la souffrance l'avaient défiguré, elles avaient tordu tous ses traits. Trois jours auparavant c'était un môme dans le genre mièvre, ça peut plaire ; mais maintenant il avait l'air d'une vieille tapette et je pensais qu'il ne redeviendrait plus jamais jeune, même si on le relâchait. Ça n'aurait pas été mauvais d'avoir un peu de pitié à lui offrir mais la pitié me dégoûte, il me faisait plutôt horreur. Il n'avait plus rien dit mais il était devenu gris : son visage et ses mains étaient gris. Il se rassit et regarda le sol avec des yeux ronds. Tom était une bonne âme, il voulut lui prendre le bras, mais le petit se dégagea violemment en faisant une grimace.

« Laisse-le, dis-je à voix basse, tu vois bien qu'il va se mettre à chialer. »

Tom obéit à regret ; il aurait aimé consoler le petit ; ça l'aurait occupé et il n'aurait pas été tenté de penser à lui-même. Mais ça m'agaçait : je n'avais jamais pensé à la mort parce que l'occasion ne s'en était pas présentée, mais maintenant l'occasion était là et il n'y avait pas autre chose à faire que de penser à ça.

Tom se mit à parler :

« Tu as bousillé des types, toi ? » me demanda-t-il.

Je ne répondis pas. Il commença à m'expliquer qu'il en avait bousillé six depuis le début du mois d'août ; il ne se rendait pas compte de la situation et je voyais bien qu'il ne *voulait* pas s'en rendre compte. Moi-même je ne réalisais pas encore tout à fait, je me demandais si on souffrait beaucoup, je pensais aux balles, imaginais leur grêle brûlante à travers mon corps. Tout ça c'était en dehors de la véritable question ; mais j'étais tranquille : nous avions toute la nuit pour comprendre. Au bout d'un moment Tom cessa de parler et je le regardai du coin de l'œil ; je vis qu'il était devenu gris, lui aussi, et qu'il avait l'air misérable ; je me dis : « Ça commence. » Il faisait presque nuit, une lueur terne filtrait à travers les soupiraux et le tas de charbon faisait une grosse tache sous le ciel ; par le trou du plafond je voyais déjà une étoile : la nuit serait pure et glacée.

La porte s'ouvrit et deux gardiens entrèrent. Ils étaient suivis d'un homme blond qui portait un uniforme belge. Il nous salua :

« Je suis médecin, dit-il. J'ai l'autorisation de vous assister en ces pénibles circonstances. »

Il avait une voix agréable et distinguée. Je lui dis :

« Qu'est-ce que vous venez faire ici ?

— Je me mets à votre disposition. Je ferai tout mon possible pour que ces quelques heures vous soient moins lourdes.

— Pourquoi êtes-vous venu chez nous ? Il y a d'autres types, l'hôpital en est plein.

— On m'a envoyé ici », répondit-il d'un air vague. « Ah ! vous aimeriez fumer, hein ? ajouta-t-il précipitamment. J'ai des cigarettes et même des cigares. »

Il nous offrit des cigarettes anglaises et des puros, mais nous refusâmes. Je le regardai dans les yeux et il parut gêné. Je lui dis :

« Vous ne venez pas ici par compassion. D'ailleurs je vous connais. Je vous ai vu avec des fascistes dans la cour de la caserne, le jour où on m'a arrêté. »

J'allais continuer, mais tout d'un coup il m'arriva quelque chose qui me surprit : la présence de ce médecin cessa brusquement de m'intéresser. D'ordinaire quand je suis sur un homme, je ne le lâche pas. Et pourtant l'envie de parler me quitta ; je haussai les épaules et je détournai les yeux. Un peu plus tard, je levai la tête : il m'observait d'un air curieux. Les gardiens s'étaient assis sur une paillasse. Pedro, le grand maigre, se tournait les pouces, l'autre agitait de temps en temps la tête pour s'empêcher de dormir.

« Voulez-vous de la lumière ? » dit soudain Pedro au médecin. L'autre fit « oui » de la tête : je pense qu'il avait à peu près autant d'intelligence qu'une bûche, mais sans doute n'était-il pas méchant. A regarder ses gros yeux bleus et froids, il me sembla qu'il péchait surtout par défaut d'imagination. Pedro sortit et revint avec une lampe à pétrole qu'il posa sur le coin du banc. Elle éclairait mal, mais c'était mieux que rien : la veille on nous avait laissés dans le noir. Je regardai un bon moment le rond de lumière que la lampe faisait au plafond. J'étais fasciné. Et puis, brusquement, je me réveillai, le rond de lumière s'effaça et je me sentis écrasé sous un poids énorme. Ce n'était pas la pensée de la mort, ni la crainte : c'était anonyme. Les pommettes me brûlaient et j'avais mal au crâne.

Je me secouai et regardai mes deux compagnons. Tom avait enfoui sa tête dans ses mains, je ne voyais que sa nuque grasse et blanche. Le petit Juan était de beaucoup le plus mal en point, il avait la bouche ouverte et ses narines tremblaient. Le médecin s'approcha de lui et lui posa la main sur l'épaule comme pour le réconforter : mais ses yeux restaient froids. Puis je vis la main du Belge descendre sournoisement le long du bras de Juan jusqu'au poignet. Juan se laissait faire avec indifférence. Le Belge lui prit le poignet entre trois doigts, avec un air distrait, en même temps il recula un peu et s'arrangea pour me tourner le dos. Mais je me penchai en arrière et je le vis tirer sa montre et la consulter un instant sans lâcher le poignet du petit. Au bout d'un moment il laissa retomber la main inerte et alla s'adosser au mur, puis, comme s'il se rappelait soudain quelque chose de très important qu'il fallait noter sur-le-champ, il prit un carnet dans sa poche et y inscrivit quelques lignes. « Le salaud, pensai-je avec colère, qu'il ne vienne pas me tâter le pouls, je lui enverrai mon poing dans sa sale gueule. »

Il ne vint pas, mais je sentis qu'il me regardait. Je levai la tête et lui rendis son regard. Il me dit d'une voix impersonnelle :

« Vous ne trouvez pas qu'on grelotte ici ? »

Il avait l'air d'avoir froid ; il était violet.

« Je n'ai pas froid », lui répondis-je.

Il ne cessait pas de me regarder, d'un œil dur. Brusquement je compris et je portai mes mains à ma figure : j'étais trempé de sueur. Dans cette cave, au gros de l'hiver, en plein courant d'air, je suais. Je passai les doigts dans mes cheveux qui étaient feutrés par la transpiration ; en même temps je m'aperçus que ma chemise était humide et collait à ma peau : je ruisselais depuis une heure au moins et je n'avais rien senti. Mais ça n'avait pas échappé au cochon de Belge ; il avait vu les gouttes rouler sur mes joues et il avait pensé : c'est la manifestation d'un état de terreur quasi pathologique ; et il s'était senti normal et fier de l'être parce qu'il avait froid. Je voulus me lever pour aller lui casser la figure mais à peine avais-je ébauché un geste que ma honte et ma colère furent effacées ; je retombai sur le banc avec indifférence.

Je me contentai de me frictionner le cou avec mon mouchoir parce que, maintenant, je sentais la sueur qui gouttait de mes cheveux sur ma nuque et c'était désagréable. Je renonçai d'ailleurs bientôt à me frictionner, c'était inutile : déjà mon mouchoir était bon à tordre et je suais toujours. Je suais aussi des fesses et mon pantalon humide adhérait au banc.

Le petit Juan parla tout à coup.

« Vous êtes médecin ?

— Oui, dit le Belge.

— Est-ce qu'on souffre... longtemps ?

— Oh ! Quand...? Mais non, dit le Belge d'une voix paternelle, c'est vite fini. »

Il avait l'air de rassurer un malade payant.

« Mais je... on m'avait dit... qu'il fallait souvent deux salves.

— Quelquefois, dit le Belge en hochant la tête. Il peut se faire que la première salve n'atteigne aucun des organes vitaux.

— Alors il faut qu'ils rechargent les fusils et qu'ils visent de nouveau ? »

Il réfléchit et ajouta d'une voix enrouée.

« Ça prend du temps ! »

Il avait une peur affreuse de souffrir, il ne pensait qu'à ça : c'était de son âge. Moi je n'y pensais plus beaucoup et ce n'était pas la crainte de souffrir qui me faisait transpirer.

Je me levai et je marchai jusqu'au tas de poussier. Tom sursauta et me jeta un regard haineux : je l'agaçais parce que mes souliers craquaient. Je me demandais si j'avais le visage aussi terreux que lui : je vis qu'il suait aussi. Le ciel était superbe, aucune lumière ne se glissait dans ce coin sombre et je n'avais qu'à lever la tête pour apercevoir la Grande Ourse. Mais ça n'était plus comme auparavant : l'avant-veille, de mon cachot de l'archevêché, je pouvais voir un grand morceau de ciel et chaque heure du jour me rappelait un souvenir différent. Le matin, quand le ciel était d'un bleu dur et léger, je pensais à des plages au bord de l'Atlantique ; à midi je voyais le soleil et je me rappelais un bar de Séville où je buvais du manzanilla[4] en mangeant des anchois et des olives ; l'après-midi j'étais à l'ombre et je pensais à l'ombre profonde qui s'étend sur la moitié des arènes pendant que l'autre moitié scintille au soleil : c'était vraiment pénible de voir ainsi toute la terre se refléter dans le ciel. Mais à présent je pouvais regarder en l'air tant que je voulais, le ciel ne m'évoquait plus rien. J'aimais mieux ça. Je revins m'asseoir près de Tom. Un long moment passa.

Tom se mit à parler, d'une voix basse. Il fallait toujours qu'il parlât, sans ça il ne se reconnaissait pas bien dans ses pensées. Je pense que c'était à moi qu'il s'adressait mais il ne me regardait pas. Sans doute avait-il peur de me voir comme j'étais, gris et suant : nous étions pareils et pires que des miroirs l'un pour l'autre. Il regardait le Belge, le vivant.

« Tu comprends, toi ? disait-il. Moi, je comprends pas. »

Je me mis aussi à parler à voix basse. Je regardais le Belge.

« Quoi, qu'est-ce qu'il y a ?

— Il va nous arriver quelque chose que je ne peux pas comprendre. »

Il y avait une étrange odeur autour de Tom. Il me sembla que j'étais plus sensible aux odeurs qu'à l'ordinaire. Je ricanai :

« Tu comprendras tout à l'heure.

— Ça n'est pas clair, dit-il d'un air obstiné. Je veux bien avoir du courage, mais il faudrait au moins que je sache... Ecoute, on va nous amener dans la cour. Les types vont se ranger devant nous. Combien seront-ils ?

— Je ne sais pas. Cinq ou huit. Pas plus.

— Ça va. Ils seront huit. On leur criera : ' En joue ' et je verrai les huit fusils braqués sur moi. Je pense que je voudrai rentrer dans le mur, je pousserai le mur avec le dos de toutes mes forces et le mur résistera, comme dans les cauchemars. »

Tout ça je peux me l'imaginer. Ah ! Si tu savais comme je peux
me l'imaginer.

— Ça va ! lui dis-je, je me l'imagine aussi.

— Ça doit faire un mal de chien. Tu sais qu'ils visent les
yeux et la bouche pour défigurer, ajouta-t-il méchamment. Je
sens déjà les blessures ; depuis une heure j'ai des douleurs
dans la tête et dans le cou. Pas de vraies douleurs ; c'est pis :
ce sont les douleurs que je sentirai demain matin. Mais
après ? »

Je comprenais très bien ce qu'il voulait dire mais je ne voulais
pas en avoir l'air. Quant aux douleurs, moi aussi je les portais
dans mon corps, comme une foule de petites balafres. Je ne
pouvais pas m'y faire, mais j'étais comme lui, je n'y attachais
pas d'importance.

« Après, dis-je rudement, tu boufferas du pissenlit. »

Il se mit à parler pour lui seul : il ne lâchait pas des yeux le
Belge. Celui-ci n'avait pas l'air d'écouter. Je savais ce qu'il était
venu faire ; ce que nous pensions ne l'intéressait pas ; il était
venu regarder nos corps, des corps qui agonisaient tout vifs.

« C'est comme dans les cauchemars, disait Tom. On veut
penser à quelque chose, on a tout le temps l'impression que ça
y est, qu'on va comprendre et puis ça glisse, ça vous échappe
et ça retombe. Je me dis : après il n'y aura plus rien. Mais je
ne comprends pas ce que ça veut dire. Il y a des moments où
j'y arrive presque ... et puis ça retombe, je recommence à
penser aux douleurs, aux balles, aux détonations. Je suis
matérialiste, je te le jure ; je ne deviens pas fou. Mais il y a
quelque chose qui ne va pas. Je vois mon cadavre : ça n'est
pas difficile mais c'est *moi* qui le vois, avec *mes* yeux. Il faudrait
que j'arrive à penser ... à penser que je ne verrai plus rien,
que je n'entendrai plus rien et que le monde continuera pour
les autres. On n'est pas faits pour penser ça, Pablo. Tu peux
me croire : ça m'est déjà arrivé de veiller toute une nuit en
attendant quelque chose. Mais cette chose-là, ça n'est pas
pareil : ça nous prendra par-derrière, Pablo, et nous n'aurons
pas pu nous y préparer.

— La ferme, lui dis-je, veux-tu que j'appelle un confesseur ? »

Il ne répondit pas. J'avais déjà remarqué qu'il avait tendance à faire le prophète et à m'appeler Pablo en parlant d'une voix blanche. Je n'aimais pas beaucoup ça ; mais il paraît que tous les Irlandais sont ainsi. J'avais l'impression vague qu'il sentait l'urine. Au fond je n'avais pas beaucoup de sympathie pour Tom et je ne voyais pas pourquoi, sous prétexte que nous allions mourir ensemble, j'aurais dû en avoir davantage. Il y a des types avec qui ç'aurait été différent. Avec Ramon Gris, par exemple. Mais, entre Tom et Juan, je me sentais seul. D'ailleurs j'aimais mieux ça : avec Ramon je me serais peut-être attendri. Mais j'étais terriblement dur, à ce moment-là, et je voulais rester dur.

Il continua à mâchonner des mots, avec une espèce de distraction. Il parlait sûrement pour s'empêcher de penser. Il sentait l'urine à plein nez comme les vieux prostatiques. Naturellement j'étais de son avis, tout ce qu'il disait j'aurais pu le dire : ça n'est pas *naturel* de mourir. Et, depuis que j'allais mourir, plus rien ne me semblait naturel, ni ce tas de poussier, ni le banc, ni la sale gueule de Pedro. Seulement, ça me déplaisait de penser les mêmes choses que Tom. Et je savais bien que, tout au long de la nuit, à cinq minutes près, nous continuerions à penser les choses en même temps, à suer ou à frissonner en même temps. Je le regardai de côté et, pour la première fois, il me parut étrange : il portait sa mort sur sa figure. J'étais blessé dans mon orgueil : pendant vingt-quatre heures, j'avais vécu aux côtés de Tom, je l'avais écouté, je lui avais parlé, et je savais que nous n'avions rien de commun. Et maintenant nous nous ressemblions comme des frères jumeaux, simplement parce que nous allions crever ensemble. Tom me prit la main sans me regarder :

« Pablo, je me demande . . . je me demande si c'est bien vrai qu'on s'anéantit. »

Je dégageai ma main, je lui dis :

« Regarde entre tes pieds, salaud. »

Il y avait une flaque entre ses pieds et des gouttes tombaient de son pantalon.

« Qu'est-ce que c'est ? dit-il avec effarement.

— Tu pisses dans ta culotte, lui dis-je.

— C'est pas vrai, dit-il furieux, je ne pisse pas, je ne sens rien. »

Le Belge s'était approché. Il demanda avec une fausse sollicitude :

« Vous vous sentez souffrant ? »

Tom ne répondit pas. Le Belge regarda la flaque sans rien dire.

« Je ne sais pas ce que c'est, dit Tom d'un ton farouche, mais je n'ai pas peur. Je vous jure que je n'ai pas peur. »

Le Belge ne répondit pas. Tom se leva et alla pisser dans un coin. Il revint en boutonnant sa braguette, se rassit et ne souffla plus mot. Le Belge prenait des notes.

Nous le regardions ; le petit Juan aussi le regardait : nous le regardions tous les trois parce qu'il était vivant. Il avait les gestes d'un vivant, les soucis d'un vivant ; il grelottait dans cette cave, comme devaient grelotter les vivants ; il avait un corps obéissant et bien nourri. Nous autres nous ne sentions plus guère nos corps -- plus de la même façon, en tout cas. J'avais envie de tâter mon pantalon, entre mes jambes, mais je n'osais pas ; je regardais le Belge, arqué sur ses jambes, maître de ses muscles — et qui pouvait penser à demain. Nous étions là, trois ombres privées de sang ; nous le regardions et nous sucions sa vie comme des vampires.

Il finit par s'approcher du petit Juan. Voulut-il lui tâter la nuque pour quelque motif professionnel ou bien obéit-il à une impulsion charitable ? S'il agit par charité ce fut la seule et unique fois de toute la nuit. Il caressa le crâne et le cou du petit Juan. Le petit se laissait faire, sans le quitter des yeux, puis, tout à coup, il lui saisit la main et la regarda d'un drôle d'air. Il tenait la main du Belge entre les deux siennes et elles n'avaient rien de plaisant, les deux pinces grises qui serraient cette main grasse et rougeaude. Je me doutais bien de ce qui allait arriver et Tom devait s'en douter aussi : mais le Belge n'y voyait que du feu, il souriait paternellement. Au bout d'un moment, le petit porta la grosse patte rouge à sa bouche et voulut la mordre. Le Belge se dégagea vivement et recula jusqu'au mur en trébuchant. Pendant une seconde il nous regarda avec horreur, il devait comprendre tout d'un coup que nous n'étions pas des hommes comme lui. Je me mis à rire, et l'un des gardiens sursauta. L'autre s'était endormi, ses yeux, grands ouverts, étaient blancs.

Je me sentais las et surexcité, à la fois. Je ne voulais plus penser à ce qui arriverait à l'aube, à la mort. Ça ne rimait à rien, je ne rencontrais que des mots ou du vide. Mais dès que j'essayais de penser à autre chose je voyais des canons de fusil braqués sur moi. J'ai peut-être vécu vingt fois de suite mon exécution ; une fois même, j'ai cru que ça y était pour de bon : j'avais dû m'endormir une minute. Ils me traînaient vers le mur et je me débattais ; je leur demandais pardon. Je me réveillai en sursaut et je regardai le Belge : j'avais peur d'avoir crié dans mon sommeil. Mais il se lissait la moustache, il n'avait rien remarqué. Si j'avais voulu, je crois que j'aurais pu dormir un moment : je veillais depuis quarante-huit heures, j'étais à bout. Mais je n'avais pas envie de perdre deux heures de vie : ils seraient venus me réveiller à l'aube, je les aurais suivis, hébété de sommeil, et j'aurais clamecé sans faire « ouf » ; je ne voulais pas de ça, je ne voulais pas mourir comme une bête, je voulais comprendre. Et puis je craignais d'avoir des cauchemars. Je me levai, je me promenai de long en large et, pour me changer les idées, je me mis à penser à ma vie passée. Une foule de souvenirs me revinrent, pêle-mêle. Il y en avait de bons et de mauvais — ou du moins je les appelais comme ça *avant*. Il y avait des visages et des histoires. Je revis le visage d'un petit novillero qui s'était fait encorner à Valence pendant la Feria,[5] celui d'un de mes oncles, celui de Ramon Gris. Je me rappelai des histoires : comment j'avais chômé pendant trois mois en 1926, comment j'avais manqué crever de faim. Je me souvins d'une nuit que j'avais passée sur un banc à Grenade : je n'avais pas mangé depuis trois jours, j'étais enragé, je ne voulais pas crever. Ça me fit sourire. Avec quelle âpreté je courais après le bonheur, après les femmes, après la liberté. Pour quoi faire ? J'avais voulu libérer l'Espagne, j'admirais Pi y Margall,[6] j'avais adhéré au mouvement anarchiste, j'avais parlé dans des réunions publiques : je prenais tout au sérieux comme si j'avais été immortel.

A ce moment-là j'eus l'impression que je tenais toute ma vie
devant moi et je pensai : « C'est un sacré mensonge. » Elle ne
valait rien puisqu'elle était finie. Je me demandai comment
j'avais pu me promener, rigoler avec des filles : je n'aurais pas
remué le petit doigt si seulement j'avais imaginé que je mourrais
comme ça. Ma vie était devant moi, close, fermée, comme un
sac et pourtant tout ce qu'il y avait dedans était inachevé. Un
instant j'essayai de la juger. J'aurais voulu me dire : c'est une
belle vie. Mais on ne pouvait pas porter de jugement sur elle,
c'était une ébauche ; j'avais passé mon temps à tirer des traites
pour l'éternité,[7] je n'avais rien compris. Je ne regrettais rien :
il y avait des tas de choses que j'aurais pu regretter, le goût du
manzanilla ou bien les bains que je prenais en été dans une
petite crique près de Cadix ; mais la mort avait tout
désenchanté.

Le Belge eut une fameuse idée, soudain.

« Mes amis, nous dit-il, je puis me charger — sous réserve
que l'administration militaire y consentira — de porter un mot
de vous, un souvenir aux gens qui vous aiment . . . »

Tom grogna :

« J'ai personne. »

Je ne répondis rien. Tom attendit un instant, puis me
considéra avec curiosité :

« Tu ne fais rien dire à Concha ?

— Non. »

Je détestais cette complicité tendre : c'était ma faute, j'avais
parlé de Concha la nuit précédente, j'aurais dû me retenir.
J'étais avec elle depuis un an. La veille encore je me serais
coupé un bras à coups de hache pour la revoir cinq minutes.
C'est pour ça que j'en avais parlé, c'était plus fort que moi. A
présent je n'avais plus envie de la revoir, je n'avais plus rien à
lui dire. Je n'aurais même pas voulu la serrer dans mes bras :
j'avais horreur de mon corps parce qu'il était devenu gris et
qu'il suait — et je n'étais pas sûr de ne pas avoir horreur du
sien. Concha pleurerait quand elle apprendrait ma mort ; pendant des mois, elle n'aurait plus de goût à vivre. Mais tout de
même c'était moi qui allais mourir. Je pensai à ses beaux yeux
tendres. Quand elle me regardait, quelque chose passait d'elle
à moi. Mais je pensai que c'était fini : si elle me regardait *à*

présent son regard resterait dans ses yeux, il n'irait pas jusqu'à moi. J'étais seul.

Tom aussi était seul, mais pas de la même manière. Il s'était assis à califourchon et il s'était mis à regarder le banc avec une espèce de sourire, il avait l'air étonné. Il avança la main et toucha le bois avec précaution, comme s'il avait peur de casser quelque chose, ensuite il retira vivement sa main et frissonna. Je ne me serais pas amusé à toucher le banc, si j'avais été Tom ; c'était encore de la comédie d'Irlandais, mais je trouvais aussi que les objets avaient un drôle d'air : ils étaient plus effacés, moins denses qu'à l'ordinaire. Il suffisait que je regarde le banc, la lampe, le tas de poussier, pour que je sente que j'allais mourir. Naturellement je ne pouvais pas clairement penser ma mort, mais je la voyais partout, sur les choses, dans la façon dont les choses avaient reculé et se tenaient à distance, discrètement, comme des gens qui parlent bas au chevet d'un mourant. C'était *sa* mort que Tom venait de toucher sur le banc.

Dans l'état où j'étais, si l'on était venu m'annoncer que je pouvais rentrer tranquillement chez moi, qu'on me laissait la vie sauve, ça m'aurait laissé froid : quelques heures ou quelques années d'attente c'est tout pareil, quand on a perdu l'illusion d'être éternel. Je ne tenais plus à rien, en un sens, j'étais calme. Mais c'était un calme horrible — à cause de mon corps : mon corps, je voyais avec ses yeux, j'entendais avec ses oreilles, mais ça n'était plus moi ; il suait et tremblait tout seul et je ne le reconnaissais plus. J'étais obligé de le toucher et de le regarder pour savoir ce qu'il devenait, comme si ç'avait été le corps d'un autre. Par moments je le sentais encore, je sentais des glissements, des espèces de dégringolades, comme lorsqu'on est dans un avion qui pique du nez, ou bien je sentais battre mon cœur. Mais ça ne me rassurait pas : tout ce qui venait de mon corps avait un sale air louche. La plupart du temps, il se tassait, il se tenait coi et je ne sentais plus rien qu'une espèce de pesanteur, une présence immonde contre moi ; j'avais l'impression d'être lié à une vermine énorme. A un moment, je tâtai mon pantalon et je sentis qu'il était humide ; je ne savais pas s'il était mouillé de sueur ou d'urine, mais j'allai pisser sur le tas de charbon, par précaution.

Le Belge tira sa montre et la regarda. Il dit :

« Il est trois heures et demie. »

Le salaud ! Il avait dû le faire exprès. Tom sauta en l'air :
nous ne nous étions pas encore aperçus que le temps s'écoulait ;
la nuit nous entourait comme une masse informe et sombre, je
ne me rappelais même plus qu'elle avait commencé.

Le petit Juan se mit à crier. Il se tordait les mains, il suppliait :
« Je ne veux pas mourir, je ne veux pas mourir. »

Il courut à travers toute la cave en levant les bras en l'air
puis il s'abattit sur une des paillasses et sanglota. Tom le
regardait avec des yeux mornes et n'avait même plus envie de
le consoler. Par le fait ce n'était pas la peine : le petit faisait
plus de bruit que nous, mais il était moins atteint : il était
comme un malade qui se défend contre son mal par de la
fièvre. Quand il n'y a même plus de fièvre, c'est beaucoup plus
grave.

Il pleurait : je voyais bien qu'il avait pitié de lui-même ; il ne
pensait pas à la mort. Une seconde, une seule seconde, j'eus
envie de pleurer moi aussi, de pleurer de pitié sur moi. Mais ce
fut le contraire qui arriva : je jetai un coup d'œil sur le petit,
je vis ses maigres épaules sanglotantes et je me sentis inhumain :
je ne pouvais avoir pitié ni des autres ni de moi-même. Je me
dis : « Je veux mourir proprement. »

Tom s'était levé, il se plaça juste en dessous de l'ouverture
ronde et se mit à guetter le jour. Moi j'étais buté, je voulais
mourir proprement et je ne pensais qu'à ça. Mais, par en
dessous, depuis que le médecin nous avait dit l'heure, je sentais
le temps qui filait, qui coulait goutte à goutte.

Il faisait encore noir quand j'entendis la voix de Tom :

« Tu les entends.

— Oui. »

Des types marchaient dans la cour.

« Qu'est-ce qu'ils viennent foutre ? Ils ne peuvent pourtant
pas tirer dans le noir. »

Au bout d'un moment nous n'entendîmes plus rien. Je dis à
Tom :

« Voilà le jour. »

Pedro se leva en bâillant et vint souffler la lampe. Il dit à son
copain :

« Mince de froid. »[8]

La cave était devenue toute grise. Nous entendîmes des coups de feu dans le lointain.

« Ça commence, dis-je à Tom, ils doivent faire ça dans la cour de derrière. »

Tom demanda au médecin de lui donner une cigarette. Moi je n'en voulais pas ; je ne voulais ni cigarettes ni alcool. A partir de cet instant ils ne cessèrent pas de tirer.

« Tu te rends compte ? » dit Tom.

Il voulait ajouter quelque chose mais il se tut, il regardait la porte. La porte s'ouvrit et un lieutenant entra avec quatre soldats. Tom laissa tomber sa cigarette.

« Steinbock ? »

Tom ne répondit pas. Ce fut Pedro qui le désigna.

« Juan Mirbal ?

— C'est celui qui est sur la paillasse.

— Levez-vous », dit le lieutenant.

Juan ne bougea pas. Deux soldats le prirent aux aisselles et le mirent sur ses pieds. Mais dès qu'ils l'eurent lâché il retomba.

Les soldats hésitèrent.

« Ce n'est pas le premier qui se trouve mal, dit le lieutenant, vous n'avez qu'à le porter, vous deux ; on s'arrangera là-bas. »

Il se tourna vers Tom.

« Allons, venez. »

Tom sortit entre deux soldats. Deux autres soldats suivaient, ils portaient le petit par les aisselles et par les jarrets. Il n'était pas évanoui ; il avait les yeux grands ouverts, et des larmes coulaient le long de ses joues. Quand je voulus sortir, le lieutenant m'arrêta :

« C'est vous, Ibbieta ?

— Oui.

— Vous allez attendre ici : on viendra vous chercher tout à l'heure. »

Ils sortirent. Le Belge et les deux geôliers sortirent aussi, je restai seul. Je ne comprenais pas ce qui m'arrivait mais j'aurais mieux aimé qu'ils en finissent tout de suite. J'entendais les salves à intervalles presque réguliers ; à chacune d'elles, je tressaillais. J'avais envie de hurler et de m'arracher les cheveux.

Mais je serrais les dents et j'enfonçais les mains dans mes poches parce que je voulais rester propre.

Au bout d'une heure on vint me chercher et on me conduisit au premier étage, dans une petite pièce qui sentait le cigare et dont la chaleur me parut suffocante. Il y avait là deux officiers qui fumaient, assis dans des fauteuils, avec des papiers sur leurs genoux.

« Tu t'appelles Ibbieta ?

— Oui.

— Où est Ramon Gris ?

— Je ne sais pas. »

Celui qui m'interrogeait était petit et gros. Il avait des yeux durs derrière ses lorgnons. Il me dit :

« Approche. »

Je m'approchai. Il se leva et me prit par les bras en me regardant d'un air à me faire rentrer sous terre. En même temps il me pinçait les biceps de toutes ses forces. Ça n'était pas pour me faire mal, c'était le grand jeu : il voulait me dominer. Il jugeait nécessaire aussi de m'envoyer son souffle pourri en pleine figure. Nous restâmes un moment comme ça, moi ça me donnait plutôt envie de rire. Il en faut beaucoup plus pour intimider un homme qui va mourir : ça ne prenait pas. Il me repoussa violemment et se rassit. Il dit :

« C'est ta vie contre la sienne. On te laisse la vie sauve si tu nous dis où il est. »

Ces deux types chamarrés, avec leurs cravaches et leurs bottes, c'étaient tout de même des hommes qui allaient mourir. Un peu plus tard que moi, mais pas beaucoup plus. Et ils s'occupaient à chercher des noms sur leurs paperasses, ils couraient après d'autres hommes pour les emprisonner ou les supprimer ; ils avaient des opinions sur l'avenir de l'Espagne et sur d'autres sujets. Leurs petites activités me paraissaient choquantes et burlesques : je n'arrivais plus à me mettre à leur place, il me semblait qu'ils étaient fous.

Le petit gros me regardait toujours, en fouettant ses bottes de sa cravache. Tous ses gestes étaient calculés pour lui donner l'allure d'une bête vive et féroce.

« Alors ? C'est compris ?

— Je ne sais pas où est Gris, répondis-je. Je croyais qu'il était à Madrid. »

L'autre officier leva sa main pâle avec indolence. Cette indolence aussi était calculée. Je voyais tous leurs petits manèges et j'étais stupéfait qu'il se trouvât des hommes pour s'amuser à ça.

« Vous avez un quart d'heure pour réfléchir, dit-il lentement. Emmenez-le à la lingerie, vous le ramènerez dans un quart d'heure. S'il persiste à refuser, on l'exécutera sur-le-champ. »

Ils savaient ce qu'ils faisaient : j'avais passé la nuit dans l'attente ; après ça, ils m'avaient encore fait attendre une heure dans la cave, pendant qu'on fusillait Tom et Juan et maintenant ils m'enfermaient dans la lingerie ; ils avaient dû préparer leur coup depuis la veille. Ils se disaient que les nerfs s'usent à la longue et ils espéraient m'avoir comme ça.

Ils se trompaient bien. Dans la lingerie, je m'assis sur un escabeau, parce que je me sentais très faible et je me mis à réfléchir. Mais pas à leur proposition. Naturellement je savais où était Gris : il se cachait chez ses cousins, à quatre kilomètres de la ville. Je savais aussi que je ne révélerais pas sa cachette, sauf s'ils me torturaient (mais ils n'avaient pas l'air d'y songer). Tout cela était parfaitement réglé, définitif et ne m'intéressait nullement. Seulement j'aurais voulu comprendre les raisons de ma conduite. Je préférais crever plutôt que de livrer Gris. Pourquoi ? Je n'aimais plus Ramon Gris. Mon amitié pour lui était morte un peu avant l'aube en même temps que mon amour pour Concha, en même temps que mon désir de vivre. Sans doute je l'estimais toujours ; c'était un dur. Mais ça n'était pas pour cette raison que j'acceptais de mourir à sa place ; sa vie n'avait pas plus de valeur que la mienne ; aucune vie n'avait de valeur. On allait coller un homme contre un mur et lui tirer dessus jusqu'à ce qu'il en crève : que ce fût moi ou Gris ou un autre c'était pareil. Je savais bien qu'il était plus utile que moi à la cause de l'Espagne mais je me foutais de l'Espagne et de l'anarchie : rien n'avait plus d'importance. Et pourtant j'étais là, je pouvais sauver ma peau en livrant Gris et je me refusais à le faire. Je trouvais ça plutôt comique : c'était de l'obstination. Je pensai :

« Faut-il être têtu !... » Et une drôle de gaieté m'envahit.

Ils vinrent me chercher et me ramenèrent auprès des deux officiers. Un rat partit sous nos pieds et ça m'amusa. Je me tournai vers un des phalangistes et je lui dis :

« Vous avez vu le rat ? »

Il ne répondit pas. Il était sombre, il se prenait au sérieux. Moi j'avais envie de rire mais je me retenais parce que j'avais peur, si je commençais, de ne plus pouvoir m'arrêter. Le phalangiste portait des moustaches. Je lui dis encore :

« Il faut couper tes moustaches, ballot. »

Je trouvais drôle qu'il laissât de son vivant les poils envahir sa figure. Il me donna un coup de pied sans grande conviction, et je me tus.

« Eh bien, dit le gros officier, tu as réfléchi ? »

Je les regardai avec curiosité, comme des insectes d'une espèce très rare. Je leur dis :

« Je sais où il est. Il est caché dans le cimetière. Dans un caveau ou dans la cabane des fossoyeurs. »

C'était pour leur faire une farce. Je voulais les voir se lever, boucler leurs ceinturons et donner des ordres d'un air affairé.

Ils sautèrent sur leurs pieds.

« Allons-y. Moles, allez demander quinze hommes au lieutenant Lopez. Toi, me dit le petit gros, si tu as dit la vérité, je n'ai qu'une parole. Mais tu le paieras cher si tu t'es fichu de nous. »

Ils partirent dans un brouhaha et j'attendis paisiblement sous la garde des phalangistes. De temps en temps je souriais parce que je pensais à la tête qu'ils allaient faire. Je me sentais abruti et malicieux. Je les imaginais, soulevant les pierres tombales, ouvrant une à une les portes des caveaux. Je me représentais la situation comme si j'avais été un autre : ce prisonnier obstiné à faire le héros, ces graves phalangistes avec leurs moustaches et ces hommes en uniforme qui couraient entre les tombes ; c'était d'un comique irrésistible.

Au bout d'une demi-heure le petit gros revint seul. Je pensai qu'il venait donner l'ordre de m'exécuter. Les autres devaient être restés au cimetière.

L'officier me regarda. Il n'avait pas du tout l'air penaud.

« Emmenez-le dans la grande cour avec les autres, dit-il. A la

fin des opérations militaires, un tribunal régulier décidera de
son sort. »

Je crus que je n'avais pas compris. Je lui demandai :
« Alors on ne me . . . on ne me fusillera pas ? . . .

— Pas maintenant en tout cas. Après, ça ne me regarde
plus. »

Je ne comprenais toujours pas. Je lui dis :
« Mais pourquoi ? »

Il haussa les épaules sans répondre, et les soldats
m'emmenèrent. Dans la grande cour il y avait une centaine de
prisonniers, des femmes, des enfants, quelques vieillards. Je
me mis à tourner autour de la pelouse centrale, j'étais hébété.
A midi, on nous fit manger au réfectoire. Deux ou trois types
m'interpellèrent. Je devais les connaître, mais je ne leur répondis
pas : je ne savais même plus où j'étais.

Vers le soir on poussa dans la cour une dizaine de prisonniers
nouveaux. Je reconnus Garcia, le boulanger. Il me dit :
« Sacré veinard ! Je ne pensais pas te revoir vivant.

— Ils m'avaient condamné à mort, dis-je, et puis ils ont changé
d'idée. Je ne sais pas pourquoi.

— Ils m'ont arrêté à deux heures, dit Garcia.

— Pourquoi ? »

Garcia ne faisait pas de politique.
« Je ne sais pas, dit-il. Ils arrêtent tous ceux qui ne pensent
pas comme eux. »

Il baissa la voix.
« Ils ont eu Gris. »

Je me mis à trembler.
« Quand ?

— Ce matin. Il avait fait le con. Il a quitté son cousin mardi
parce qu'ils avaient eu des mots. Il ne manquait pas de types
qui l'auraient caché mais il ne voulait plus rien devoir à
personne. Il a dit : ' Je me serais caché chez Ibbieta, mais
puisqu'ils l'ont pris j'irai me cacher au cimetière. '

— Au cimetière ?

— Oui. C'était con. Naturellement, ils y ont passé ce matin,
ça devait arriver. Ils l'ont trouvé dans la cabane des fossoyeurs.
Il leur a tiré dessus, et ils l'ont descendu.

— Au cimetière ! »

Tout se mit à tourner et je me retrouvai assis par terre : je riais si fort que les larmes me vinrent aux yeux.

Jean-Paul Sartre, 'Le Mur', in *Œuvres romanesques*, © Editions GALLIMARD

Notes

1 The International Brigades were made up of non-Spanish volunteers, most of them with strong Communist or Socialist leanings, who had come to take up arms in support of the Republic.

2 *Je t'en fous*: 'They don't give a damn'.

3 *phalangistes*: members of the extreme right-wing nationalist phalange, a political and paramilitary group.

4 *manzanilla*: pale dry sherry.

5 *Feria*: fiesta, carnival; *novillero*: novice bullfighter.

6 Francesco Pi y Margall (1824–1901): a Spanish politician and intellectual of the left.

7 *Tirer des traites pour l'éternité*: 'banking on eternity'.

8 *Mince de froid*: 'It's bloody cold'.

Marcel Aymé

1902–67

Le Passe-muraille

1943

Le Passe-muraille, the title of both the story in question and the collection in which it first appeared (1943), expresses Aymé's fascination with the wall as a symbol of constriction. The main protagonist, a banal clerk named Dutilleul, discovers by accident that he has the ability to pass through walls. He eventually uses this talent to assume a new identity, becoming Garou-Garou, the famous burglar.

Marcel Aymé creates a world reminiscent of the traditional *merveilleux* by inserting a manifestly impossible element into the otherwise ordinary life of his protagonist. He invents a 'little man' type of character (an old-fashioned civil servant and bachelor in his forties) with a supernatural quality and makes him the hero of his narrative. At the outset, Dutilleul is a decent, honest man, very conscientious in his work, yet totally bereft, it seems, of imagination and humour, not the kind of superman who baffles the police, wins men's admiration and women's hearts. Yet that is precisely what he proceeds to do.

Aymé creates a most unlikely hero-figure in the person of Dutilleul to show that people should not be judged on appearances. The *merveilleux* is the device that allows him to offer those who usually remain unnoticed a chance to escape and get even with an unfair society.

Le Passe-muraille is a *nouvelle-histoire* related in the familiar 'omniscient' mode by an all-knowing narrator who stands outside and above the story. A vehicle for Aymé's talent as an ironist, the narrator gleefully recounts Dutilleul's improbable victories against the bosses, bullies, and assorted Big Brothers of this world. And while Dutilleul himself is never ridiculed as such, he is none the less held at an ironic distance by the narrator, whose fast pacing of events and tongue-in-cheek manner combine to ensure that the hero, however heroic, will never achieve the status of a 'rounded' character capable of arousing any deep sympathy or concern in the reader.

The story's prevailing humour and lightness of tone do not, however,

lead to a happy ending. Unlike the beautiful princess locked up in the
the villain's castle, Dutilleul's lover is not released. Instead, giving a
perverse twist to the conventions of the fairy-tale, Aymé makes her
the catalyst for the hero's own incarceration. And when Dutilleul's
magic ceases to operate, the element of unrealism lives on in the very
nature of his final predicament, which condemns him not to death
but, once more, to a state of non-existence in an indifferent and ra-
tional world.

Marcel Aymé was a prolific writer: as well as short stories, he
wrote many tales, novels, plays, film-scripts and articles. *Le Passe-
muraille* was adapted for cinema in 1950. Two other cinema adaptations of his work, *La Traversée de Paris* (1956) and more recently *Uranus*
(1990), have gained international recognition.

Le Passe-muraille

Il y avait à Montmartre, au troisième étage du 75 *bis* de la rue
d'Orchampt, un excellent homme nommé Dutilleul qui possédait
le don singulier de passer à travers les murs sans en être
incommodé. Il portait un binocle, une petite barbiche noire,
et il était employé de troisième classe au ministère de
l'Enregistrement. En hiver, il se rendait à son bureau par
l'autobus, et à la belle saison, il faisait le trajet à pied, sous son
chapeau melon.

Dutilleul venait d'entrer dans sa quarante-troisième année
lorsqu'il eut la révélation de son pouvoir. Un soir, une courte
panne d'électricité l'ayant surpris dans le vestibule de son petit
appartement de célibataire, il tâtonna un moment dans les
ténèbres et, le courant revenu, se trouva sur le palier du
troisième étage. Comme sa porte d'entrée était fermée à clé de
l'intérieur, l'incident lui donna à réfléchir et, malgré les
remontrances de sa raison, il se décida à rentrer chez lui comme
il en était sorti, en passant à travers la muraille. Cette étrange
faculté, qui semblait ne répondre à aucune de ses aspirations,
ne laissa pas de le contrarier un peu et, le lendemain samedi,
profitant de la semaine anglaise,[1] il alla trouver un médecin du
quartier pour lui exposer son cas. Le docteur put se convaincre

qu'il disait vrai et, après examen, découvrit la cause du mal dans un durcissement hélicoïdal de la paroi strangulaire du corps thyroïde.[2] Il prescrivit le surmenage intensif et, à raison de deux cachets par an, l'absorption de poudre de pirette tétravalente, mélange de farine de riz et d'hormone de centaure.[3]

Ayant absorbé un premier cachet, Dutilleul rangea le médicament dans un tiroir et n'y pensa plus. Quant au surmenage intensif, son activité de fonctionnaire était réglée par des usages ne s'accommodant d'aucun excès, et ses heures de loisir, consacrées à la lecture du journal et à sa collection de timbres, ne l'obligeaient pas non plus à une dépense déraisonnable d'énergie. Au bout d'un an, il avait donc gardé intacte la faculté de passer à travers les murs, mais il ne l'utilisait jamais, sinon par inadvertance, étant peu curieux d'aventures et rétif aux entraînements de l'imagination. L'idée ne lui venait même pas de rentrer chez lui autrement que par la porte et après l'avoir dûment ouverte en faisant jouer la serrure. Peut-être eût-il vieilli dans la paix de ses habitudes sans avoir la tentation de mettre ses dons à l'épreuve, si un événement extraordinaire n'était venu soudain bouleverser son existence. M. Mouron, son sous-chef de bureau, appelé à d'autres fonctions, fut remplacé par un certain M. Lécuyer,[4] qui avait la parole brève et la moustache en brosse. Dès le premier jour, le nouveau sous-chef vit de très mauvais œil que Dutilleul portât un lorgnon à chaînette et une barbiche noire, et il affecta de le traiter comme une vieille chose gênante et un peu malpropre. Mais le plus grave était qu'il prétendît introduire dans son service des réformes d'une portée considérable et bien faites pour troubler la quiétude de son subordonné. Depuis vingt ans, Dutilleul commençait ses lettres par la formule suivante : « Me reportant à votre honorée du tantième courant et, pour mémoire, à notre échange de lettres antérieur, j'ai l'honneur de vous informer... » Formule à laquelle M. Lécuyer entendit substituer une autre d'un tour plus américain : « En réponse à votre lettre du tant,[5] je vous informe... » Dutilleul ne put s'accoutumer à ces façons épistolaires. Il revenait malgré lui à la manière traditionnelle, avec une obstination machinale qui lui valut l'inimitié grandissante du sous-chef. L'atmosphère du

ministère de l'Enregistrement lui devenait presque pesante. Le
matin, il se rendait à son travail avec appréhension, et le soir,
dans son lit, il lui arrivait bien souvent de méditer un quart
d'heure entier avant de trouver le sommeil.

Ecœuré par cette volonté rétrograde qui compromettait le
succès de ses réformes, M. Lécuyer avait relégué Dutilleul dans
un réduit à demi obscur, attenant à son bureau. On y accédait
par une porte basse et étroite donnant sur le couloir et portant
encore en lettres capitales l'inscription : Débarras. Dutilleul
avait accepté d'un cœur résigné cette humiliation sans
précédent, mais chez lui, en lisant dans son journal le récit de
quelque sanglant fait divers, il se surprenait à rêver que M.
Lécuyer était la victime.

Un jour, le sous-chef fit irruption dans le réduit en brandissant
une lettre et il se mit à beugler :

— Recommencez-moi ce torchon ! Recommencez-moi cet
innommable torchon qui déshonore mon service !

Dutilleul voulut protester, mais M. Lécuyer, la voix tonnante,
le traita de cancrelat routinier, et, avant de partir, froissant la
lettre qu'il avait en main, la lui jeta au visage. Dutilleul était
modeste, mais fier. Demeuré seul dans son réduit, il fit un peu
de température et, soudain, se sentit en proie à l'inspiration.
Quittant son siège, il entra dans le mur qui séparait son bureau
de celui du sous-chef, mais il y entra avec prudence, de telle
sorte que sa tête seule émergeât de l'autre côté. M. Lécuyer,
assis à sa table de travail, d'une plume encore nerveuse
déplaçait une virgule dans le texte d'un employé, soumis à son
approbation, lorsqu'il entendit tousser dans son bureau. Levant
les yeux, il découvrit avec un effarement indicible la tête de
Dutilleul, collée au mur à la façon d'un trophée de chasse. Et
cette tête était vivante. A travers le lorgnon à chaînette, elle
dardait sur lui un regard de haine. Bien mieux, la tête se mit à
parler.

— Monsieur, dit-elle, vous êtes un voyou, un butor et un
galopin.

Béant d'horreur, M. Lécuyer ne pouvait détacher les yeux de
cette apparition. Enfin, s'arrachant à son fauteuil, il bondit dans
le couloir et courut jusqu'au réduit. Dutilleul, le porte-plume à

la main, était installé à sa place habituelle, dans une attitude paisible et laborieuse. Le sous-chef le regarda longuement et, après avoir balbutié quelques paroles, regagna son bureau. A peine venait-il de s'asseoir que la tête réapparaissait sur la muraille.

— Monsieur, vous êtes un voyou, un butor et un galopin.

Au cours de cette seule journée, la tête redoutée apparut vingt-trois fois sur le mur et, les jours suivants, à la même cadence. Dutilleul, qui avait acquis une certaine aisance à ce jeu, ne se contentait plus d'invectiver contre le sous-chef. Il proférait des menaces obscures, s'écriant par exemple d'une voix sépulcrale, ponctuée de rires vraiment démoniaques :

— Garou ! garou ! Un poil de loup ! (*rire*). Il rôde un frisson à décorner tous les hiboux (*rire*).

Ce qu'entendant, le pauvre sous-chef devenait un peu plus pâle, un peu plus suffocant, et ses cheveux se dressaient bien droits sur sa tête et il lui coulait dans le dos d'horribles sueurs d'agonie. Le premier jour, il maigrit d'une livre. Dans la semaine qui suivit, outre qu'il se mit à fondre presque à vue d'œil, il prit l'habitude de manger le potage avec sa fourchette et de saluer militairement les gardiens de la paix. Au début de la deuxième semaine, une ambulance vint le prendre à son domicile et l'emmena dans une maison de santé.

Dutilleul, délivré de la tyrannie de M. Lécuyer, put revenir à ses chères formules : « Me reportant à votre honorée du tantième courant . . . » Pourtant, il était insatisfait. Quelque chose en lui réclamait, un besoin nouveau, impérieux, qui n'était rien de moins que le besoin de passer à travers les murs. Sans doute le pouvait-il faire aisément, par exemple chez lui, et du reste, il n'y manqua pas. Mais l'homme qui possède des dons brillants ne peut se satisfaire longtemps de les exercer sur un objet médiocre. Passer à travers les murs ne saurait d'ailleurs constituer une fin en soi. C'est le départ d'une aventure, qui appelle une suite, un développement et, en somme, une rétribution. Dutilleul le comprit très bien. Il sentait en lui un besoin d'expansion, un désir croissant de s'accomplir et de se surpasser, et une certaine nostalgie qui était quelque chose comme l'appel de derrière le mur. Malheureusement, il lui manquait un but. Il chercha son inspiration dans la lecture du journal, particulièrement aux chapitres de la politique et du sport, qui lui semblaient être des activités honorables, mais s'étant finalement rendu compte qu'elles n'offraient aucun débouché aux personnes qui passent à travers les murs, il se rabattit sur le fait divers qui se révéla des plus suggestifs.

Le premier cambriolage auquel se livra Dutilleul eut lieu dans un grand établissement de crédit de la rive droite. Ayant traversé une douzaine de murs et de cloisons, il pénétra dans divers coffre-forts, emplit ses poches de billets de banque et, avant de se retirer, signa son larcin à la craie rouge, du pseudonyme de Garou-Garou,[6] avec un fort joli paraphe qui fut reproduit le lendemain par tous les journaux. Au bout d'une semaine, ce nom de Garou-Garou connut une extraordinaire célébrité. La sympathie du public allait sans réserve à ce prestigieux cambrioleur qui narguait si joliment la police. Il se signalait chaque nuit par un nouvel exploit accompli soit au détriment d'une banque, soit à celui d'une bijouterie ou d'un riche particulier. A Paris comme en province, il n'y avait point de femme un peu rêveuse qui n'eût le fervent désir d'appartenir corps et âme au terrible Garou-Garou. Après le vol du fameux diamant de Burdigala et le cambriolage du Crédit municipal, qui eurent lieu la même semaine, l'enthousiasme de la foule atteignit au délire. Le ministre de l'Intérieur dut démissionner, entraînant dans sa chute le ministre de l'Enregistrement. Cependant, Dutilleul devenu l'un des hommes les plus riches de Paris, était toujours ponctuel à son bureau et on parlait de lui pour les palmes académiques.[7] Le matin, au ministère de l'Enregistrement, son plaisir était d'écouter les commentaires que faisaient ses collègues sur ses exploits de la veille. « Ce Garou-Garou, disaient-ils, est un homme formidable, un surhomme, un génie. » En entendant de tels éloges, Dutilleul devenait rouge de confusion et, derrière le lorgnon à chaînette, son regard brillait d'amitié et de gratitude. Un jour, cette atmosphère de sympathie le mit tellement en confiance qu'il ne crut pas pouvoir garder le secret plus longtemps. Avec un reste de timidité, il considéra ses collègues groupés autour d'un journal relatant le cambriolage de la Banque de France, et déclara d'une voix modeste : « Vous savez, Garou-Garou, c'est moi. » Un rire énorme et interminable accueillit la confidence de Dutilleul qui reçut, par dérision, le surnom de Garou-Garou. Le soir, à l'heure de quitter le ministère, il était l'objet de plaisanteries sans fin de la part de ses camarades et la vie lui semblait moins belle.

Quelques jours plus tard, Garou-Garou se faisait pincer par une ronde de nuit dans une bijouterie de la rue de la Paix. Il avait apposé sa signature sur le comptoir-caisse et s'était mis à chanter une chanson à boire en fracassant différentes vitrines à l'aide d'un hanap en or massif. Il lui eût été facile de s'enfoncer dans un mur et d'échapper ainsi à la ronde de nuit, mais tout porte à croire qu'il voulait être arrêté et probablement à seule fin de confondre ses collègues dont l'incrédulité l'avait mortifié. Ceux-ci, en effet, furent bien surpris, lorsque les journaux du lendemain publièrent en première page la photographie de Dutilleul. Ils regrettèrent amèrement d'avoir méconnu leur génial camarade et lui rendirent hommage en se laissant pousser une petite barbiche. Certains même, entraînés par le remords et l'admiration, tentèrent de se faire la main sur le porte-feuille ou la montre de famille de leurs amis et connaissances.

On jugera sans doute que le fait de se laisser prendre par la police pour étonner quelques collègues témoigne d'une grande légèreté, indigne d'un homme exceptionnel, mais le ressort apparent de la volonté est fort peu de chose dans une telle détermination. En renonçant à la liberté, Dutilleul croyait céder à un orgueilleux désir de revanche, alors qu'en réalité il glissait simplement sur la pente de sa destinée. Pour un homme qui passe à travers les murs, il n'y a point de carrière un peu poussée s'il n'a tâté au moins une fois de la prison. Lorsque Dutilleul pénétra dans les locaux de la Santé,[8] il eut l'impression d'être gâté par le sort. L'épaisseur des murs était pour lui un véritable régal. Le lendemain même de son incarcération, les gardiens découvrirent avec stupeur que le prisonnier avait planté un clou dans le mur de sa cellule et qu'il y avait accroché une montre en or appartenant au directeur de la prison. Il ne put ou ne voulut révéler comment cet objet était entré en sa possession. La montre fut rendue à son propriétaire et, le lendemain, retrouvée au chevet de Garou-Garou avec le tome premier des *Trois Mousquetaires* emprunté à la bibliothèque du directeur. Le personnel de la Santé était sur les dents. Les gardiens se plaignaient en outre de recevoir des coups de pied dans le derrière, dont la provenance était inexplicable. Il semblait que les murs eussent, non plus des oreilles, mais des pieds. La détention de Garou-Garou durait depuis une semaine, lorsque le directeur de la Santé, en pénétrant un matin dans son bureau, trouva sur sa table la lettre suivante :

« Monsieur le directeur. Me reportant à notre entretien du 17 courant et, pour mémoire, à vos instructions générales du 15 mai de l'année dernière, j'ai l'honneur de vous informer que je viens d'achever la lecture du second tome des *Trois Mousquetaires* et que je compte m'évader cette nuit entre onze heures vingt-cinq et onze heures trente-cinq. Je vous prie, monsieur le directeur, d'agréer l'expression de mon profond respect. Garou-Garou. »

Malgré l'étroite surveillance dont il fut l'objet cette nuit-là, Dutilleul s'évada à onze heures trente. Connue du public le lendemain matin, la nouvelle souleva partout un enthousiasme magnifique. Cependant, ayant effectué un nouveau cambriolage qui mit le comble à sa popularité, Dutilleul semblait peu soucieux de se cacher et circulait à travers Montmartre sans aucune précaution. Trois jours après son évasion, il fut arrêté rue Caulaincourt au café du Rêve, un peu avant midi, alors qu'il buvait un vin blanc citron avec des amis.

Reconduit à la Santé et enfermé au triple verrou dans un cachot ombreux, Garou-Garou s'en échappa le soir même et alla coucher à l'appartement du directeur, dans la chambre d'ami. Le lendemain matin, vers neuf heures, il sonnait la bonne pour avoir son petit déjeuner et se laissait cueillir au lit, sans résistance, par les gardiens alertés. Outré, le directeur établit un poste de garde à la porte de son cachot et le mit au pain sec. Vers midi, le prisonnier s'en fut déjeuner dans un restaurant voisin de la prison et, après avoir bu son café, téléphona au directeur.

— Allô ! Monsieur le directeur, je suis confus, mais tout à l'heure, au moment de sortir, j'ai oublié de prendre votre portefeuille, de sorte que je me trouve en panne au restaurant. Voulez-vous avoir la bonté d'envoyer quelqu'un pour régler l'addition ?

Le directeur accourut en personne et s'emporta jusqu'à proférer des menaces et des injures. Atteint dans sa fierté, Dutilleul s'évada la nuit suivante et pour ne plus revenir. Cette fois, il prit la précaution de raser sa barbiche noire et remplaça son lorgnon à chaînette par des lunettes en écaille. Une casquette de sport et un costume à larges carreaux avec culotte de golf achevèrent de le transformer. Il s'installa dans un petit appartement de l'avenue Junot où, dès avant sa première arrestation, il avait fait transporter une partie de son mobilier et les objets auxquels il tenait le plus. Le bruit de sa renommée commençait à le lasser et depuis son séjour à la Santé, il était un peu blasé sur le plaisir de passer à travers les murs. Les plus épais, les plus orgueilleux, lui semblaient maintenant de simples paravents, et il rêvait de s'enfoncer au cœur de quelque massive pyramide. Tout en mûrissant le projet d'un voyage en Egypte, il menait une vie des plus paisibles, partagée entre sa collection de timbres, le cinéma et de longues flâneries à travers Montmartre. Sa métamorphose était si complète qu'il passait, glabre et lunetté d'écaille, à côté de ses meilleurs amis sans être reconnu. Seul le peintre Gen Paul, à qui rien ne saurait échapper d'un changement survenu dans la physionomie d'un vieil habitant du quartier, avait fini par pénétrer sa véritable identité. Un matin qu'il se trouva nez à nez avec Dutilleul au coin de la rue de l'Abreuvoir, il ne put s'empêcher de lui dire dans son rude argot :

— Dis donc, je vois que tu t'es miché en gigolpince pour tétarer ceux de la sûrepige — ce qui signifie à peu près en langue vulgaire : je vois que tu t'es déguisé en élégant pour confondre les inspecteurs de la Sûreté.

— Ah ! murmura Dutilleul, tu m'as reconnu !

Il en fut troublé et décida de hâter son départ pour l'Egypte. Ce fut l'après-midi de ce même jour qu'il devint amoureux d'une beauté blonde rencontrée deux fois rue Lepic à un quart d'heure d'intervalle. Il en oublia aussitôt sa collection de timbres et l'Egypte et les Pyramides. De son côté, la blonde l'avait regardé avec beaucoup d'intérêt. Il n'y a rien qui parle à l'imagination des jeunes femmes d'aujourd'hui comme des culottes de golf et une paire de lunettes en écaille. Cela sent son cinéaste et fait rêver cocktails et nuits de Californie. Malheureusement, la belle, Dutilleul en fut informé par Gen Paul, était mariée à un homme brutal et jaloux. Ce mari soupçonneux, qui menait d'ailleurs une vie de bâtons de chaise,[9] délaissait régulièrement sa femme entre dix heures du soir et quatre heures du matin, mais avant de sortir, prenait la précaution de la boucler dans sa chambre, à deux tours de clé, toutes persiennes fermées au cadenas. Dans la journée, il la surveillait étroitement, lui arrivant même de la suivre dans les rues de Montmartre.

— Toujours à la biglouse, quoi. C'est de la grosse nature de truand qui n'admet pas qu'on ait des vouloirs de piquer dans son réséda.[10]

Mais cet avertissement de Gen Paul ne réussit qu'à enflammer Dutilleul. Le lendemain, croisant la jeune femme rue Tholozé, il osa la suivre dans une crémerie et, tandis qu'elle attendait son tour d'être servie, il lui dit qu'il l'aimait respectueusement, qu'il savait tout : le mari méchant, la porte à clé et les persiennes, mais qu'il serait le soir même dans sa chambre. La blonde rougit, son pot à lait trembla dans sa main et, les yeux mouillés de tendresse, elle soupira faiblement : « Hélas ! Monsieur, c'est impossible. »

Le soir de ce jour radieux, vers dix heures, Dutilleul était en faction dans la rue Norvins et surveillait un robuste mur de clôture, derrière lequel se trouvait une petite maison dont il n'apercevait que la girouette et la cheminée. Une porte s'ouvrit dans ce mur et un homme, après l'avoir soigneusement fermée à clé derrière lui, descendit vers l'avenue Junot. Dutilleul attendit de l'avoir vu disparaître, très loin, au tournant de la descente, et compta encore jusqu'à dix. Alors, il s'élança, entra dans le mur au pas gymnastique et, toujours courant à travers les obstacles, pénétra dans la chambre de la belle recluse. Elle l'accueillit avec ivresse et ils s'aimèrent jusqu'à une heure avancée.

Le lendemain, Dutilleul eut la contrariété de souffrir de violents maux de tête. La chose était sans importance et il n'allait pas, pour si peu, manquer à son rendez-vous. Néanmoins, ayant par hasard découvert des cachets épars au fond d'un tiroir, il en avala un le matin et un l'après-midi. Le soir, ses douleurs de tête étaient supportables et l'exaltation les lui fit oublier. La jeune femme l'attendait avec toute l'impatience qu'avaient fait naître en elle les souvenirs de la veille et ils s'aimèrent, cette nuit-là, jusqu'à trois heures du matin. Lorsqu'il s'en alla, Dutilleul, en traversant les cloisons et les murs de la maison, eut l'impression d'un frottement inaccoutumé aux hanches et aux épaules. Toutefois, il ne crut pas devoir y prêter attention. Ce ne fut d'ailleurs qu'en pénétrant dans le mur de clôture qu'il éprouva nettement la sensation d'une résistance. Il lui semblait se mouvoir dans une matière encore fluide, mais qui devenait pâteuse et prenait, à chacun de ses efforts, plus de consistance. Ayant réussi à se loger tout entier dans l'épaisseur du mur, il s'aperçut qu'il n'avançait plus et se souvint avec terreur des deux cachets qu'il avait pris dans la journée. Ces cachets, qu'il avait crus d'aspirine, contenaient en réalité de la poudre de pirette tétravalente prescrite par le docteur l'année précédente. L'effet de cette médication s'ajoutant à celui d'un surmenage intensif, se manifestait d'une façon soudaine.

Dutilleul était comme figé à l'intérieur de la muraille. Il y est encore à présent, incorporé à la pierre. Les noctambules qui descendent la rue Norvins à l'heure où la rumeur de Paris s'est apaisée, entendent une voix assourdie qui semble venir d'outre-tombe et qu'ils prennent pour la plainte du vent sifflant aux carrefours de la Butte. C'est Garou-Garou Dutilleul qui lamente la fin de sa glorieuse carrière et le regret des amours trop brèves. Certaines nuits d'hiver, il arrive que le peintre Gen Paul, décrochant sa guitare, s'aventure dans la solitude sonore de la rue Norvins pour consoler d'une chanson le pauvre prisonnier, et les notes, envolées de ses doigts engourdis, pénètrent au cœur de la pierre comme des gouttes de clair de lune.

Marcel Aymé, 'Le Passe-muraille', in *Le Passe-muraille*, © Editions GALLIMARD

Notes

1 *la semaine anglaise*: the name of the then recently instituted five or five and a half day working week first implemented in Great Britain.

2 The narrator sums up the doctor's verdict by using a mixture of very complex medical terms, which do not hide the fact that it is all pure gibberish.

3 Like the description of Dutilleul's illness, the medicine he is to take is created by Aymé's fancy, and confirms supernatural — even mythical — elements in the story.

4 Aymé likes playing with names: Dutilleul can be translated as 'lime-tea', a beverage with soporific qualities, hence a suitable name for Dutilleul before he becomes Garou-Garou. Mouron, the name of his previous superior, colloquially means 'worry', which may have been his main feature. Lécuyer, the name of his new superior, originally described a subordinate.

5 *votre lettre du tant*: your letter of the . . . , a more concise, modern formulation of Dutilleul's *votre honorée du tantième courant*.

6 Garou-Garou is Dutilleul's new identity. Ironically he swaps his vegetal name for an animal one (a *loup-garou* is a werewolf). Rather than a threatening creature, he becomes as popular as the famous burglar Arsène Lupin, a character from Maurice Leblanc's popular series of novels, whose surname also evokes the wolf.

7 *les palmes académiques*: a decoration given for services to education. Aymé seems once again to make fun of French institutions since Dutilleul could not possibly be in a position to receive such an award.

8 *La Santé* is a famous Parisian prison for criminals serving long sentences.

9 *une vie de bâtons de chaise*: a very busy, unsettled lifestyle.

10 — *Toujours à la biglouse* . . . *réséda*: French slang, meaning roughly (in non-slang English): 'Always keeping a close watch, you know. The sort of coarse villain who can't stand the idea that someone might have designs on his wife'.

Marguerite Duras
1914–

Le Boa
1947

Various details in Marguerite Duras's short story, *Le Boa*, suggest that we are dealing with a fiction based on autobiographical elements: like the unnamed narrator of the story, who recalls a personal experience from her adolescence, the author was thirteen 'vers 1928', her mother was an 'institutrice d'école indigène', she did stay in a boarding school in a large colonial town (Saigon), and did have an older brother. This device is a recurring one, underlining the important role Duras grants autobiography in her fiction. She sees it as an important source of inspiration, a means of bestowing a meaningful framework on the imaginary events she writes about.

As a prominent figure in the *nouveau roman* movement, Duras endeavours to break traditional narrative structures, denying the reader any neat explanations. Mere details identify characters in *Le Boa*: a smell, a smile, a breast even. Nor does Duras believe in end-focused narratives based on neatly ordered chronological events. She relies on the reader to fill in the gaps while she concentrates on recreating the intensity of a repeated past experience. Indeed, the overall structure of the text constitutes a new departure in modern short-story writing as the early narrative thrust of *Le Boa*, which invited us to expect a *nouvelle-histoire*, suddenly gives way to a more meditative account of the influence of the boa on the narrator's adolescent conception of sexuality.

In *Le Boa*, Duras gradually constructs a picture of a young girl's blossoming sexuality by interweaving literal and symbolic spaces: from the intimacy reluctantly shared in a bedroom of the empty school to the stomach of the snake in the crowded zoo, from the generous maternal body to the finely dressed, yet nauseating, barren old creature, she leads us to the young protagonist's discovery of her womanhood. She would rather identify with the monstrous yet innocent boa, which she sees as representing a world full of light, than with the ageing virgin, Mlle Barbet, whom she associates with darkness and subjection.

Le Boa was first published in the famous post-war journal, *Les Temps modernes*, in October 1947, appearing later in the collection of stories *Des Journées entières dans les arbres* (1954). Marguerite Duras, who is essentially a novelist, received the Prix Goncourt for *L'Amant* (*The Lover*) in 1984. She is also well-known for her work in cinema, initially for the script of *Hiroshima mon amour*, a film by Alain Resnais (1959), and since then as director of her own films, most notably *India Song* (1975).

Le Boa

Cela se passait dans une grande ville d'une colonie française, vers 1928.

Le dimanche après-midi, les autres filles de la pension Barbet[1] sortaient. Elles, elles avaient des « correspondantes »[2] en ville. Elles revenaient le soir gorgées de cinéma, de goûters à « La Pagode », de piscine, de promenades en automobile, de parties de tennis.

Pas de correspondante pour moi. Je restais avec Mlle Barbet toute la semaine et le dimanche.

On allait au Jardin Botanique. Ça ne coûtait rien, ça permettait à la Barbet de compter à ma mère des suppléments au titre des « sorties du dimanche ».

On allait donc voir le boa gober son poulet du dimanche. En semaine, le boa la sautait.[3] Il n'avait que de la viande morte, ou des poulets malades. Mais le dimanche il avait son poulet bien vivant, parce que les gens préféraient ça.

On allait aussi voir les caïmans. Un caïman, il y avait vingt ans de cela, un grand-oncle ou peut-être le père de l'un de ceux qui étaient là en 1928, avait sectionné la jambe d'un soldat de la coloniale.[4] Il l'avait sectionnée à la hauteur de l'aine et avait ainsi brisé la carrière de ce pauvre soldat, lequel avait voulu jouer à lui chatouiller, de sa jambe, la gueule, ignorant que le crocodile, quand il joue, joue sec.[5] Depuis ce temps-là, on avait dressé une grille autour de la mare aux caïmans et on pouvait maintenant les regarder en toute sécurité dormir les yeux mi-clos et rêver puissamment à leurs crimes anciens.

On allait aussi voir les gibbons masturbateurs, ou les panthères noires des marécages palétuviens qui se mouraient de sécheresse sur un sol de ciment et qui, à travers les grilles de fer, s'interdisant de jamais regarder le visage de l'homme qui se délecte sadiquement de son horrible souffrance, fixaient les vertes embouchures des fleuves asiatiques pullulantes de singes.

Quand on arrivait trop tard, on trouvait le boa déjà somnolant dans un lit de plumes de poulet. On restait tout de même devant sa cage un bon moment. Il n'y avait plus rien à voir, mais on savait ce qui s'était passé il y avait un instant, et chacun se tenait devant le boa, lourd de pensées. Cette paix après ce meurtre. Ce crime impeccable, consommé dans la neige tiède de ces plumes, qui ajoutaient à l'innocence du poulet une réalité fascinante. Ce crime sans tache, sans trace de sang versé, sans remords. Cet ordre après la catastrophe, la paix dans la chambre du crime.

Enroulé sur lui-même, noir, luisant d'une rosée plus pure que celle du matin sur l'aubépine, d'une forme admirable, d'une rondeur rebondie, tendre et musclée, colonne de marbre noir qui tout à coup chavirerait d'une lassitude millénaire et s'enroulerait enfin sur elle-même tout à coup dédaigneuse de cette pesante fierté, d'une lenteur ondulante, toute parcourue des frémissements de la puissance contenue, le boa s'intégrait ce poulet au cours d'une digestion d'une aisance souveraine, aussi parfaite que l'absorption de l'eau par les sables brûlants du désert, transsubstantiation[6] accomplie dans un calme sacré. Dans ce formidable silence intérieur, le poulet devenait serpent. Avec un bonheur à vous donner le vertige, la chair du bipède se coulait dans celle du reptile, dans le long tuyau uniforme. Forme à elle seule confondante, ronde et sans prise visible sur l'extérieur, et cependant plus préhensive que nulle serre, main, griffe, corne ou croc, mais cependant encore nue comme l'eau et comme rien dans la multitude des espèces n'est nu.

La Barbet était, de par son âge et sa virginité très avancée, indifférente au boa. Personnellement il me faisait un effet considérable. C'était un spectacle qui me rendait songeuse, qui aurait pu me faire remonter, si j'avais été douée d'un esprit plus vif et plus nourri, d'une âme plus scrupuleuse, d'un cœur plus avenant et plus grand, jusqu'à la redécouverte d'un Dieu créateur et d'un partage absolu du monde entre les forces mauvaises et les bonnes puissances, toutes deux éternelles, et au conflit desquelles toute chose devait son origine ; ou, à l'inverse, jusqu'à la révolte contre le discrédit dans lequel on tient le crime et contre le crédit que l'on confère à l'innocence.

Lorsque nous rentrions à la pension, toujours trop tôt à mon gré, une tasse de thé et une banane nous attendaient dans la chambre de la Barbet. Nous mangions en silence. Je remontais ensuite dans ma chambre. Ce n'était qu'au bout d'un moment que la Barbet m'appelait. Je ne répondais pas tout de suite. Elle insistait :

— Viens voir un peu ...

Je me décidais. Elle serait plutôt venue me chercher. Je retournais dans la chambre de la Barbet. Je la trouvais toujours au même endroit, devant sa fenêtre, souriante, en combinaison rose, les épaules nues. Je me postais devant elle et je la regardais comme je devais le faire, comme il était entendu que je devais le faire chaque dimanche après qu'elle avait bien voulu m'emmener voir le boa.

— Tu vois, me disait Mlle Barbet d'une voix douce, ça, c'est du beau linge ...

— Je vois, disais-je, c'est bien ça, du beau linge, je vois ...

— Je l'ai achetée hier. J'aime le beau linge, soupirait-elle, plus je vais, plus je l'aime ...[7]

Elle se tenait bien droite pour que je l'admire, baissant les yeux sur elle-même, amoureusement. A moitié nue. Elle ne s'était jamais montrée ainsi à personne dans sa vie, qu'à moi. C'était trop tard. A soixante-quinze ans passés elle ne se montrerait plus jamais à personne d'autre qu'à moi. Elle ne se montrait qu'à moi dans toute la maison, et toujours le dimanche après-midi, quand toutes les autres pensionnaires étaient sorties et après la visite au Zoo. Il fallait que je la regarde le temps qu'elle décidait.

— Ce que je peux aimer ça, disait-elle. J'aimerais mieux me passer de manger ...

Il se dégageait du corps de Mlle Barbet une terrible odeur. On ne pouvait s'y tromper. La première fois qu'elle se montra à moi je compris enfin le secret de cette mauvaise odeur, je la reconnus, qui flottait dans la maison, odeur sous-jacente au parfum d'œillet dont elle s'inondait et qui se dégageait des armoires, qui se mêlait à la moiteur de la salle de bains, qui stagnait, lourde, vieille de vingt ans, dans les vestibules intérieurs de la pension, et, à l'heure de la sieste, se dégageait comme par vannes ouvertes du corsage de dentelle noire de Mlle Barbet, qui régulièrement s'endormait au salon après le déjeuner.

— Le beau linge, c'est important. Apprends cela. Je l'ai appris trop tard.

Je comprenais dès la première fois. Toute la maison sentait la mort. La virginité séculaire de Mlle Barbet.

— A qui montrerais-je mon linge sinon à toi ? à toi qui me comprends ?

— Je comprends.

— C'est trop tard, gémissait-elle.

Je ne répondais pas. Elle attendait une minute mais à cela je ne pouvais répondre.

— J'ai perdu ma vie — elle attendait un temps et ajoutait — il n'est jamais venu ...

Ce manque la dévorait, ce manque de celui qui n'était jamais venu. La combinaison rose, incrustée de dentelles « sans prix » la recouvrait comme un linceul, la gonflait comme une bouille,[8] étranglée en son milieu par le corset. J'étais la seule à qui elle exposait ce corps consumé. Les autres l'auraient dit à leurs parents. Moi, même si je l'avais dit à ma mère, ça n'aurait eu aucune importance. Mlle Barbet m'avait acceptée par faveur dans sa maison parce que ma mère avait beaucoup insisté. Personne d'autre dans la ville n'aurait accepté de prendre chez elle la fille d'une institutrice d'école indigène, de crainte de déconsidérer sa maison. Mlle Barbet avait sa bonté. Nous en étions complices elle et moi. Je ne disais rien. Elle ne disait pas que ma mère mettait une robe deux ans, qu'elle portait des bas de coton, et que pour payer mes mensualités elle vendait ses bijoux. Ainsi, comme on ne voyait jamais ma mère et que je ne parlais pas de mon emploi du temps du dimanche — des sorties gratuites et facturées du dimanche, que je ne m'étais jamais plainte, j'étais très bien vue de Mlle Barbet.

— Heureusement que tu es là...

Je m'empêchais de respirer. Pourtant elle avait sa bonté. Et dans toute la ville sa réputation s'étalait, parfaite, aussi virginale que sa vie. Je me le disais bien, et qu'elle était vieille. Mais cela n'y faisait rien. Je m'empêchais de respirer.

— Quelle existence !... soupirait-elle.

Pour en finir je lui disais qu'elle était riche, qu'elle avait du beau linge et que le reste, ça n'avait peut-être pas l'importance qu'elle croyait désormais, qu'on ne pouvait pas vivre dans le regret... Elle ne me répondait pas, soupirait profondément et remettait son corsage de dentelle noire qui témoignait toute la semaine de son honorabilité. Ses gestes étaient lents. Lorsqu'elle boutonnait les manches de son corsage je savais que c'était fini. Que j'en avais pour une semaine de tranquillité.

Je rentrais dans ma chambre. Je me mettais à la terrasse. Je respirais. J'étais dans une sorte d'enthousiasme négatif que provoquait inévitablement en moi la succession des deux spectacles, la visite au Zoo et la contemplation de Mlle Barbet.

La rue était pleine de soleil et les tamariniers aux ombres géantes jetaient dans les maisons de grandes gerbes d'odeur verte. Des soldats de la coloniale passaient. Je leur souriais dans l'espoir que l'un d'eux me ferait signe de descendre et me dirait de le suivre. Je restais là longtemps. Parfois un soldat me souriait, mais aucun ne me faisait signe.

Quand le soir était venu, je rentrais dans la maison infectée de la puanteur du regret. C'était terrible. Aucun homme ne m'avait encore fait signe. C'était terrible. J'avais treize ans, je croyais que c'était déjà tard pour ne pas encore sortir de là. Une fois dans ma chambre, je m'y enfermais, je retirais mon corsage et je me regardais devant la glace. Mes seins étaient propres, blancs. C'était la seule chose de mon existence qui me faisait plaisir à voir dans cette maison. En dehors de la maison, il y avait le boa, ici, il y avait mes seins. Je pleurais. Je pensais au corps de maman qui avait tellement servi, auquel avaient bu quatre enfants et qui sentait la vanille comme maman tout entière dans ses robes rapiécées. A maman qui me disait qu'elle préférait mourir plutôt que de me voir avoir une enfance aussi terrible que la sienne, que pour trouver un mari il fallait avoir fait des études, savoir le piano, une langue étrangère, savoir se tenir dans un salon, que la Barbet était mieux indiquée qu'elle pour m'apprendre ces choses. Je croyais ma mère.

Je dînais en face de la Barbet et je montais dans ma chambre rapidement pour ne pas assister au retour des autres pensionnaires. Je pensais au télégramme que j'enverrais le lendemain à maman pour lui dire que je l'aimais. Cependant je n'envoyais jamais ce télégramme.

Je restai donc chez la Barbet deux ans, moyennant le quart de solde[9] de ma mère et la contemplation hebdomadaire de sa virginité septuagénaire, jusqu'au jour merveilleux où, se trouvant dans l'impossibilité de continuer à faire face à ses mensualités, ma mère, désespérée, vint me chercher, certaine que du fait de mon éducation interrompue, je lui resterais sur les bras[10] jusqu'à la fin de sa vie.

Cela dura deux ans. Chaque dimanche. Pendant deux ans, une fois par semaine, il me fut donné d'être la spectatrice d'abord d'une dévoration violente, aux stades et aux contours éblouissants de précision, ensuite d'une autre dévoration, celle-là lente, informe, noire. Cela, de treize à quinze ans. J'étais donc tenue d'assister aux deux, sous peine de ne pas recevoir d'éducation suffisante, de « faire mon malheur et celui de ma pauvre mère », de ne pas trouver de mari, etc.

Le boa dévorait et digérait le poulet, le regret dévorait et digérait de même la Barbet, et ces deux dévorations qui se succédaient régulièrement prenaient chacune à mes yeux une signification nouvelle, en raison même de leur succession constante. N'aurais-je eu en spectacle que la première seule, celle du poulet par le boa, peut-être aurais-je gardé toujours à l'égard du boa une rancune horrifiée pour les affres qu'il m'avait fait endurer, par l'imagination, en lieu et place du poulet. C'est possible. N'aurais-je, de même, vu que la Barbet seule, sans doute se serait-elle bornée à me donner, outre l'intuition des calamités qui pèsent sur l'espèce humaine, celle, aussi inéluctable, d'un déséquilibre de l'ordre social et des multiples formes de sujétion qui en découlent. Mais non, je les voyais, à de rares exceptions près, l'un après l'autre, le même jour, et toujours dans le même ordre. A cause de cette succession, la vue de Mlle Barbet me rejetait au souvenir du boa, du beau boa qui, en pleine lumière, en pleine santé, dévorait le poulet, et qui, par opposition, prenait place alors dans un ordre rayonnant de simplicité lumineuse et de grandeur native. De même que Mlle Barbet, après que j'avais vu le boa, devenait l'horreur par excellence, noire et avare, sournoise, souterraine — car on ne *voyait* pas se faire la dévoration de sa virginité, on en voyait seulement les effets, on en sentait l'odeur — l'horreur méchante, hypocrite et timide, et par-dessus tout, vaine. Comment serais-je restée indifférente à la succession de ces deux spectacles à la liaison desquels, en vertu de je ne sais quel sort, je me tenais, pantelante de désespoir de ne pouvoir fuir le monde fermé de Mlle Barbet, monstre nocturne, sans pouvoir rejoindre celui qu'obscurément, grâce au boa, monstre du jour, lui, je pressentais ? Je me l'imaginais, ce monde, s'étendre libre et dur, je me le préfigurais comme une sorte de très grand jardin botanique où, dans la fraîcheur des jets d'eau et des bassins, à l'ombre dense des tamariniers alternant avec des flaques d'intense lumière, s'accomplissaient d'innombrables échanges charnels sous la forme de dévorations, de digestions, d'accouplements à la fois orgiaques et tranquilles, de cette tranquillité des choses de dessous le soleil et de dedans la lumière, sereines et chancelantes d'une ivresse de simplicité. Et je me tenais sur mon balcon, je me tenais au confluent de ces deux morales extrêmes et je souriais à ces soldats de la coloniale qui étaient les seuls hommes qu'il y ait toujours eu autour de la cage du boa parce que ça ne leur coûtait rien à eux non plus qui n'avaient rien eux non plus. Je souriais donc, comme s'essaye à voler l'oiseau, sans savoir, croyant que c'était là la manière qu'il convenait de prendre afin de rejoindre le vert paradis du boa criminel. C'est ainsi que le boa, qui m'effrayait aussi, me rendait cependant, et lui seul, la hardiesse et l'impudeur.

Il intervenait dans ma vie avec la force d'un principe éducateur régulièrement appliqué ou, si l'on veut, avec la justesse déterminante d'un diapason de l'horreur qui fit que je n'éprouvai de véritable aversion que devant un certain genre d'horreur, que l'on pourrait qualifier de morale : idée cachée, vice caché et, de même, maladie inavouée et tout ce qui se supporte honteusement et seul, et qu'à l'inverse je n'éprouvai nullement, par exemple, l'horreur des assassins ; au contraire, je souffrais pour ceux d'entre eux que l'on enfermait dans une prison, non tout à fait pour leur personne, mais plutôt pour leur tempérament généreux et méconnu, arrêté dans sa course fatale. Comment n'attribuerais-je pas au boa cette inclination que j'avais pour reconnaître le côté fatal du tempérament, le boa en étant à mes yeux l'image parfaite ? Grâce à lui, je vouai une invincible sympathie à toutes espèces vivantes dont l'ensemble m'apparaissait comme une nécessité symphonique, c'est-à-dire telle que le manque d'une seule d'entre elles aurait suffi à mutiler l'ensemble irrémédiablement. Une méfiance me venait à l'égard des gens qui se permettaient de formuler des jugements sur les espèces dites « horribles », sur les serpents « froids et silencieux », sur les chats « hypocrites et cruels », etc. Une seule catégorie d'êtres humains me semblait appartenir vraiment à cette idée que je me faisais de l'espèce, et c'étaient bien entendu les prostituées. De même que les assassins, les prostituées (que j'imaginais à travers la jungle des grandes capitales, chassant leurs proies qu'elles consommaient avec l'impériosité et l'impudeur des tempéraments de fatalité) m'inspiraient une égale admiration et je souffrais pour elles aussi à cause de la méconnaissance dans laquelle on les tenait. Lorsque ma mère déclarait qu'elle pensait ne pas trouver à me marier, la Barbet m'apparaissait aussitôt et je me consolais en me disant qu'il me restait le bordel, que fort heureusement, en fin de compte, il resterait cela. Je me le représentais comme une sorte de temple de la défloration où, en toute pureté (je n'appris que bien plus tard le côté commercial de la prostitu-tion), les filles jeunes, de mon état, auxquelles le mariage n'était pas réservé, allaient se faire découvrir le corps par des inconnus, des hommes de même espèce qu'elles. Sorte de

temple de l'impudeur, le bordel devait être silencieux, on ne
devait pas y parler, tout étant prévu pour qu'il n'y ait pas lieu
d'y prononcer le moindre mot, d'un anonymat sacré. Je me
figurais que les filles se mettaient un masque sur le visage pour
y pénétrer. Sans doute pour y gagner l'anonymat de l'espèce,
à l'imitation de l'absolu manque de « personnalité » du boa
porteur idéal du masque nu, virginal. L'espèce, innocente,
portant seule la responsabilité du crime, le crime ne fait plus
que sortir du corps comme la fleur de la plante. Le bordel,
peint en vert, de ce vert végétal qui était celui dans lequel se
faisait la dévoration du boa, et aussi celui des grands tamariniers
qui inondaient d'ombre mon balcon du désespoir, avec des
séries de cabines rangées côte à côte dans lesquelles on se
livrait aux hommes, ressemblait à une sorte de piscine et l'on
y allait se faire laver, se faire nettoyer de sa virginité, s'enlever
sa solitude du corps. Je dois parler ici d'un souvenir d'enfance
qui ne fit que corroborer cette façon de voir. A huit ans je
crois, mon frère, qui en avait dix, me demanda un jour de lui
montrer « comment » c'était fait. Je refusai. Mon frère furieux
me déclara alors que les filles « pouvaient mourir de ne pas
s'en servir et que de le cacher étouffait, et donnait des maladies très graves ». Je ne m'exécutai pas davantage, mais je
vécus plusieurs années dans un doute pénible, d'autant plus
que je ne le confiais à personne. Et lorsque la Barbet se montra
à moi, j'y vis une confirmation de ce que m'avait dit mon frère.
J'étais sûre alors que la Barbet n'était vieille que de cela
seulement, de n'avoir jamais servi ni aux enfants qui s'y seraient
allaités, ni à un homme, qui l'aurait découverte. C'était un
rongement de la solitude qu'on évitait sans doute en se faisant
découvrir le corps. Ce qui avait servi, servi à n'importe quoi,
à être vu par exemple, était protégé. Du moment qu'un sein
avait servi à un homme, n'eût-ce été qu'en lui permettant de le
regarder, de prendre connaissance de sa forme, de sa rondeur,
de son maintien, du moment que ce sein avait pu féconder un
désir d'homme, il était à l'abri d'une déchéance pareille. De là,
le grand espoir que je fondais sur le bordel, lieu par excellence
où on se donnait-à-voir.
    Le boa confirmait de façon non moins éclatante cette

croyance. Certes, le boa me terrorisait, par sa dévoration, autant que m'horrifiait l'autre dévoration dont Mlle Barbet était la proie, mais le boa ne pouvait s'empêcher de manger le poulet de la sorte. De même, les prostituées ne pouvaient s'empêcher d'aller se faire découvrir le corps. Barbet devait son malheur au fait qu'elle s'était soustraite à la loi pourtant impérieuse, et qu'elle n'avait pas su entendre, de-se-faire-découvrir-le-corps. Ainsi le monde, et donc ma vie, s'ouvrait sur une avenue double, qui formait une alternative nette. Il existait d'un côté le monde de Mlle Barbet, de l'autre, le monde de l'impérieux, le monde fatal, celui de l'espèce considérée comme fatalité, qui était le monde de l'avenir, lumineux et brûlant, chantant et criant, de beauté difficile, mais à la cruauté duquel, pour y accéder, on devait se faire, comme on devait se faire au spectacle des boas dévorateurs. Et je voyais se lever le monde de l'avenir de ma vie, du seul avenir possible de la vie, je le voyais s'ouvrir avec la musicalité, la pureté d'un déroulement de serpent, et il me semblait que, lorsque je le connaîtrais, ce serait de cette façon qu'il m'apparaîtrait, dans un développement d'une continuité majestueuse, où ma vie serait prise et reprise, et menée à son terme, dans des transports de terreur, de ravissement, sans repos, sans fatigue.

Marguerite Duras, 'Le Boa', in *Des Journées entières passées dans les arbres*, © Editions GALLIMARD

Notes

1 *la pension Barbet*: a boarding-school run by Mlle Barbet. *Barber*, in colloquial French, means to bore.

2 *Correspondant(e)*: person in charge of a young boarder on her weekend days out.

3 *La sauter*: a very colloquial expression which means to starve. In a more vulgar and offensive sense, *sauter* also means to have sexual intercourse with a woman.

4 *la coloniale*: the colonial troops (a term officially used from 1900 to 1958), who were in charge of security in French overseas territories.

5 In this case, *sec* means quickly and bluntly.

6 *Transsubstantiation*, in Roman Catholic theology, is the doctrine that the whole substance of the bread and wine changes into the body and blood of Christ when consecrated in the Eucharist.

7 *plus je vais, plus je l'aime* = 'je l'aime de plus en plus'.

8 *une bouille*: a large basket used for collecting grapes at harvest time. Used colloquially, the word can also be used in an unflattering way to describe a face.

9 *solde*: salary, usually a soldier's or a sailor's pay.

10 *je lui resterais sur les bras*: she would be stuck with me.

Albert Camus
1913–60

La Femme adultère
1954

La Femme adultère is set in Algeria, where it was first published in 1954, before being included in the collection L'Exil et le royaume (1957), Camus's last work of fiction, completed the year he received the Nobel Prize for Literature. Camus wrote La Femme adultère during a journey he made to the Algerian desert, where he chooses to situate his story, so ensuring the estrangement of his main character from the urban environment she normally inhabits. Camus had already underlined in L'Envers et l'endroit the liberating effect of travelling, 'qui brise en nous une sorte de décor intérieur'.

Janine feels doubly exiled: she is not only away from home but trapped in a male-dominated Arab environment which seems at best indifferent and at worst quite hostile — a sign of a growing nationalism before the war for independence against French colonialism. She feels out of place. Her relationship with her husband seems as arid as the desert around them. They are together for fear of being alone, reassured only by the need each has of the other. Janine's life is drifting monotonously by, leaving only the memories of a youth full of unrealised promise. Because she needs both freedom and security, she feels at once hemmed-in and wary of openness.

The natives on the contrary appear to be free, and at one with their environment. Janine suddenly discovers the world of the nomads in the desert, whose simple lifestyle she sees in a positive light as a sign of total independence: 'Quant au royaume dont il est question ici, il coïncide avec une certaine vie libre et nue que nous avons à retrouver, pour renaître enfin. L'exil, à sa manière, nous en montre les chemins à la seule condition que nous sachions y refuser en même temps la servitude et la possession', wrote Camus in the original introduction to L'Exil et le royaume.

Away from her material belongings and familiar landmarks, Janine is able for the first time to see outside her limited world. During a moment of exaltation she rids herself of her dependence on her husband, and in the silence of the desert experiences a powerful and sensual intimacy with the cosmos. Camus, in an essay called *Le désert* in *Noces* (1938), writes of the 'entente *amoureuse* de la terre et de l'homme': this is exactly what Janine experiences when she responds to the call of the desert in the middle of the night. But can she change her life?

Algeria is Camus's birthplace and the setting of his most famous novels, *L'Etranger* (1942) and *La Peste* (1947). He is also known for his philosophical essays, political articles, and plays.

La Femme adultère

Une mouche maigre tournait, depuis un moment, dans l'autocar aux glaces pourtant relevées. Insolite, elle allait et venait sans bruit, d'un vol exténué. Janine la perdit de vue, puis la vit atterrir sur la main immobile de son mari. Il faisait froid. La mouche frissonnait à chaque rafale du vent sableux qui crissait contre les vitres. Dans la lumière rare du matin d'hiver, à grand bruit de tôles et d'essieux, le véhicule roulait, tanguait, avançait à peine. Janine regarda son mari. Des épis de cheveux grisonnants plantés bas sur un front serré, le nez large, la bouche irrégulière, Marcel avait l'air d'un faune boudeur. A chaque défoncement de la chaussée, elle le sentait sursauter contre elle. Puis il laissait retomber son torse pesant sur ses jambes écartées, le regard fixe, inerte de nouveau, et absent. Seules, ses grosses mains imberbes, rendues plus courtes encore par la flanelle grise qui dépassait les manches de chemise et couvrait les poignets, semblaient en action. Elles serraient si fortement une petite valise de toile, placée entre ses genoux, qu'elles ne paraissaient pas sentir la course hésitante de la mouche.

Soudain, on entendit distinctement le vent hurler et la brume minérale qui entourait l'autocar s'épaissit encore. Sur les vitres, le sable s'abattait maintenant par poignées comme s'il était lancé par des mains invisibles. La mouche remua une aile frileuse, fléchit sur ses pattes, et s'envola. L'autocar ralentit, et sembla sur le point de stopper. Puis le vent parut se calmer, la brume s'éclaircit un peu et le véhicule reprit de la vitesse. Des trous de lumière s'ouvraient dans le paysage noyé de poussière. Deux ou trois palmiers grêles et blanchis, qui semblaient découpés dans du métal, surgirent dans la vitre pour disparaître l'instant d'après.

« Quel pays ! » dit Marcel.

L'autocar était plein d'Arabes qui faisaient mine de dormir, enfouis dans leurs burnous.[1] Quelques-uns avaient ramené leurs pieds sur la banquette et oscillaient plus que les autres dans le mouvement de la voiture. Leur silence, leur impassibilité finissaient par peser à Janine ; il lui semblait qu'elle voyageait depuis des jours avec cette escorte muette. Pourtant, le car était parti à l'aube, du terminus de la voie ferrée, et, depuis deux heures, dans le matin froid, progressait sur un plateau pierreux désolé, qui, au départ du moins, étendait ses lignes droites jusqu'à des horizons rougeâtres. Mais le vent s'était levé et, peu à peu, avait avalé l'immense étendue. A partir de ce moment, les passagers n'avaient plus rien vu ; l'un après l'autre, ils s'étaient tus et ils avaient navigué en silence dans une sorte de nuit blanche, essuyant parfois leurs lèvres et leurs yeux irrités par le sable qui s'infiltrait dans la voiture.

« Janine ! » Elle sursauta à l'appel de son mari. Elle pensa une fois de plus combien ce prénom était ridicule, grande et forte comme elle était. Marcel voulait savoir où se trouvait la mallette d'échantillons. Elle explora du pied l'espace vide sous la banquette et rencontra un objet dont elle décida qu'il était la mallette. Elle ne pouvait se baisser, en effet, sans étouffer un peu. Au collège pourtant, elle était première en gymnastique, son souffle était inépuisable. Y avait-il si longtemps de cela ? Vingt-cinq ans. Vingt-cinq ans n'étaient rien puisqu'il lui semblait que c'était hier qu'elle hésitait entre la vie libre et le mariage, hier encore qu'elle pensait avec angoisse à ce jour où, peut-être, elle vieillirait seule. Elle n'était pas seule, et cet étudiant en droit qui ne voulait jamais la quitter se trouvait maintenant à ses côtés. Elle avait fini par l'accepter, bien qu'il fût un peu petit et qu'elle n'aimât pas beaucoup son rire avide et bref, ni ses yeux noirs trop saillants. Mais elle aimait son courage à vivre, qu'il partageait avec les Français de ce pays. Elle aimait aussi son air déconfit quand les événements, ou les hommes, trompaient son attente. Surtout, elle aimait être aimée, et il l'avait submergée d'assiduités. A lui faire sentir si souvent qu'elle existait pour lui, il la faisait exister réellement. Non, elle n'était pas seule . . .

L'autocar, à grands coups d'avertisseur, se frayait un passage à travers des obstacles invisibles. Dans la voiture, cependant, personne ne bougeait. Janine sentit soudain qu'on la regardait et se tourna vers la banquette qui prolongeait la sienne, de l'autre côté du passage. Celui-là n'était pas un Arabe et elle s'étonna de ne pas l'avoir remarqué au départ. Il portait l'uniforme des unités françaises du Sahara et un képi de toile bise[2] sur sa face tannée de chacal, longue et pointue. Il l'examinait de ses yeux clairs avec une sorte de maussaderie, fixement. Elle rougit tout d'un coup et revint vers son mari qui regardait toujours devant lui, dans la brume et le vent. Elle s'emmitoufla dans son manteau. Mais elle revoyait encore le soldat français, long et mince, si mince, avec sa vareuse ajustée, qu'il paraissait bâti dans une matière sèche et friable, un mélange de sable et d'os. C'est à ce moment qu'elle vit les mains maigres et le visage brûlé des Arabes qui étaient devant elle, et qu'elle remarqua qu'ils semblaient au large, malgré leurs amples vêtements, sur les banquettes où son mari et elle tenaient à peine. Elle ramena contre elle les pans de son manteau. Pourtant, elle n'était pas si grosse, grande et pleine plutôt, charnelle, et encore désirable — elle le sentait bien sous le regard des hommes — avec son visage un peu enfantin, ses yeux frais et clairs, contrastant avec ce grand corps qu'elle savait tiède et reposant.

Non, rien ne se passait comme elle l'avait cru. Quand Marcel avait voulu l'emmener avec lui dans sa tournée, elle avait protesté. Il pensait depuis longtemps à ce voyage, depuis la fin de la guerre[3] exactement, au moment où les affaires étaient redevenues normales. Avant la guerre, le petit commerce de tissus qu'il avait repris de ses parents, quand il eut renoncé à ses études de droit, les faisait vivre plutôt bien que mal. Sur la côte, les années de jeunesse peuvent être heureuses. Mais il n'aimait pas beaucoup l'effort physique et, très vite, il avait cessé de la mener sur les plages. La petite voiture ne les sortait de la ville que pour la promenade du dimanche. Le reste du temps, il préférait son magasin d'étoffes multicolores, à l'ombre des arcades de ce quartier mi-indigène, mi-européen. Au-dessus de la boutique, ils vivaient dans trois pièces, ornées de tentures arabes et de meubles Barbès. Ils n'avaient pas eu d'enfants. Les années avaient passé, dans la pénombre qu'ils entretenaient, volets mi-clos. L'été, les plages, les promenades, le ciel même étaient loin. Rien ne semblait intéresser Marcel que ses affaires. Elle avait cru découvrir sa vraie passion,[4] qui était l'argent, et elle n'aimait pas cela, sans trop savoir pourquoi. Après tout, elle en profitait. Il n'était pas avare ; généreux, au contraire, surtout avec elle. « S'il m'arrivait quelque chose, disait-il, tu serais à l'abri. » Et il faut, en effet, s'abriter du besoin. Mais du reste, de ce qui n'est pas le besoin le plus simple, où s'abriter ? C'était là ce que, de loin en loin, elle sentait confusément. En attendant, elle aidait Marcel à tenir ses livres et le remplaçait parfois au magasin. Le plus dur était l'été où la chaleur tuait jusqu'à la douce sensation de l'ennui.

Tout d'un coup, en plein été justement, la guerre, Marcel mobilisé puis réformé, la pénurie des tissus, les affaires stoppées, les rues désertes et chaudes. S'il arrivait quelque chose, désormais, elle ne serait plus à l'abri. Voilà pourquoi, dès le retour des étoffes sur le marché, Marcel avait imaginé de parcourir les villages des hauts plateaux et du Sud pour se passer d'intermédiaires et vendre directement aux marchands arabes. Il avait voulu l'emmener. Elle savait que les communications étaient difficiles, elle respirait mal, elle aurait préféré l'attendre. Mais il était obstiné et elle avait accepté parce qu'il eût fallu trop d'énergie pour refuser. Ils y étaient maintenant et, vraiment, rien ne ressemblait à ce qu'elle avait imaginé. Elle avait craint la chaleur, les essaims de mouches, les hôtels crasseux, pleins d'odeurs anisées. Elle n'avait pas pensé au froid, au vent coupant, à ces plateaux quasi polaires, encombrés de moraines. Elle avait rêvé aussi de palmiers et de sable doux. Elle voyait à présent que le désert n'était pas cela, mais seulement la pierre, la pierre partout, dans le ciel où régnait encore, crissante et froide, la seule poussière de pierre, comme sur le sol où poussaient seulement, entre les pierres, des graminées sèches.

Le car s'arrêta brusquement. Le chauffeur dit à la cantonade quelques mots dans cette langue qu'elle avait entendue toute sa vie sans jamais la comprendre. « Qu'est-ce que c'est ? » demanda Marcel. Le chauffeur, en français, cette fois, dit que le sable avait dû boucher le carburateur, et Marcel maudit encore ce pays. Le chauffeur rit de toutes ses dents et assura que ce n'était rien, qu'il allait déboucher le carburateur et qu'ensuite on s'en irait. Il ouvrit la portière, le vent froid s'engouffra dans la voiture, leur criblant aussitôt le visage de mille grains de sable. Tous les Arabes plongèrent le nez dans leurs burnous et se ramassèrent sur eux-mêmes. « Ferme la porte », hurla Marcel. Le chauffeur riait en revenant vers la portière. Posément, il prit quelques outils sous le tableau de bord, puis, minuscule dans la brume, disparut à nouveau vers l'avant, sans fermer la porte. Marcel soupirait. « Tu peux être sûre qu'il n'a jamais vu un moteur de sa vie. — Laisse ! » dit Janine. Soudain, elle sursauta. Sur le remblai, tout près du car, des formes drapées se tenaient immobiles. Sous le capuchon du burnous, et derrière un rempart de voiles, on ne voyait que leurs yeux. Muets, venus on ne savait d'où, ils regardaient les voyageurs. « Des bergers », dit Marcel.

A l'intérieur de la voiture, le silence était complet. Tous les passagers, tête baissée, semblaient écouter la voix du vent, lâché en liberté sur ces plateaux interminables. Janine fut frappée, soudain, par l'absence presque totale de bagages. Au terminus de la voie ferrée, le chauffeur avait hissé leur malle, et quelques ballots, sur le toit. A l'intérieur du car, dans les filets, on voyait seulement des bâtons noueux et des couffins plats. Tous ces gens du Sud, apparemment, voyageaient les mains vides.

Mais le chauffeur revenait, toujours alerte. Seuls, ses yeux riaient, au-dessus des voiles dont il avait, lui aussi, masqué son visage. Il annonça qu'on s'en allait. Il ferma la portière, le vent se tut et l'on entendit mieux la pluie de sable sur les vitres. Le moteur toussa, puis expira. Longuement sollicité par le démarreur, il tourna enfin et le chauffeur le fit hurler à coups d'accélérateur. Dans un grand hoquet, l'autocar repartit. De la masse haillonneuse des bergers, toujours immobiles, une main s'éleva, puis s'évanouit dans la brume, derrière eux. Presque aussitôt, le véhicule commença de sauter sur la route devenue plus mauvaise. Secoués, les Arabes oscillaient sans cesse. Janine sentait cependant le sommeil la gagner quand surgit devant elle une petite boîte jaune, remplie de cachous. Le soldat-chacal lui souriait. Elle hésita, se servit, et remercia. Le chacal empocha la boîte et avala d'un coup son sourire. A présent, il fixait la route, droit devant lui. Janine se tourna vers Marcel et ne vit que sa nuque solide. Il regardait à travers les vitres la brume plus dense qui montait des remblais friables.

Il y avait des heures qu'ils roulaient et la fatigue avait éteint toute vie dans la voiture lorsque des cris retentirent au-dehors. Des enfants en burnous, tournant sur eux-mêmes comme des toupies, sautant, frappant des mains, couraient autour de l'autocar. Ce dernier roulait maintenant dans une longue rue flanquée de maisons basses ; on entrait dans l'oasis. Le vent soufflait toujours, mais les murs arrêtaient les particules de sable qui n'obscurcissaient plus la lumière. Le ciel, cependant, restait couvert. Au milieu des cris, dans un grand vacarme de freins, l'autocar s'arrêta devant les arcades de pisé d'un hôtel aux vitres sales. Janine descendit et, dans la rue, se sentit vaciller. Elle apercevait, au-dessus des maisons, un minaret jaune et gracile. A sa gauche, se découpaient déjà les premiers palmiers de l'oasis et elle aurait voulu aller vers eux. Mais bien qu'il fût près de midi, le froid était vif ; le vent la fit frissonner. Elle se retourna vers Marcel, et vit d'abord le soldat qui avançait à sa rencontre. Elle attendait son sourire ou son salut. Il la dépassa sans la regarder, et disparut. Marcel, lui, s'occupait de faire descendre la malle d'étoffes, une cantine noire, perchée sur le toit de l'autocar. Ce ne serait pas facile. Le chauffeur était seul à s'occuper des bagages et il s'arrêtait déjà, dressé sur le toit, pour pérorer devant le cercle de burnous rassemblés autour du car. Janine, entourée de visages qui semblaient taillés dans l'os et le cuir, assiégée de cris gutturaux, sentit soudain sa fatigue. « Je monte », dit-elle à Marcel qui interpellait avec impatience le chauffeur.

Elle entra dans l'hôtel. Le patron, un Français maigre et
taciturne, vint au-devant d'elle. Il la conduisit au premier étage,
sur une galerie qui dominait la rue, dans une chambre où il
semblait n'y avoir qu'un lit de fer, une chaise peinte au ripolin
blanc, une penderie sans rideaux et, derrière un paravent de
roseaux, une toilette dont le lavabo était couvert d'une fine
poussière de sable. Quand le patron eut fermé la porte, Janine
sentit le froid qui venait des murs nus et blanchis à la chaux.
Elle ne savait où poser son sac, où se poser elle-même. Il fallait
se coucher ou rester debout, et frissonner dans les deux cas.
Elle restait debout, son sac à la main, fixant une sorte de
meurtrière ouverte sur le ciel, près du plafond. Elle attendait,
mais elle ne savait quoi. Elle sentait seulement la solitude, et
le froid qui la pénétrait, et un poids plus lourd à l'endroit du
cœur. Elle rêvait en vérité, presque sourde aux bruits qui
montaient de la rue avec des éclats de la voix de Marcel, plus
consciente au contraire de cette rumeur de fleuve qui venait
de la meurtrière et que le vent faisait naître dans les palmiers,
si proches maintenant, lui semblait-il. Puis le vent parut
redoubler, le doux bruit d'eaux devint sifflement de vagues.
Elle imaginait, derrière les murs, une mer de palmiers droits et
flexibles, moutonnant dans la tempête. Rien ne ressemblait
à ce qu'elle avait attendu, mais ces vagues invisibles
rafraîchissaient ses yeux fatigués. Elle se tenait debout, pesante,
les bras pendants, un peu voûtée, le froid montait le long de
ses jambes lourdes. Elle rêvait aux palmiers droits et flexibles,
et à la jeune fille qu'elle avait été.

Après leur toilette, ils descendirent dans la salle à manger.
Sur les murs nus, on avait peint des chameaux et des palmiers,
noyés dans une confiture rose et violette. Les fenêtres à arcade
laissaient entrer une lumière parcimonieuse. Marcel se
renseignait sur les marchands auprès du patron de l'hôtel. Puis
un vieil Arabe, qui portait une décoration militaire sur sa
vareuse, les servit. Marcel était préoccupé et déchirait son pain.
Il empêcha sa femme de boire de l'eau. « Elle n'est pas bouillie.
Prends du vin. » Elle n'aimait pas cela, le vin l'alourdissait. Et
puis, il y avait du porc au menu. « Le Coran l'interdit. Mais le
Coran ne savait pas que le porc bien cuit ne donne pas de

maladies. Nous autres, nous savons faire la cuisine. A quoi penses-tu ? » Janine ne pensait à rien, ou peut-être à cette victoire des cuisiniers sur les prophètes. Mais elle devait se dépêcher. Ils repartaient le lendemain matin, plus au sud encore : il fallait voir dans l'après-midi tous les marchands importants. Marcel pressa le vieil Arabe d'apporter le café. Celui-ci approuva de la tête, sans sourire, et sortit à petits pas. « Doucement le matin, pas trop vite le soir », dit Marcel en riant. Le café finit pourtant par arriver. Ils prirent à peine le temps de l'avaler et sortirent dans la rue poussiéreuse et froide. Marcel appela un jeune Arabe pour l'aider à porter la malle, mais discuta par principe la rétribution. Son opinion, qu'il fit savoir à Janine une fois de plus, tenait en effet dans ce principe obscur qu'ils demandaient toujours le double pour qu'on leur donne le quart. Janine, mal à l'aise, suivait les deux porteurs. Elle avait mis un vêtement de laine sous son gros manteau, elle aurait voulu tenir moins de place. Le porc, quoique bien cuit, et le peu de vin qu'elle avait bu, lui donnaient aussi de l'embarras.

Ils longeaient un petit jardin public planté d'arbres poudreux. Des Arabes les croisaient qui se rangeaient sans paraître les voir, ramenant devant eux les pans de leurs burnous. Elle leur trouvait, même lorsqu'ils portaient des loques, un air de fierté que n'avaient pas les Arabes de sa ville. Janine suivait la malle qui, à travers la foule, lui ouvrait un chemin. Ils passèrent la porte d'un rempart de terre ocre, parvinrent sur une petite place plantée des mêmes arbres minéraux et bordée au fond, sur sa plus grande largeur, par des arcades et des boutiques. Mais ils s'arrêtèrent sur la place même, devant une petite construction en forme d'obus, peinte à la chaux bleue. A l'intérieur, dans la pièce unique, éclairée seulement par la porte d'entrée, se tenait, derrière une planche de bois luisant, un vieil Arabe aux moustaches blanches. Il était en train de servir du thé, élevant et abaissant la théière au-dessus de trois petits verres multicolores. Avant qu'ils pussent rien distinguer d'autre dans la pénombre du magasin, l'odeur fraîche du thé à la menthe accueillit Marcel et Janine sur le seuil. A peine franchie l'entrée, et ses guirlandes encombrantes de théières en étain, de tasses et de plateaux mêlés à des tourniquets de cartes postales,

Marcel se trouva contre le comptoir. Janine resta dans l'entrée. Elle s'écarta un peu pour ne pas intercepter la lumière. A ce moment, elle aperçut derrière le vieux marchand, dans la pénombre, deux Arabes qui les regardaient en souriant, assis sur les sacs gonflés dont le fond de la boutique était entièrement garni. Des tapis rouges et noirs, des foulards brodés pendaient le long des murs, le sol était encombré de sacs et de petites caisses emplies de graines aromatiques. Sur le comptoir, autour d'une balance aux plateaux de cuivre étincelants et d'un vieux mètre aux gravures effacées, s'alignaient des pains de sucre dont l'un, démailloté de ses langes de gros papier bleu, était entamé au sommet. L'odeur de laine et d'épices qui flottait dans la pièce apparut derrière le parfum du thé quand le vieux marchand posa la théière sur le comptoir et dit bonjour.

Marcel parlait précipitamment, de cette voix basse qu'il prenait pour parler affaires. Puis il ouvrait la malle, montrait les étoffes et les foulards, poussait la balance et le mètre pour étaler sa marchandise devant le vieux marchand. Il s'énervait, haussait le ton, riait de façon désordonnée, il avait l'air d'une femme qui veut plaire et qui n'est pas sûre d'elle. Maintenant, de ses mains largement ouvertes, il mimait la vente et l'achat. Le vieux secoua la tête, passa le plateau de thé aux deux Arabes derrière lui et dit seulement quelques mots qui semblèrent décourager Marcel. Celui-ci reprit ses étoffes, les empila dans la malle, puis essuya sur son front une sueur improbable. Il appela le petit porteur et ils repartirent vers les arcades. Dans la première boutique, bien que le marchand eût d'abord affecté le même air olympien, ils furent un peu plus heureux. « Ils se prennent pour le Bon Dieu, dit Marcel, mais ils vendent aussi ! La vie est dure pour tous. »

Janine suivait sans répondre. Le vent avait presque cessé. Le ciel se découvrait par endroits. Une lumière froide, brillante, descendait des puits bleus qui se creusaient dans l'épaisseur des nuages. Ils avaient maintenant quitté la place. Ils marchaient dans de petites rues, longeaient des murs de terre au-dessus desquels pendaient les roses pourries de décembre ou, de loin en loin, une grenade, sèche et véreuse. Un parfum de poussière

et de café, la fumée d'un feu d'écorces, l'odeur de la pierre, du
mouton, flottaient dans ce quartier. Les boutiques, creusées
dans des pans de murs, étaient éloignées les unes des autres ;
Janine sentait ses jambes s'alourdir. Mais son mari se
rassérénait peu à peu, il commençait à vendre, et devenait
aussi plus conciliant ; il appelait Janine « petite », le voyage ne
serait pas inutile. « Bien sûr, disait Janine, il vaut mieux
s'entendre directement avec eux. »

Ils revinrent par une autre rue, vers le centre. L'après-midi
était avancé, le ciel maintenant à peu près découvert. Ils
s'arrêtèrent sur la place. Marcel se frottait les mains. Il
contemplait d'un air tendre la malle, devant eux. « Regarde »,
dit Janine. De l'autre extrémité de la place venait un grand
Arabe, maigre, vigoureux, couvert d'un burnous bleu ciel,
chaussé de souples bottes jaunes, les mains gantées, et qui
portait haut un visage aquilin et bronzé. Seul le chèche[5] qu'il
portait en turban permettait de le distinguer de ces officiers
français d'Affaires indigènes que Janine avait parfois admirés.
Il avançait régulièrement dans leur direction, mais semblait
regarder au-delà de leur groupe, en dégantant avec lenteur l'une
de ses mains. « Eh bien, dit Marcel en haussant les épaules, en
voilà un qui se croit général. » Oui, ils avaient tous ici cet air
d'orgueil, mais celui-là, vraiment, exagérait. Alors que l'espace
vide de la place les entourait, il avançait droit sur la malle,
sans la voir, sans les voir. Puis la distance qui les séparait
diminua rapidement et l'Arabe arrivait sur eux, lorsque Marcel
saisit, tout d'un coup, la poignée de la cantine, et la tira en
arrière. L'autre passa sans paraître rien remarquer, et se dirigea
du même pas vers les remparts. Janine regarda son mari, il
avait son air déconfit. « Ils se croient tout permis, maintenant »,
dit-il. Janine ne répondit rien. Elle détestait la stupide arro-
gance de cet Arabe et se sentait tout d'un coup malheureuse.
Elle voulait partir, elle pensait à son petit appartement. L'idée
de rentrer à l'hôtel, dans cette chambre glacée, la décourageait.
Elle pensa soudain que le patron lui avait conseillé de monter
sur la terrasse du fort d'où l'on voyait le désert. Elle le dit à
Marcel et qu'on pouvait laisser la malle à l'hôtel. Mais il était

fatigué, il voulait dormir un peu avant le dîner. « Je t'en prie », dit Janine. Il la regarda, soudain attentif. « Bien sûr, mon chéri », dit-il.

Elle l'attendait devant l'hôtel, dans la rue. La foule vêtue de blanc devenait de plus en plus nombreuse. On n'y rencontrait pas une seule femme et il semblait à Janine qu'elle n'avait jamais vu autant d'hommes. Pourtant, aucun ne la regardait. Quelques-uns, sans paraître la voir, tournaient lentement vers elle cette face maigre et tannée qui, à ses yeux, les faisait tous ressemblants, le visage du soldat français dans le car, celui de l'Arabe aux gants, un visage à la fois rusé et fier. Ils tournaient ce visage vers l'étrangère, ils ne la voyaient pas et puis, légers et silencieux, ils passaient autour d'elle dont les chevilles gonflaient. Et son malaise, son besoin de départ augmentaient. « Pourquoi suis-je venue ? » Mais, déjà, Marcel redescendait.

Lorsqu'ils grimpèrent l'escalier du fort, il était cinq heures de l'après-midi. Le vent avait complètement cessé. Le ciel, tout entier découvert, était maintenant d'un bleu de pervenche. Le froid, devenu plus sec, piquait leurs joues. Au milieu de l'escalier, un vieil Arabe, étendu contre le mur, leur demanda s'ils voulaient être guidés, mais sans bouger, comme s'il était sûr d'avance de leur refus. L'escalier était long et raide, malgré plusieurs paliers de terre battue. A mesure qu'ils montaient, l'espace s'élargissait et ils s'élevaient dans une lumière de plus en plus vaste, froide et sèche, où chaque bruit de l'oasis leur parvenait avec une pureté distincte. L'air illuminé semblait vibrer autour d'eux, d'une vibration de plus en plus longue à mesure qu'ils progressaient, comme si leur passage faisait naître sur le cristal de la lumière une onde sonore qui allait s'élargissant. Et au moment où, parvenus sur la terrasse, leur regard se perdit d'un coup au-delà de la palmeraie, dans l'horizon immense, il sembla à Janine que le ciel entier retentissait d'une seule note éclatante et brève dont les échos peu à peu remplirent l'espace au-dessus d'elle, puis se turent subitement pour la laisser silencieuse devant l'étendue sans limites.

De l'est à l'ouest, en effet, son regard se déplaçait lentement, sans rencontrer un seul obstacle, tout le long d'une courbe parfaite. Au-dessous d'elle, les terrasses bleues et blanches de la ville arabe se chevauchaient, ensanglantées par les taches rouge sombre des piments qui séchaient au soleil. On n'y voyait personne, mais des cours intérieures montaient, avec la fumée odorante d'un café qui grillait, des voix rieuses ou des piétinements incompréhensibles. Un peu plus loin, la palmeraie, divisée en carrés inégaux par des murs d'argile, bruissait à son sommet sous l'effet d'un vent qu'on ne sentait plus sur la terrasse. Plus loin encore, et jusqu'à l'horizon, commençait, ocre et gris, le royaume des pierres, où nulle vie n'apparaissait. A quelque distance de l'oasis seulement, près de l'oued[6] qui, à l'occident, longeait la palmeraie, on apercevait de larges tentes noires. Tout autour, un troupeau de dromadaires immobiles, minuscules à cette distance, formaient sur le sol gris les signes sombres d'une étrange écriture dont il fallait déchiffrer le sens. Au-dessus du désert, le silence était vaste comme l'espace.

Janine, appuyée de tout son corps au parapet, restait sans voix, incapable de s'arracher au vide qui s'ouvrait devant elle. A ses côtés, Marcel s'agitait. Il avait froid, il voulait descendre. Qu'y avait-il donc à voir ici ? Mais elle ne pouvait détacher ses regards de l'horizon. Là-bas, plus au sud encore, à cet endroit où le ciel et la terre se rejoignaient dans une ligne pure, là-bas, lui semblait-il soudain, quelque chose l'attendait qu'elle avait ignoré jusqu'à ce jour et qui pourtant n'avait cessé de lui manquer. Dans l'après-midi qui avançait, la lumière se détendait doucement ; de cristalline, elle devenait liquide. En même temps, au cœur d'une femme que le hasard seul amenait là, un nœud que les années, l'habitude et l'ennui avait serré, se dénouait lentement. Elle regardait le campement des nomades. Elle n'avait même pas vu les hommes qui vivaient là, rien ne bougeait entre les tentes noires et, pourtant, elle ne pouvait penser qu'à eux, dont elle avait à peine connu l'existence jusqu'à ce jour. Sans maisons, coupés du monde, ils étaient une poignée à errer sur le vaste territoire qu'elle découvrait du regard, et qui n'était cependant qu'une partie dérisoire d'un espace encore plus grand, dont la fuite vertigineuse ne s'arrêtait qu'à des milliers de kilomètres plus au sud, là où le premier fleuve féconde enfin la forêt. Depuis toujours, sur la terre sèche, raclée jusqu'à l'os, de ce pays démesuré, quelques hommes cheminaient sans trêve, qui ne possédaient rien mais ne servaient personne, seigneurs misérables et libres d'un étrange royaume. Janine ne savait pas pourquoi cette idée l'emplissait d'une tristesse si douce et si vaste qu'elle lui fermait les yeux. Elle savait seulement que ce royaume, de tout temps, lui avait été promis et que jamais, pourtant, il ne serait le sien, plus jamais, sinon à ce fugitif instant, peut-être, où elle rouvrit les yeux sur le ciel soudain immobile, et sur ses flots de lumière figée, pendant que les voix qui montaient de la ville arabe se taisaient brusquement. Il lui sembla que le cours du monde venait alors de s'arrêter et que personne, à partir de cet instant, ne vieillirait plus ni ne mourrait. En tous lieux, désormais, la vie était suspendue, sauf dans son cœur où, au même moment, quelqu'un pleurait de peine et d'émerveillement.

Mais la lumière se mit en mouvement, le soleil, net et sans chaleur, déclina vers l'ouest qui rosit un peu, tandis qu'une vague grise se formait à l'est, prête à déferler lentement sur l'immense étendue. Un premier chien hurla, et son cri lointain monta dans l'air, devenu encore plus froid. Janine s'aperçut alors qu'elle claquait des dents. « On crève, dit Marcel, tu es stupide. Rentrons. » Mais il lui prit gauchement la main. Docile maintenant, elle se détourna du parapet et le suivit. Le vieil Arabe de l'escalier, immobile, les regarda descendre vers la ville. Elle marchait sans voir personne, courbée sous une immense et brusque fatigue, traînant son corps dont le poids lui paraissait maintenant insupportable. Son exaltation l'avait quittée. A présent, elle se sentait trop grande, trop épaisse, trop blanche aussi pour ce monde où elle venait d'entrer. Un enfant, la jeune fille, l'homme sec, le chacal furtif étaient les seules créatures qui pouvaient fouler silencieusement cette terre. Qu'y ferait-elle désormais, sinon s'y traîner jusqu'au sommeil, jusqu'à la mort ?

Elle se traîna, en effet, jusqu'au restaurant, devant un mari soudain taciturne, ou qui disait sa fatigue, pendant qu'elle-même luttait faiblement contre un rhume dont elle sentait monter la fièvre. Elle se traîna encore jusqu'à son lit, où Marcel vint la rejoindre, et éteignit aussitôt sans rien lui demander. La chambre était glacée. Janine sentait le froid la gagner en même temps que s'accélérait la fièvre. Elle respirait mal, son sang battait sans la réchauffer ; une sorte de peur grandissait en elle. Elle se retournait, le vieux lit de fer craquait sous son poids. Non, elle ne voulait pas être malade. Son mari dormait déjà, elle aussi devait dormir, il le fallait. Les bruits étouffés de la ville parvenaient jusqu'à elle par la meurtrière. Les vieux phonographes des cafés maures nasillaient des airs qu'elle reconnaissait vaguement, et qui lui arrivaient, portés par une rumeur de foule lente. Il fallait dormir. Mais elle comptait des tentes noires ; derrière ses paupières paissaient des chameaux immobiles ; d'immenses solitudes tournoyaient en elle. Oui, pourquoi était-elle venue ? Elle s'endormit sur cette question.

Elle se réveilla un peu plus tard. Le silence autour d'elle était total. Mais, aux limites de la ville, des chiens enroués hurlaient dans la nuit muette. Janine frissonna. Elle se retourna encore sur elle-même, sentit contre la sienne l'épaule dure de son mari et, tout d'un coup, à demi endormie, se blottit contre lui. Elle dérivait sur le sommeil sans s'y enfoncer, elle s'accrochait à cette épaule avec une avidité inconsciente, comme à son port le plus sûr. Elle parlait, mais sa bouche n'émettait aucun son. Elle parlait, mais c'est à peine si elle s'entendait elle-même. Elle ne sentait que la chaleur de Marcel. Depuis plus de vingt ans, chaque nuit, ainsi, dans sa chaleur, eux deux toujours, même malades, même en voyage, comme à présent ... Qu'aurait-elle fait d'ailleurs, seule à la maison ? Pas d'enfant ! N'était-ce pas cela qui lui manquait ? Elle ne savait pas. Elle suivait Marcel, voilà tout, contente de sentir que quelqu'un avait besoin d'elle. Il ne lui donnait pas d'autre joie que de se savoir nécessaire. Sans doute ne l'aimait-il pas. L'amour, même haineux, n'a pas ce visage renfrogné. Mais quel est son visage ? Ils s'aimaient dans la nuit, sans se voir, à tâtons. Y a-t-il un autre amour que celui des ténèbres, un amour qui crierait en plein jour ? Elle ne savait pas, mais elle savait que Marcel avait besoin d'elle et qu'elle avait besoin de ce besoin, qu'elle en vivait la nuit et le jour, la nuit surtout, chaque nuit, où il ne voulait pas être seul, ni vieillir, ni mourir, avec cet air buté qu'il prenait et qu'elle reconnaissait parfois sur d'autres visages d'hommes, le seul air commun de ces fous qui se camouflent sous des airs de raison, jusqu'à ce que le délire les prenne et les jette désespérément vers un corps de femme pour y enfouir, sans désir, ce que la solitude et la nuit leur montrent d'effrayant.

Marcel remua un peu comme pour s'éloigner d'elle. Non, il ne l'aimait pas, il avait peur de ce qui n'était pas elle, simplement, et elle et lui depuis longtemps auraient dû se séparer, et dormir seuls jusqu'à la fin. Mais qui peut dormir toujours seul ? Quelques hommes le font, que la vocation ou le malheur ont retranchés des autres et qui couchent alors tous les soirs dans le même lit que la mort. Marcel, lui, ne le pourrait jamais, lui surtout, enfant faible et désarmé, que la douleur effarait toujours, son enfant, justement, qui avait besoin d'elle et qui, au même moment, fit entendre une sorte de gémissement. Elle se serra un peu plus contre lui, posa la main sur sa poitrine. Et, en elle-même, elle l'appela du nom d'amour qu'elle lui donnait autrefois et que, de loin en loin encore, ils employaient entre eux, mais sans plus penser à ce qu'ils disaient.

Elle l'appela de tout son cœur. Elle aussi, après tout, avait besoin de lui, de sa force, de ses petites manies, elle aussi avait peur de mourir. « Si je surmontais cette peur, je serais heureuse … » Aussitôt, une angoisse sans nom l'envahit. Elle se détacha de Marcel. Non, elle ne surmontait rien, elle n'était pas heureuse, elle allait mourir, en vérité, sans avoir été délivrée. Son cœur lui faisait mal, elle étouffait sous un poids immense dont elle découvrait soudain qu'elle le traînait depuis vingt ans, et sous lequel elle se débattait maintenant de toutes ses forces. Elle voulait être délivrée, même si Marcel, même si les autres ne l'étaient jamais. Réveillée, elle se dressa dans son lit et tendit l'oreille à un appel qui lui sembla tout proche. Mais, des extrémités de la nuit, les voix exténuées et infatigables des chiens de l'oasis lui parvinrent seules. Un faible vent s'était levé dont elle entendait couler les eaux légères dans la palmeraie. Il venait du sud, là où le désert et la nuit se mêlaient maintenant sous le ciel à nouveau fixe, là où la vie s'arrêtait, où plus personne ne vieillissait ni ne mourait. Puis les eaux du vent tarirent et elle ne fut même plus sûre d'avoir rien entendu, sinon un appel muet qu'après tout elle pouvait à volonté faire taire ou percevoir, mais dont plus jamais elle ne connaîtrait le sens, si elle n'y répondait à l'instant. A l'instant, oui, cela du moins était sûr !

Elle se leva doucement et resta immobile, près du lit, attentive à la respiration de son mari. Marcel dormait. L'instant d'après, la chaleur du lit la quittait, le froid la saisit. Elle s'habilla lentement, cherchant ses vêtements à tâtons dans la faible lumière qui, à travers les persiennes en façade, venait des lampes de la rue. Les souliers à la main, elle gagna la porte. Elle attendit encore un moment, dans l'obscurité, puis ouvrit doucement. Le loquet grinça, elle s'immobilisa. Son cœur battait follement. Elle tendit l'oreille et, rassurée par le silence, tourna encore un peu la main. La rotation du loquet lui parut interminable. Elle ouvrit enfin, se glissa dehors, et referma la porte avec les mêmes précautions. Puis, la joue collée contre le bois, elle attendit. Au bout d'un instant, elle perçut, lointaine, la respiration de Marcel. Elle se retourna, reçut contre le visage l'air glacé de la nuit et courut le long de la galerie. La porte de l'hôtel était fermée. Pendant qu'elle manœuvrait le verrou, le veilleur de nuit parut dans le haut de l'escalier, le visage brouillé, et lui parla en arabe. « Je reviens », dit Janine, et elle se jeta dans la nuit.

Des guirlandes d'étoiles descendaient du ciel noir au-dessus des palmiers et des maisons. Elle courait le long de la courte avenue, maintenant déserte, qui menait au fort. Le froid, qui n'avait plus à lutter contre le soleil, avait envahi la nuit ; l'air glacé lui brûlait les poumons. Mais elle courait, à demi aveugle, dans l'obscurité. Au sommet de l'avenue, pourtant, des lumières apparurent, puis descendirent vers elle en zigzaguant. Elle s'arrêta, perçut un bruit d'élytres et, derrière les lumières qui grossissaient, vit enfin d'énormes burnous sous lesquels étincelaient des roues fragiles de bicyclettes. Les burnous la frôlèrent ; trois feux rouges surgirent dans le noir derrière elle, pour disparaître aussitôt. Elle reprit sa course vers le fort. Au milieu de l'escalier, la brûlure de l'air dans ses poumons devint si coupante qu'elle voulut s'arrêter. Un dernier élan la jeta malgré elle sur la terrasse, contre le parapet qui lui pressait maintenant le ventre. Elle haletait et tout se brouillait devant ses yeux. La course ne l'avait pas réchauffée, elle tremblait encore de tous ses membres. Mais l'air froid qu'elle avalait par saccades coula bientôt régulièrement en elle, une chaleur timide commença de naître au milieu des frissons. Ses yeux s'ouvrirent enfin sur les espaces de la nuit.

Aucun souffle, aucun bruit, sinon, parfois, le crépitement étoffé des pierres que le froid réduisait en sable, ne venait troubler la solitude et le silence qui entouraient Janine. Au bout d'un instant, pourtant, il lui sembla qu'une sorte de giration pesante entraînait le ciel au-dessus d'elle. Dans les épaisseurs de la nuit sèche et froide, des milliers d'étoiles se formaient sans trêve et leurs glaçons étincelants, aussitôt détachés, commençaient de glisser insensiblement vers l'horizon. Janine ne pouvait s'arracher à la contemplation de ces feux à la dérive. Elle tournait avec eux et le même cheminement immobile la réunissait peu à peu à son être le plus profond, où le froid et le désir maintenant se combattaient. Devant elle, les étoiles tombaient, une à une, puis s'éteignaient parmi les pierres du désert, et à chaque fois Janine s'ouvrait un peu plus à la nuit. Elle respirait, elle oubliait le froid, le poids des êtres, la vie démente ou figée, la longue angoisse de vivre et de mourir. Après tant d'années où, fuyant devant la peur, elle avait couru follement, sans but, elle s'arrêtait enfin. En même temps, il lui semblait retrouver ses racines, la sève montait à nouveau dans son corps qui ne tremblait plus. Pressée de tout son ventre contre le parapet, tendue vers le ciel en mouvement, elle attendait seulement que son cœur encore bouleversé s'apaisât à son tour et que le silence se fît en elle. Les dernières étoiles des constellations laissèrent tomber leurs grappes un peu plus bas sur l'horizon du désert, et s'immobilisèrent. Alors, avec une douceur insupportable, l'eau de la nuit commença d'emplir Janine, submergea le froid, monta peu à peu du centre obscur de son être et déborda en flots ininterrompus jusqu'à sa bouche pleine de gémissements. L'instant d'après, le ciel entier s'étendait au-dessus d'elle, renversée sur la terre froide.

Quand Janine rentra, avec les mêmes précautions, Marcel n'était pas réveillé. Mais il grogna lorsqu'elle se coucha et,

quelques secondes après, se dressa brusquement. Il parla et
elle ne comprit pas ce qu'il disait. Il se leva, donna de la lumière
qui la gifla en plein visage. Il marcha en tanguant vers le lavabo
et but longuement à la bouteille d'eau minérale qui s'y trouvait.
Il allait se glisser sous les draps quand, un genou sur le lit, il
la regarda, sans comprendre. Elle pleurait, de toutes ses larmes,
sans pouvoir se retenir. « Ce n'est rien, mon chéri, disait-elle,
ce n'est rien. »

Albert Camus, 'La Femme adultère', in *Théâtre, Récits et Nouvelles*, © Editions
GALLIMARD

Notes

1 *burnous*: woollen, hooded coats, worn by Arab men.

2 *toile bise*: a greyish-brown cotton material.

3 *la fin de la guerre*: Camus refers here to the Second World War (1939–45).

4 *sa vraie passion*: 'his true passion'.

5 *chèche*: a very long veil wrapped around the head like a turban and hanging
below the chin; used to protect one's face against sand-storms in many
African countries.

6 *oued*: a stream which, in arid areas, only flows for part of the year.

J. M. G. Le Clézio
1940–

Alors je pourrai trouver la paix et le sommeil
1965

One of the most important contemporary French novelists, J. M. G. Le Clézio published his first novel, the prize-winning *Le Procès-verbal*, in 1963. The story *Alors je pourrai trouver la paix et le sommeil* is taken from his follow-up work, *La Fièvre* (1965), the first of four collections of short fiction he has published to date.

Le Clézio's early fiction is characterised by an unusual blend of two quite distinct radicalisms: an avant-garde spirit of formal experimentation inspired by the example of the *nouveau roman*, and an older visionary spirit rooted in Romanticism. Le Clézio explains in his preface to *La Fièvre* that his stories are about everyday physical experiences which unhinge us and tip us over, however briefly, into the domain of madness and ecstasy: 'Pendant quelques minutes, quelques heures, c'est le règne du chaos, de l'aventure. La fièvre, la douleur, la fatigue, le sommeil qui arrive sont des *passions* aussi fortes et aussi désespérantes que l'amour, la torture, la haine ou la mort.' The story presented here is a *nouvelle monodique* which makes use of an immediate subject, a voice saying 'I' in the here-and-now, to dramatise a state of insomnia. The subject's consciousness suddenly becomes alert to the tiniest sensation, the faintest glimmering of a mental image, the briefest surfacing of an idea. Because we are given no narrative context, no hint for example as to why the subject is suffering from insomnia in the first place, we have no way — nor any need — to assess the subject as a 'character' or 'protagonist'. On the contrary, the experience in question is one which threatens to explode any firm sense of self. The only events of any consequence are those which happen in the consciousness of the subject during the relatively brief period between the moment he closes his eyes and the moment he feels that sleep is imminent. In both its linguistic intensity and its highly wrought structure, this is a text which leans strongly towards the *poème en prose*. And yet, while we could not be further from a conventional plot, we may still observe among the text's many patterns the incidence of distinct narrative peaks, as for example when, half-way through the text, the subject experiences a kind of epiphany, a blinding moment in which his body feels transfigured; and when at the end of the text he experiences a moment of moral, almost spiritual, illumination.

Le Clézio, we may conclude, has not so much rejected the narrativity of the short story as absorbed it, in the name of that principle beyond genre which he calls *writing*, 'l'écriture, l'écriture seule, qui tâtonne avec ses mots, qui cherche et décrit, avec minutie, avec profondeur, qui s'agrippe, qui travaille la réalité sans complaisance'.

Alors je pourrai trouver la paix et le sommeil

J'ai bien regardé la chambre avant de fermer les yeux. Les quatre murs, la porte, les deux fenêtres ; j'ai regardé l'ampoule électrique qui pend au bout d'un fil, au centre du plafond. La tapisserie des murs, gris foncé, et les objets noyés dans le noir. J'ai vu la table, et non loin, une silhouette maléfique avec une sorte de bec fendu par un ricanement, la chaise chargée d'habits, sans doute. La lumière qui entre par stries à travers les volets fermés, et les phares des voitures qui font bouger des halos le long du plafond. J'ai vu tout ça. Puis j'ai fermé les yeux.

Maintenant, dans mes yeux fermés, des lignes blanches restent marquées et naviguent sur mes rétines : les raies des volets, l'angle du plafond, la masse de la table et la silhouette inquiétante, le fil électrique avec l'ampoule au bout.

J'entends le bruit des voitures entrer dans la chambre. Elles dérapent en prenant le virage qui passe au-dessous de mon immeuble. Le grondement des moteurs vient, passe, puis s'éteint progressivement en se mélangeant avec d'autres bruits.

Sur mes rétines, tout est carré ; carré.

Le silence arrive par instants, et alors on peut écouter le grelottement d'une plaque d'égout où l'eau pousse sans arrêt.

Un peu de musique monte du bar, en dessous. Des talons de femme claquent sur le trottoir, très vite.

Je vois passer, devant une espèce de cadre blanchâtre, né probablement du souvenir du cube de la chambre, comme un banc de petits poissons rouges et bleus. Ils filent en se tortillant, ils sont innombrables.

Des taches, des formes obscures bougent au fond d'un espace brun. On dirait des silhouettes humaines.

Tic tic tic tic tic tic tic. Ma montre, sur la table de nuit. Elle tapote régulièrement dans le vide, et puis, brusquement, le bruit monte, s'élargit, s'épanouit. Il s'accélère, se ralentit. Devient aigu, résonne sourdement, craquette, glisse. Il a des échos. Je ne comprends pas. Qui prétend que le mécanisme d'une montre est toujours le même ?

L'odeur des cigarettes écrasées, dans le cendrier qui doit être aussi sur la table de nuit. L'odeur devient rapidement nauséabonde, âcre. J'ai l'impression d'avoir de la cendre plein la gorge. Un autre bruit, c'est le battement du sang contre mon tympan pressé sur l'oreiller.

Une nappe rouge sang s'étend sur mes yeux. Des grappes orangées éclaboussent tout, dérivent vers le bas. J'essaie de les regarder, presque en louchant, mais elles se défont aussitôt. A leur place, il y a des sortes de stratifications aux couleurs variables qui ressemblent à des montagnes.

Une motocyclette arrive de loin, de l'autre côté de la ville. Je l'entends venir, passer les carrefours, changer de vitesse. Le bruit du moteur s'arrête d'un seul coup : elle a dû tourner derrière un immeuble.

J'ai un drôle de goût de dentifrice dans la bouche. J'aimerais cracher.

Des pensées troubles se forment, comme venues de derrière la tête. Des pensées, des coups de pensée. Les mots défilent autour d'elles, mais aucun ne parvient à s'accrocher, à faire son nid. Ce ne sont pas des pensées ; ce sont des envies. Ce qui est curieux, c'est qu'il y a des images qui défilent parallèlement. Mais les envies et les images ne se mêlent pas. Je pense, train, courir, allongé, hauteur. Et les images sont : homme avec un chapeau, bataille au couteau, fusée, crocodile, arènes, visage qui rit. Il y a même d'autres choses encore : des bribes de phrases qui naissent, des mots qui résonnent, clairement, parfaitement audibles ; et par-dessus tout, il y a comme une voix qui raconte une histoire, qui dit, mettons : « Tout va bien. Après il faut revenir, refaire tout le chemin. Non, pas comme ça. Retourne d'où tu viens. Oui, tu vas prendre la première rue à droite, et continuer jusqu'à l'église. Quand tu apercevras le dôme, il faudra que tu tournes à gauche. Etc. »

Mais à peine ai-je entendu, senti, vu tout cela, que la conscience fait surgir le temps, et tout l'édifice se désagrège. La voix est en avance sur les mots, les poussées des images arrivent avant que les envies soient finies, et continuent longtemps après qu'elles ont disparu. C'est la conscience qui termine tout. Elle m'écrase sur le lit, elle me rattrape au vol et me plaque sur l'oreiller, elle transforme tout en espèce de souvenir.

Sans arrêt, le danger de l'éparpillement est là. Il me semble que tout se sépare dans ma tête, et que je suis en train de me dissoudre dans le vide. Alors, avec une force sûre, mon esprit se raidit. Il se pétrifie. Et la cohésion se reforme. Les pensées redeviennent compréhensibles. Les images, les mots, les bouts de phrases, tout s'ordonne. Comme des particules aimantées, ils s'agrègent autour de la ligne droite de l'impulsion, et ils servent, ils parlent, ils construisent tout le temps.

Parfois, je suis pris par des poches de vide. Je commence par flotter au-dessus du matelas, le corps si léger, si plein d'une délicate volatilité, que je cesse de vivre comme un corps. Je deviens diaphane, je rôde à mi-chemin de l'espace, pareil à une nappe de fumée. Je n'ai plus d'os, et plus de viande. Je m'évapore dans l'air, j'ai des membranes, et plus rien ne me retient. Ascension ou chute, je ne sais pas. Mais dans mes organes, plus rien ne lutte. Le sang ne monte plus avec peine, les tendons ne soutiennent plus, les cartilages s'écartent et cessent de retenir. La prison verticale est vaincue. Enfin, ne plus avoir à combattre, ne plus devoir pousser, ne plus se hausser vers le ciel désespérément . . . Alors, dans l'esprit, tout s'en va aussi en liberté. Les tonnes, les tonnes de mouvements s'élèvent, descendent, se promènent autour de moi. Il semble même que les pensées se répandent au-dehors, qu'elles sortent par mon nez et mes oreilles et vaquent dans l'espace, me font un lit. Les désirs forment des boules non loin de moi. Dans le fond d'une caverne noire, une impulsion palpite, isolée, enfin de moi visible. Je peux toucher mes mots, mes visions. Et moi, ce qui s'appelle moi, n'est plus rien. Vidé, soulagé, ma tête immense m'abandonne. Je suis enfin libre. Je suis enfin libre. Je n'ai plus de nom, je ne parle plus de langage, je ne suis qu'un néant. J'appartiens à la vie, morte, anéantie, transfigurée par la splendeur de l'évacuation. Un souffle. Je n'ai plus de pensée, mon âme est un objet. Je gis.

L'espace d'un dixième de seconde, mes paupières se sont ouvertes ; et la nuit, tout à l'heure si noire, s'est changée en une pluie de lumière éblouissante qui entre dans l'ombre de mon cerveau et frappe tout comme un éclair. Une seule image de neige et de cristal a bondi et s'est tapie au fond de moi ; une image pure, cruelle, nette, aux dessins fins comme une aile de chauve-souris, aux lignes pareilles à des toiles d'araignée. Elle reste là, immobile, vrai soleil qui s'est avancé, disque gigantesque qui emplit l'horizon d'un bord à l'autre. C'est ma chambre, je la reconnais, avec ses meubles dépouillés, ses murs, son plafond. L'ampoule électrique pend au centre de l'image, mais ce n'est pas elle qui brûle, ce n'est pas elle qui illumine ainsi l'espace. Jamais le soleil, même au mois d'août, n'a donné une telle lueur. Aucune lampe, aucun brasier, aucune incandescence décuplée par des centaines de miroirs, par des lentilles, aucun foyer jailli comme un volcan du sein des ténèbres n'a déployé telle blancheur fixe ; insoutenable, la lumière a pénétré tous les éléments de l'air, elle flotte, elle danse, elle émane, elle dissout, elle brûle et rompt, elle dévore mes rétines. La douleur surgit sous ses coups, sous ses dards ininterrompus, tellement proches qu'ils ne font qu'une large muraille au poids terrible. Je suis fusillé par la lumière, je tombe, je m'écrase la face contre le sol, je vibre de tout mon corps, et l'influx, l'espèce de musique lancinante, entre en moi, me soulève, construit à travers ma propre chair son édifice merveilleusement abstrait, où chaque douleur, chaque coup, chaque nervosité est une pierre, une œuvre d'art, un thème harmonieux qui travaille.

Puis la lumière s'efface ; elle s'éteint progressivement, en virant du blanc au jaune, du jaune au cuivre, du cuivre au pourpre ; violet, bleu, sombre, noir. Quand il ne reste plus rien de la gravure, d'autres formes montent. Des encolures de chevaux, taches obscures qui flottent vaguement, qui peinent. Tout à coup, tandis qu'une force indicible s'empare de ce qu'il y a de sensible et de délicat dans mon cerveau, une vraie poigne qui saisit les paquets de chair nerveuse, là-bas, au fond de moi, une figure caricaturale se dessine. Un corps de vieillard, maigre telle une aigle de blason, et son cou pousse tout seul, dressant en l'air une tête hérissée, aiguë, au rictus ignoble. La tête et le cou sont mobiles, ils coulissent, ils s'élèvent doucement au-dessus du corps décharné. Je regarde intensément ; peut-être. Car dans cet espace profond, où une partie de moi souffre sous une poigne inconnue, le regard se répercute et me revient sans cesse. La conscience se retourne sur elle-même, va, revient, rebondit, et je suis vraiment perdu.

Derrière le corps du vieillard, tandis que tête et cou continuent à grimper, deux ailes gigantesques se déploient longuement.

A nouveau, je me bats avec quelqu'un ; très vite, sans que je sache pourquoi, le paysage s'est déployé autour du lieu du combat. Des montagnes, des ruisseaux, des forêts. Le soleil brille dans le ciel. Au loin, l'entrée des gorges. Partout, le désert, le sable, les cailloux arides. Je lutte. Je frappe. Je bondis. Et en même temps, j'entends une voix sans mots qui décrit la bataille.

Tout dégénère encore : les scènes s'embrouillent, et il me semble qu'à l'intérieur de mes yeux révulsés, vers le haut, des choses s'agitent avec furie, comme dans des grelots.

J'attends.

Je perds des tas d'images. Elles fusent avec une rapidité extrême, et naturellement, elles m'échappent. Ou bien elles naissent simultanément, mille sensations éclosant toutes ensemble, oui, exactement à la même seconde. Mille langages qui m'ont tous dit quelque chose, cela, je le sais, mais quoi ? Qu'est-ce qu'ils m'ont dit, ces langages, qui m'a passionné, et que j'ai aussitôt oublié ? Et les pages d'écritures : j'ai vu des pages écrites, je les ai lues, j'ai trouvé cela si beau. Qu'y avait-il sur ces pages ? Quelle histoire profonde et vaste, quel noble chant aux verbes qui résonnent ? Qu'y avait-il ? Y avait-il seulement quelque chose d'écrit ? Ou n'étaient-ce que des suites de signes sans signification, qui ont éveillé en moi le souvenir de la beauté ?

L'illusion est diabolique. Je souffre. J'ai mal au fond de moi.

Parfois, merveille ! Une image, un son, une phrase surgit de ce fatras et ressuscite ce qui était déjà mort, oublié. J'avais vécu cela, ces cubes de couleur, ces défilés de cercles, ces feux, ces corps de femme se roulant sur le sol, mais je ne l'avais pas su. Et la conscience, réveillée par une forme hasardeuse, d'un seul coup, me fait reconnaître le temps à l'envers. Les images reviennent en foule, elles fulminent brièvement, dans un certain ordre, et je les vois : mais elles sont du passé. Car ici, dans cet espace clos, le sentiment de la vie est réversible. Il n'y a pas de vérité, il n'y a pas de direction ; le temps et l'espace ne sont que des échos, d'éternels échos, toujours disponibles, arrachés au chaos de la simultanéité, et que l'usure n'atteindra jamais. Je suis comme plongé dans une sphère étanche, je nage parmi les éléments de la pensée et de l'imagination. Ils reviennent toujours, ils me perforent infatigablement, ils sont cercle, sans commencement, sans aboutissement, immobiles et mouvants à la fois, ils sont ivresse de roue, indéchiffrable mouvement de vis sans fin qui me fait connaître l'éternité.

Et moi, dans mon lit, les yeux fermés en attendant de dormir, je vis dans un monde semblable. Sur les papiers de ma table, les dates traînent : 1864–1964, 13 avril 1940,[1] 5687; *Ivan le Terrible*, 1re et 2e partie (1943–1945), film de S. M. Eisenstein. Les noms sont écrits, les dessins sont tracés. Des lieux sont fixés sur les cartes, Viareggio, Capo Promontore, Tárgul-Jiu, Gora Dshumaya, Xanthé, Sinop, Peterborough, Charolles, Vyazma, Alatyr.[2] Des noms qui existent, d'éternelles et chantantes syllabes qui marquent ces lieux de terre et de roc, ces arbres, ces vallées, ces entassements de matériaux inébranlables. Rien, rien de tout cela ne passera. Les vies des hommes reviendront sans cesse nous hanter comme des spectres, et les choses continueront à se faire, à s'ajouter. Les bruits et les silences

seront les mêmes. Les fleurs, les insectes dureront. Car ici,
tout est pris dans un tourbillon liquide au mouvement plein de
folie. Nous n'oublierons pas. Et même si nous oublions, tout
cela demeurera éternellement présent, parce que cela a été,
parce que cela avait été avant même d'être. Voilà la force
perpétuelle qu'aucun langage ne possédera jamais. Ce qu'aucun
homme n'a pu inventer. La pérennité, la douce, la vertueuse
pérennité de l'existence.

Devant moi, maintenant, une barre horizontale sur laquelle
tournent des douzaines d'hélices. Elles s'arrêtent quand je le
veux. Mais il en reste toujours une qui continue de tourner
malgré ma volonté. Lorsque je serai parvenu à les arrêter toutes,
sans exception, alors je pourrai trouver la paix et le sommeil.

J. M. G. Le Clézio, 'Alors je pourrai trouver la paix et le sommeil', in *La Fièvre*,
© Editions GALLIMARD

Notes

1 *13 avril 1940*: Le Clézio's own date of birth, confirming the autobiographical,
   or at least un-invented, status he attributes to the stories of *La Fièvre* in his
   own preface: 'Ces neuf histoires de petite folie sont des fictions; et pourtant,
   elles n'ont pas été inventées. Leur matière est puisée dans une expérience
   familière.'
2 Place-names dotted across Europe, Asia Minor, and the former Soviet Union.

Catherine Lépront
1951–

Le Rat
1981

Le Rat is the first short story ever written by Catherine Lépront. It was originally published in *Les Nouvelles Littéraires* in 1981, and subsequently included in her first collection of stories, *Partie de chasse au bord de la mer*, published in 1987. What Catherine Lépront calls 'le support de réalité' behind *Le Rat* is a childhood memory of a big dead rat she saw lying in a gutter one winter's morning in Orléans while waiting for the school bus to arrive. However, as with Marguerite Duras (who gets an indirect mention in *Le Rat*), the autobiographical dimension serves only as a point of departure.

Le Rat describes the loneliness of a young girl who feels trapped in a deadening daily routine, an order which pervades not just her life but that of the people she sees every day on the bus journey. Telling them about the dead rat she has seen seems to offer the possibility of expressing something new, of shaking rigid attitudes. The search for acknowledgement is at the core of this short story: by speaking about the dead rat, the young protagonist feels that, as a witness, she can confirm her own existence. Words fail her, however, leaving her to imagine an event in which she earns recognition by becoming — like the rat — a victim.

Giving voice to the immediate, 'here-and-now' perspective of the girl herself, *Le Rat* combines the qualities of the so-called short-short story and those of the *nouvelle monodique*. The emphasis is not on plot but on the troubled reflections and feelings of a young girl who finds it hard to grasp and stabilise her own existence. As if identifying with the rat, whose fate leaves people indifferent, the protagonist is acutely aware of both her own difference from others and others' indifference to her. If alienation is the central theme of the story, one is ultimately forced to wonder who is more alienated: the young girl or those around her?

Apart from her short stories, Catherine Lépront has also written novels, a biography, theatre adaptations, translations, and reviews.

Her second collection of short stories, *Trois gardiennes*, won the *Prix Goncourt de la nouvelle* in 1992.

Le Rat

Le car émerge sur la place, il va contourner la fontaine de pierre. Rien ici ne me donne une idée des saisons : pas un arbre, pas un oiseau, pas un rite qui ne soit citadin. C'est à peine si le temps change d'humeur.

Le car amorce son virage. Aujourd'hui encore, il ne prendra pas cette forme de nouille que j'attends de lui, il n'épousera pas les courbes de son trajet comme un autobus de dessin animé, il ne dansera pas. Il restera droit. Aujourd'hui sera une espèce d'hier, alourdi de ma mémoire.

Je suis appuyée contre le mur du ciné-club, comme d'habitude. Aucun autre enfant n'ose attendre le car dans ce tronçon de rue sombre. Je n'ai pas peur. Pourtant un rat est mort dans le caniveau. Il fait un barrage. L'eau gonfle son poil, contourne son corps et, à la différence du car avec la fontaine de pierre, se moule à son obstacle, l'effleure, lui emprunte ses rondeurs.

Des morceaux de papier, de l'écume, des détritus de couleur viennent, en amont, doubler la fourrure de l'animal d'un étrange costume. Je n'ai pas peur. La présence de ce rat constitue finalement un événement extraordinaire dans l'agencement ordonné, répétitif à l'infini, de mes petits matins d'attente solitaire.

Je me retourne. Je lis : Jeanne Moreau, Jean-Paul Belmondo, *Moderato Cantabile*.[1] Je sais ce que cela veut dire : ma mère joue du piano et parle ainsi : *moderato cantabile*.

J'ai vu des centaines d'affiches. J'ai vu changer le titre de mes jours. Quelquefois, le papier est déchiré. Quelquefois, la nuit, on y a écrit des mots orduriers . . . La même affiche n'est pas toujours pareille. J'ai lu des milliers de noms, reconstitué des scénarios en regardant les photos. J'ai tout mon temps. C'est pour les films que j'arrive en avance à l'arrêt de l'autobus, et pour ne pas rater le jour où le car, forcé par mon désir, se tordra comme un croissant.

Pour ne pas voir qui sort, le matin, de la chambre de ma mère. Ma mère fait l'amour avec des lève-tard. Je suis une bourgeoise, malgré mon extrême jeunesse.

La première fois que mon père est mort, sur les fiches signalétiques[2] que les éducateurs[3] nous font remplir à chaque rentrée, j'ai écrit : profession du père : mort. Profession de la mère : veuve. Les fois suivantes, informée par la boulangère qui lit dans les lignes de leur main le destin des ménagères en rendant la monnaie, j'ai écrit : mort, pour mon père, parce qu'il n'avait pas changé de destin et : traînée pour ma mère. Ma mère est une traînée, une traînée de couleur fauve sur le sol de ma conscience, une traînée de brume, une trace, une émanation.[4]

Sur la place, le car ramasse le Fonctionnaire et la Dame Verte qui sent la peau du lait. Derrière les petites fenêtres éclairées, je vois des ombres rondes et grises, les ombres des têtes, des formes gelées. Ils s'installent tous les jours à la même place. Ils colmatent leur peau de ce plâtre d'habitudes et d'ennui. La Dame Verte est assise sur la banquette derrière le chauffeur. Elle retrousse un peu sa jupe et soupire pour attirer l'attention du Fonctionnaire. Il est en face d'elle. Il lit le journal de la veille. Il a dû prendre, à un moment vidé de son existence, vingt-quatre heures de retard sur l'actualité, qu'il ne se décide pas à rattraper. C'est la troisième année que je le vois lire le journal de la veille. Cela durera sans doute jusqu'à la fin. A l'heure de sa mort, il aura définitivement perdu un jour sur l'éternité. Or un jour de vie est incommensurable en regard de l'éternité.

Le Fonctionnaire arrive dix exactes minutes en retard à son travail. Le jour où il a décidé de ne plus prendre le bus qui l'amenait cinq minutes en avance, il a fait acte d'indiscipline. En répétant cela le lendemain, le surlendemain et tous les autres jours de sa petite vie moisie de Fonctionnaire, il est redevenu un homme ponctuel, un homme d'ordre, un homme sans espoir. Il ne sait pas que je le regarde. Il croit que les enfants de mon âge, et particulièrement les petites filles, sont d'une espèce un peu singulière d'animaux domestiques.

Je monte dans le car. Je tends mon billet au chauffeur qui me fait un clin d'œil. Quelquefois, il lève sa main, ne dit rien ou fronce les sourcils. Lui et l'affiche du ciné-club saluent mon jour d'une petite différence. Ce signe me réchauffe le cœur d'une amitié tranquille, gratuite. Toutes les autres amitiés auxquelles je me suis essayée sont basées sur l'échange. Et si je lui dis maintenant que le rat est mort, ça n'est pas pour l'informer EN ÉCHANGE de son clin d'œil, c'est plutôt pour assurer à cet événement insolite une sorte de pérennité. J'ai été témoin, je porte témoignage, la « chose » existe encore. Elle existe dans le car, dans la tête du Fonctionnaire, dans celle, bouffie, de la Dame Verte. L'Artiste dessinera un rat mort dans un caniveau, lui qui se plaint toujours de n'avoir plus de sujet à traiter. La Bibliothécaire a une moue dégoûtée. Et le petit garçon, là-bas, qui garde ses yeux rivés sur la route, décolle maintenant sa face de la vitre, ébauche le geste de se retourner sur moi. Puis il repose son front sur le carreau. Je n'ai jamais vu de lui qu'un visage écrasé au-dessus de l'inscription à l'envers : SORTIE DE SECOURS.

Je dis tout fort : « Le rat est mort. » Puisque je ne parle jamais de ce que j'imagine, je m'assure ainsi de la réalité de ce fait.

Je m'assure ainsi de ma réalité. C'est important : il m'arrive de ne plus très bien savoir si je suis, si je rêve ou si quelqu'un me rêve.

Le rat est mort. Aujourd'hui j'existe. Les autres, du car, m'en sont témoins. Aujourd'hui je souris.

Le Fonctionnaire s'attendrit. Il avance sa main pour me caresser la tête. J'ai un mouvement de recul. Je n'aime pas qu'on me caresse la tête sans ma permission. Je dis : « *Moderato, moderato.* » J'ai la main à plat sur l'air, apaisante. Et je dis tout, très vite : « *Moderato, moderato cantabile, allegro ma non troppo, andante, andante, fantasia chromatica e fuga, è pericoleso sporg. . .* »[5] et je tue toute la réalité du rat mort, toute mon existence. Ils ne comprennent pas ce que je dis. Ils oublient ma parole française de tout à l'heure, ils oublient que le rat est mort, je ne l'ai jamais dit, ils me regardent comme ils regardent des étrangers, je n'ai pas dit : le-rat-est-mort. Je lis dans leurs yeux que j'ai émis des sons qui ONT PU signifier ceci, mais qui ne le signifient plus.

Le car a parcouru toute la rue Jeanne-d'Arc, il a doublé la cathédrale, il va descendre la pente douce, douce, de la petite ruelle mal pavée qui nous mène à la Loire, si je ferme les yeux, nous tomberons dans l'eau. Il est trop tard pour montrer le ruisseau qui gonfle le cadavre en même temps que l'idée d'en parler donnait de la consistance à mon propre corps. Il est trop tard. Un homme sort de la chambre de ma mère. Un balayeur arabe ou noir ramasse le noyé poilu qui barrait le caniveau, imposait à son eau un parcours fantaisiste. Ils entendent « *moderato cantabile* ». Le rat est un produit de mon imagination ... peut-être le rat et moi sommes-nous dans l'imagination de quelqu'un d'autre ?

Si je ferme les yeux, je tomberai dans l'eau du fleuve. Un homme caresse la poitrine rousse de ma mère. Un autre ramasse un rat au fond d'un rêve d'on ne sait qui. Si je ferme les yeux, je tomberai dans l'eau. Ils changent l'affiche. Ils collent : *Allemagne, année zéro.*[6] Je tomberai dans l'eau. Il faut que je tombe dans l'eau avant que le Fonctionnaire ne descende. Il comprendra que je ne suis pas un animal familier dont on peut caresser la tête impunément. La Dame Verte verra mon corps gonflé. Le petit garçon décollera son visage écrasé de la vitre. La Bibliothécaire aura une moue de punaise horrifiée. Le Fonctionnaire arrivera des heures et des heures en retard sur son éternité. L'Artiste me dessinera.

Ils diront : « La petite idiote du Centre de Réadaptation s'est noyée ! » Et quelque chose aura bougé dans leur ennui.

Catherine Lépront, 'Le Rat', in *Partie de chasse au bord de la mer*, © Editions GALLIMARD

Notes

1 The reference is to a poster advertising Peter Brook's film adaptation of Marguerite Duras's novel *Moderato Cantabile* (1958). *Moderato* and *cantabile* are both musical terms: *moderato* means that a piece is to be performed at a moderate tempo, or that the tempo specified is to be used with restraint. *Cantabile* means that the piece is to be performed as if sung.

2 *les fiches*: simple forms on which pupils must give their school-teachers details of themselves and their family, and, most importantly, any problem they feel the teachers should be aware of. *Fiches signalétiques* sound even more bureaucratic: they are what the police would use, for instance.

3 *Educateurs*, as a generic term, refers to educators, teachers, instructors. But it also commonly stands for *éducateurs spécialisés*, remedial teachers who deal with emotionally disturbed children.

4 The young narrator plays here on the word *traînée*, meaning both 'slut' and 'streak'.

5 More musical terms: *allegro ma non troppo*: quickly, in a brisk lively manner, but not too much; *andante*: at a moderately slow tempo; *fantasia chromatica e fuga*: an improvised musical composition, and a fugue. It is interesting to note that *fantasia* closely resembles the French words *fantasme* and *fantaisie*, and that the noun *fugue*, in French, describes the action of a child who runs away from home. The girl finally switches from the musical terms to *è periculoso sporg(ersi)*, Italian for *Do not lean out of the window*, often found in trains.

6 *Allemagne, année zéro*: a film made in 1947 by Roberto Rossellini, in which the very young protagonist, responsible for his father's death, finally commits suicide by jumping from a ruined building in war-torn Berlin.

Daniel Boulanger

1922–

Le Calvaire

1982

Daniel Boulanger has enjoyed a varied career as a writer of novels, plays, poetry, and film scripts. Most unusually in terms of French culture, however, he has gained renown above all as a writer of short stories, with numerous volumes to his name. It is undoubtedly a measure of Boulanger's skill as a *nouvelliste* that he should have achieved such singular success.

Published in the collection *Table d'hôte* (1982), *Le Calvaire* illustrates Boulanger's gift for portraying small-town people leading apparently insignificant lives, and his particular knack for getting under the skin of the very old (as elsewhere the very young). While his sharp eye for the absurd can inspire him to write very humorous stories, he is arguably at his best when his offbeat narrative talents and elegant, rather baroque, style are made to serve his strong sense of the tragic. *Le Calvaire* is a far from conventional *nouvelle-histoire* which ranges in time over several decades. In exploring patterns of expectation and loss, change and resistance to change, Boulanger challenges the repeated claim that the short story as a form is ill-equipped to evoke the temporality of human experience.

Following Colette and Camus, Boulanger takes up the theme of the couple. His predecessors evoke the experience of isolation within marriage by employing a narrator who, though external to the story, espouses mainly if not exclusively the perspective of one partner, in each case the woman. That this kind of weighted narrative has become a norm in modern short fiction is a fact powerfully exploited by Boulanger. In the course of a long, restless opening paragraph, his own external narrator eventually appears to settle on the perspective of Eliette Serigny, a Frenchwoman who has a brief adulterous love-affair with a German officer during the Second World War. Even after the affair is over and her husband, Jules, has returned from captivity, the narrator continues to foreground her experience, her progressive sense of loss and loneliness, and her increasingly strange behaviour. Eliette's death, however, becomes the occasion for a remarkable switch of focus as the narrator goes on to devote the second half of the story to the husband's equally lonely life, haunted by unanswered questions about his wife's descent into 'madness'. For Jules, there will be no realisation, no *prise de conscience*, merely an illusion born of ignorance. A specialist of the unexpected move, Boulanger uses his technical skill to craft a story of sustained poignancy.

Le Calvaire[1]

A la sortie du village d'Hallencourt,[2] vers le marais où les oiseaux font halte par milliers dans leur migration, la dernière croix de mission élevée dans le pays à la fin de la seconde guerre mondiale paraît bien seule à la bifurcation de la route qui passe entre les vieilles maisons sans étage, avec ses pavés de trois siècles et ses larges trottoirs en brique sur champ.[3] Peu se rappellent le grand concours de bannières et de trompettes qui saluèrent la bénédiction du gibet de pierre, sans Christ. Des ormes l'ombragent qui avivent la teinte verte que lui ont donnée les pluies, la si fréquente brume. Avant que la croix fût dressée, le tertre sous les arbres offrait un banc en demi-lune où l'on allait deviser après le travail, ce qui remplaçait la lecture inexistante, le café buvette et son perpétuel orage gras,[4] le poste de radio qui parle d'inconnus, de problèmes qui n'en sont pas. Même aux soirs d'hiver, même à l'étouffée de la neige, on s'y rendait, on restait debout, on lui mettait le pied dessus, mais le banc a disparu dans le deuxième hiver de la guerre. On soupçonna tout de suite celui qui le mit en morceaux pour en faire du feu, Toussaint l'ivrogne, que l'on appelait « Queue d'Hareng ». Ramassé par les occupants[5] qu'il avait poursuivis à coup de bouteille, il fut déporté. Il erre sans doute dans les nuages des soirs rouges, ceux qui font des fumées sur place. Il faut le dire, on ne va plus se retrouver auprès du calvaire, on a même l'impression que l'on ne se connaît plus très bien de maison à maison. C'est un nouveau monde. De l'ancien, maintenant qu'Eliette Serigny n'est plus il ne reste guère que son mari l'ébéniste que les Parisiens et les châtelains d'alentour font travailler. Dans sa grange-atelier mi-terre battue, mi-plancher de fortune, des chauffeuses Louis-XV, des bonheurs-du-jour attendent sa main patiente, meubles et sièges qui sont des escales de la beauté.[6] Dans ses commencements Jules Serigny se séparait avec douleur des commodes, des bergères[7] qu'il avait consolidées. Quand il leur retaillait une colonne, une patte de lion, une faveur en bois précieux, il avait peine à voir repartir les malades qui venaient de recouvrer leur forme et il demandait parfois la faveur d'aller les caresser encore une fois dans le salon ou la chambre qu'ils avaient retrouvé. On se faisait un plaisir du plaisir de Jules, et la guerre arriva, la défaite, le camp de prisonniers. Le seul bois qu'il touchait à présent était le bouleau de Prusse qu'il débitait dans une scierie.[8] Eliette avait trouvé du travail de bureau dans la principale blanchisserie de la ville, à trois quarts d'heure de bicyclette d'Hallencourt, et elle longeait deux fois par jour le terrain d'aviation que les Allemands avaient aménagé sur le plateau qui domine Housseroy. C'est à la fin d'octobre 1940 qu'en rentrant dans la nuit noire, poussant son vélo dont les pneus venaient de crever, qu'elle fut prise dans les phares à demi aveugles d'une voiture allemande. Elle n'oublia jamais la petite fente jaune dans les globes d'un bleu de pharmacie. L'officier lui demanda s'il pouvait l'aider. La nuit n'était qu'un bloc de glace. Eliette ne répondait pas tandis qu'il tâtait les pneus du vélo. Elle n'oublia jamais le rire heureux d'enfant et de bonne aubaine.

— Il n'y a pas de maisons par là où vous allez.

— Si, dit-elle, à dix kilomètres.

Il chargea la machine et la pria de monter. Elle ne bougeait pas.

— Ah ! dit-il soudain triste, il fait noir, personne ne vous verra.

Il la conduisit jusqu'à l'entrée d'Hallencourt. Le jour suivant elle le trouva qui l'attendait à l'endroit où il l'avait découverte. Elle n'oublia jamais les barbelés en surplomb de la route qui limitaient le camp et mêlaient leurs étoiles de fer à celles du ciel. La semaine d'après, au milieu de la nuit, Eliette Serigny se réveilla en sursaut, sortit vivement de son lit et alla décrocher le portrait de son mari pour le glisser dans un tiroir de la commode, sous la nappe et les serviettes brodées à leurs initiales qu'ils avaient reçues pour leur mariage. Elle fit en même temps le vœu de ne plus s'en servir que pour fêter le retour du prisonnier. Eliette se lança dans la passion pour n'être que plus ici à la mémoire de Jules.[9] Sans se le formuler elle avait trouvé ce moyen que le hasard lui offrait pour éviter toute tentation, se plonger dans un unique interdit qui la préservait en la calmant et la garderait à l'absent, malgré lui, malgré elle. Elle prit sa fièvre pour Hans l'officier comme un mal nécessaire et dangereux, bien qu'elle s'arrangeât pour n'être jamais surprise par ceux d'Hallencourt et de Housseroy, et elle ne pensa jamais tant à son mari que dans ces quelques mois d'égarement dirigé. Hans restait l'étranger. Les dimanches qu'il avait libres l'officier l'emmenait à Amiens, à Paris, et il ne la vit jamais que le soir. Il resta l'homme de la nuit, l'homme d'un hiver. Au début de mars, alors que le jour reprend sur la nuit, Hans, qui pensait ne plus bouger de la région où les bases aériennes du Reich se renforçaient face à l'Angleterre, fut muté en Hollande avec son escadrille. Il apprit la nouvelle à Eliette la veille de son départ, dans leur dernière balade au-delà des marais. Il n'était pas triste, parce qu'assuré de revenir. C'était une vérité aussi éclatante en lui qu'un soleil et Eliette en sentit la force. Elle découvrit alors que cet homme l'occupait toute, qu'elle était vaincue et heureuse. Ces quelque cent vingt jours avec Hans, elle les avait méconnus, et ils devenaient ineffaçables. Hans l'avait déposée comme à l'habitude, avant l'entrée d'Hallencourt, avec toutes les précautions.

— C'est par ici que je reviendrai, lui dit-il et le pointant du doigt, je te retrouverai sur le banc des ormes et nous pourrons nous voir.[10]

Hans ne revint jamais, mais Jules fut du premier train de la relève des prisonniers, un an plus tard. On le croyait à la mort et il n'était plus qu'une ombre. Eliette le sauva et bientôt put quitter la blanchisserie, aider son mari dont le travail reprenait. Il semblait que plus la guerre s'installait, s'aggravait, plus les bergères, les divans, les dos-d'âne, les délicates coiffeuses arrivaient dans l'atelier des Serigny, mais Eliette était devenue étrange. Jules pensait que son absence l'avait dérangée. Elle allait souvent se promener seule — elle voulait être seule — vers les marais et Jules qui s'inquiétait la retrouvait toujours auprès des ormes, à la bifurcation, souvent assise sur le tertre dont le banc avait disparu. Il en fut ainsi jusqu'à la victoire des Alliés, mais de fréquentes les sorties d'Eliette se firent alors quotidiennes, et elle accepta, chaque soir, que son mari l'accompagnât. Elle ne parlait pas et lorsque des voisins, par les belles soirées, s'étaient groupés sous le bouquet d'ormes, elle prenait tantôt l'une tantôt l'autre des routes et s'arrêtait un peu plus loin, cueillant, selon le temps, jonquilles ou narcisses d'eau. Elle reprenait Jules au retour, sans se mêler aux autres, sans un mot, lui souriant parfois. Eliette devenait pour tous, muette et l'œil brûlant, la folle qui manquait au bourg. On trouvait à cela des explications évidentes ; la débâcle[11] d'abord qui avait emporté son mari ; le travail qui la dévorait du matin au soir pour survivre ; la solitude et le silence que pas un voisin n'avait réussi à interrompre au début de la guerre. Son aventure restée secrète n'était pas plus miraculeuse que celles que l'on prête à d'autres, si souvent, et qui n'existent pas. Eliette s'était aperçue après son départ que l'amour l'avait visitée, brûlée, dévastée et qu'il n'était pas de gentillesse et de placement[12] comme elle le croyait quand Jules lui avait proposé la vie commune. Elle était certaine que Hans reviendrait, il le lui avait dit, et petit à petit, songeant à toutes les possibilités elle accumulait sur le bel officier les empêchements, prisons lointaines, maladies. Elle le voyait aveugle, privé de jambes, mais jamais l'idée qu'il fût mort ne la traversa, tellement était toujours vive son odeur, aussi simples et clairs ses quelques mots de français élémentaires, essentiels. Point n'est besoin pour vivre et s'épanouir de plus de quelques phrases. Le monde tient dans une ligne : je reviendrai par cette route. Or Eliette dépérissait malgré son espoir. Sans doute ne lui avait-il été donné que de le porter une vingtaine d'années. Un pan de la mémoire de Hans s'écroula un matin de l'été 1960. Eliette ne bougeait pas, elle qui se levait la première pour passer le café. Jules Serigny qui venait de s'éveiller à son côté dans le lit posa la main sur elle. Le froid l'emplit d'un coup, telle une eau dans un vase communicant. Tout Hallencourt la conduisit à sa dernière demeure et la couvrit de fleurs blanches, sans que personne ne se fût donné le mot,[13] préférant voir en elle plutôt que la folie une sorte d'enfance. L'ébéniste crut qu'il ne lui survivrait pas et le fait de se poser chaque matin la question, chaque matin où sa main errait du côté vide dans le grand lit et l'entraînait vers l'abîme, le faisait se pencher sur le visage aimé, découvrir des rides, des fossettes qu'il n'avait pas remarquées, remodeler le visage, le corps d'Eliette et lui donnait envie de faire les gestes qu'elle avait eus, de prendre ses silences subits, de jouer toutes ses grâces et ses mines. Il s'était mis très vite à marcher comme elle, à prendre le vieux vélo sans cadre, à rouler jusqu'à la blanchisserie de Housseroy, entre deux travaux, à se rendre chaque soir du côté du calvaire, se rappelant le visage d'Eliette le jour de l'élévation de la croix dans les hymnes et le rude entrain des fanfares. La joie était générale, mais sur le seul visage d'Eliette des larmes avaient roulé et elle s'était tenue plus d'une heure à la même place sans quitter le calvaire des yeux. La nuit, quand la fête — cierges, tambours, lampions, trompes de chasse, chœurs des archers — depuis longtemps était éteinte, Eliette était ressortie de la maison. Jules l'avait rattrapée à la bifurcation. Que regardait-elle à la naissance des routes qui s'en allaient pâles, en léger surplomb des prés noirs et des oseraies que réveillaient des flaques de lune ? Elle s'était laissé prendre par la main et ramener au logis.

Le paysage n'a pas changé, mais la boulangerie du bout est fermée. Une fourgonnette aujourd'hui vient de Housseroy et distribue le pain industriel. Les jeunes ont quitté Hallencourt dont la rue semble plus large encore et les maisons plus tassées. Jules Serigny depuis longtemps n'a plus d'âge. On dirait un de ces petits meubles de coin que de temps en temps on lui apporte, bancal, retrouvé dans un grenier, mais il ne peut plus se cheviller,[14] se redresser d'aplomb. Son âme grince.[15] Il lui reste la promenade de la fin du jour, ce mystère au-devant duquel s'en allait Eliette, cette aire désolée qui n'est fréquentée que par des chasseurs, des braconniers, des inconnus qui se trompent de chemin. Qui allait-elle attendre ? C'est la route de l'Est, c'est par là qu'il est parti pour les épreuves.[16] Jules, dès

son retour, dès qu'il surprit le manège d'Eliette se demanda si
elle croyait qu'il était bien rentré. « Je suis là, ne va plus
m'attendre ! » Elle avait à peine la force de prendre la main
qu'il lui tendait et il n'est plus certain, après de si longues
années, que le meilleur de lui-même ne soit pas resté en effet
là-bas, en Prusse, et qu'il n'ait ramené ici qu'une enveloppe
vide, une défroque qui sent la malchance à jamais. Petit à petit,
à force de se rendre au calvaire, Jules Serigny s'est fait à l'idée
que c'est lui-même qu'il va chercher. Les deux routes sont
bonnes. Ne se rejoignent-elles pas après avoir ceinturé les
marais ? La croix de pierre lui paraît une sœur, au-delà de
l'attente elle aussi, souveraine et butée. Quelle que soit la nuit,
claire ou aveugle, et le souvenir d'Eliette, galant ou douloureux,
qu'il y ait des feuilles ou non aux arbres, elle a l'air d'épouser
son ombre intérieure. Jules est semblable. Il se porte à sa propre
rencontre et le voisin qui par hasard le voit passer, car personne
ne fait attention à son manège, ne saurait deviner vers quel
rendez-vous se hâte le petit homme maigre et cassé.

Des myriades d'oiseaux soudain se répondent à l'appel de
leurs veilleurs dans l'immensité plate et derrière le groupe
d'ormes, à l'infini, le bruit en retombe avec les dégonflements
d'une couverture que l'on secoue pour l'étendre. Les routes
ont la pâleur des fourches de bois nouvellement écorchées
dont on se servait encore dans la jeunesse de Jules pour piquer
le foin. Elles entrent ainsi dans la nuit jusqu'au manche, et
c'est un plaisir. L'ébéniste restait là en plus ou moins longue
station, mais le temps n'existait plus pour lui. C'était l'éternité,
comme à chaque attente d'une passion. Il enregistrait, mais
d'un court éveil de bête, le mouvement d'une herbe, le
décrochement d'une ombre dans le peuple d'ombres des haies,
le pas, était-ce un pas ou quelque saut de silex au déboulé d'un
lièvre à travers la route ? La voix si lointaine, était-ce l'appel
d'Eliette ou le signal d'un oiseau nocturne à sa nichée ? Depuis
longtemps déjà il ne se retournait plus pour voir s'il était bien
seul, et lancer l'unique prénom de femme qu'il eût murmuré,
mais il lui arrivait encore de regarder d'un œil de marin qui
lève l'ancre pour sa plus grande traversée la longue rue derrière
lui, les volets de bois qui pourrissent sur la boulangerie close

avec leur écriteau qu'on ne peut plus lire et qui marque qu'elle est à vendre, le jeu des ocres et des ardoises, des ceintures de brique et des panses de pisé, la fuite des maisons aux volets aveugles et l'entonnoir du ciel. Une odeur d'éponge et de vinaigre, mais pressée, réduite à un souffle, enveloppait la croix. Allons, Eliette n'est pas encore de retour ce soir ! Elle est allée à mon devant, elle oublie que je suis là. Où avons-nous la tête ![17] Jules Serigny sourit, lui que les clients n'ont jamais vu qu'à longue figure. D'ailleurs, on trouve qu'il baisse. Les visites se font rares. On lui apporte encore quelques chaises boiteuses, une table par-ci par-là. Il entretient de son plein gré les prie-Dieu de l'église où passe un prêtre une fois par mois. Il a même refait les confessionnaux qui s'effondraient, consolidé la chaire et l'autel. Il a encore de quoi faire ! Les stalles, par exemple, qui se disloquent et crient misère. Comme ça, on ne sent pas s'allonger la journée, et le soir arrive, qui est comme un clin d'œil. L'ébéniste brosse ses vêtements, boit un verre de vin, remonte la pendule, éteint la lampe de l'atelier si nue au bout de son fil. La nuit est là. Jules la regarde, marquée du croisillon de la fenêtre sans rideau. Il va la faire attendre encore un peu.

Daniel Boulanger, 'Le Calvaire', in *Table d'hôte*, © Editions GALLIMARD

Notes

1 *Calvaire*: a wayside cross, of the kind mentioned at the beginning of the story. By extension, the word also means 'suffering' or 'martyrdom' . . .

2 *Hallencourt*: a town in the department of the Somme, in the war-torn Picardy region of northern France.

3 *brique sur champ*: bricks set edgewise.

4 *orage gras*: an image of the background noise in the café, suggesting at once coarse language, throaty laughter, and coughing.

5 *occupants*: the German armed forces.

6 *chauffeuses*: low armless chairs; *bonheurs-du-jour*: writing desks.

7 *bergères*: easy chairs.

8 *Prusse*: Prussia. In other words, Jules himself was now a prisoner of war in

Germany, where his work was to saw up wood. Ironically *bouleau* (birch) echoes *boulot*, a slang word meaning 'work' or 'job'.

9 Literally: 'in order to be all the more here in memory of Jules'. More loosely: 'in order to be all the more faithful to the memory of Jules'.

10 Cf. the popular French expression *Attendez-moi sous l'orme*, meaning 'You can wait for me till the cows come home'.

11 *la débâcle*: the name given to the period of May–June 1940 during which the French army was routed and the country defeated. The *débâcle* followed the *drôle de guerre* of Winter 1939.

12 '. . . and that it [i.e. love] was not nice and safe . . .'

13 *Se donner le mot*: to pass the word round.

14 *il ne peut plus se cheviller*: he is rickety, coming apart (like certain pieces of furniture).

15 Cf. the French expression *avoir l'âme chevillée au corps*, to hang on to life.

16 A reference to Jules's deportation and the time he spent in Germany as a prisoner of war.

17 'Whatever are we thinking of?'